2003년 한반도의 전쟁과 평화

2003년 한반도의 전쟁과 평화
ⓒ 정욱식 2003

지은이 정욱식
펴낸이 이일규
펴낸곳 이후
편 집 김정한 이재원
디자인 AGI
마케팅 김현종

첫번째 찍은 날 2003년 1월 22일
등록 1998. 2. 18(제13-828호)
주소 121-818 서울시 마포구 동교동 176-1(2층)
전화 02-3143-0905(영업) 02-3143-0915(편집) 02-3143-0906(팩스)
웹사이트 www.e-who.co.kr

ISBN 89-88105-63-X 03300 / 값 11,000원

2003년 한반도의 전쟁과 평화

부시의 예방 전쟁과 노무현의 예방 외교

정욱식 지음

차례

한반도에 떠도는 유령의 위협

2002년 초 개봉된 『디 아더스』라는 영화를 보면서, 잠시 한반도의 현실을 떠올린 적이 있다. 당시 한반도는 부시 대통령의 '악의 축' 발언으로 휘청거리고 있었다. 영화의 줄거리는 이렇다.

남편을 2차 대전의 포화 속으로 보내고 아이들과 함께 외딴섬에 살고 있는 주인공(그레이스). 햇빛에 닿으면 물집이 생기고 자칫 목숨까지 위험할 수 있는 희귀병을 가진 아이들 때문에, 그녀는 모든 창문에 두꺼운 커튼을 단 채 빛 한줌도 집안으로 못 들게 한다. 어린 딸과 아들(앤)과 함께 살고 있던 그레이스에게 어느 날, 전에 이 집에서 일한 적이 있다는 하인들이 찾아오고 그레이스는 이들을 받아준다. 그 뒤 이상한 일들이 벌어지기 시작한다. 아무도 없는 2층에서 발자국 소리가 나고 여인의 울음소리가 들리는가 하면, 피아노가 저절로 연주되기도 한다. 앤은 작은 남자아이와 무섭게 생긴 할머니를 보았다며 집에 유령이 있다고 말한다. 그레이스는 믿으려 하지 않지만, 집안에서는 점점 더 기괴한 일들이 벌어지기 시작한다. 공포에 사로잡힌 앤은 늘 엄마 품에 있기를 원하지만, 그레이스는 "세상에 유령은 없다"며 오히려 앤에게 벌을 준다.

이 영화의 공포는 다른 영화와 새삼 다른 점이 있다. 여느 공포영화와 달리, 공포의 실체를 끝까지 드러내지 않고 마지막 순간까지 관객을 혼란케 한다. '단순히 아이들의 장난인가,' '밖에서 들어온 침입자(하인)들의 음모인가,' 아니면 '정말로 유령의 위협인가?' 끝까지 그 모습이 드러나지 않던 '공포의 실체'는 영화 막바지에서 극적인 반전으로 나타난다. 이 집안에서 유령의 위협을 느끼던 식구들 자신이 바로 유령이었고, 유령이라고 믿었던 '공포의 존재'는 도리어 '살아 있는 사람들'이었던 것이다.

영화를 봤을 때가 부시 행정부의 '악의 축'을 비롯한 대북 강경 발언이 쏟아져 나온 때와 맞물린 탓인지, 필자는 한반도 위협의 실체가 누구인지 떠올려 보았다. 부시 행정부는 북한이 위협의 실체라고 강변하고 있지만, 『디 아더스』의 반전처럼 오히려 위협의 실체는 북한의 위협을 제기하고 있는 그들이 아닐까? 영화 속에서 결국 공포를 느끼고 있었을 주체는 '살아 있는 사람들'이고, 공포의 실체는 내내 '공포를 느끼던 당사자들'이었던 것처럼, 위협의 실체라고 거론되는 북한이 실은 가장 큰 공포를 느끼고 있지는 않을까?

또 하나. 필자는 혼자 조용히 공포를 느끼고 있던 어린아이 '앤'의 고독함을 떠올려 보았다. 이는 필자가 부시 행정부의 출범과 함께, 한반도에 전쟁 위기가 찾아올 수 있다는 조금은 '엉뚱한' 공포심을 가져왔기 때문이다. 그리고 시간이 지날수록 예전에 가졌던 불길함이 더욱 구체화되고, 많은 사람들이 필자와 비슷한 위기 의식을 느끼는 것을 보면서, 그때 가졌던 불안감이 단순히 기우가 아니라는 것을 깨닫게 된다.

부시 행정부가 출범한 지 달포 정도 지났을 때(2001년 3월 초), 필자는 한 여성단체가 주최한 토론회에 참석해 "2003~4년에 한반도에 또 다시 전쟁 위기가 올 가능성이 있다"는 요지의 발언을 한 적이 있다. 필자는 그 근거로 부시 행정부의 대북정책이 정치·외교적인 협상보다는 군사주의에 주안점을 둘 것이고, 미사일방어체제(MD) 구축을 비롯한 군사력의 획기적인 증강으로 한반도의 군사력 균형이 더욱 북한에게 불리해질 것이며, 2003년까지 경수로 1기가 완공되어야 하지만 그럴 가능성이 극히 적어 북한 핵 사찰 및 전력 보상을 놓고 북·미 간의 갈등이 첨예해지는 동시에, 2003년이 북한의 미사일 시험발사 유예가 만료되는 해라는 점 등을 제시했다. 물론, 많은 참석자들은 "너무 지나친 추론이 아니냐"는 반응을 보였다.

그러나 1년이 지난 2002년 3월, 2003년에 심각한 위기가 올 수 있다는 경고는 남북한 및 미국의 정책 담당자에게서도 나오기 시작했다. '햇볕정책의 전도사'라고 불릴 만큼 김대중 정부의 대북정책 입안 및 실행에 핵심적인 역할을 해온 임동원 대통령 외교안보통일특보는 한 토론회에서, "1년 이내에 상당한 수준의 북·미 관계 진전이 이뤄지지 않을 경우, 내년 한반도에 1994년 북한 핵 위기와 같은 안보 위기가 올 수 있다"고 말해 당시 정부의 위기 의식을 내비치기도 했다. 이에 앞서 미 상원 군사위원회 청문회에 출석한 토마스 슈워츠 주한미군 사령관도 2003년이 대단히 중요한 시기라고 강조하면서, 그 근거로 2002년 12월 한국의 대선, 2003년까지 예정된 경수로 완공 지연의 불가피, 북한의 미사일 실험발사 유예의 완료를 제시했다. 그는 이러한 문제를 열거하면서, "북한이 IAEA의 사찰을 허용하지 않는다면, 제네바 합의는 위기를 맞을 것이다"라며 한반도의 상황이 1994년 전쟁 위기 당시로 회귀할 수 있음을 경고했다. 북한의 위기 의식은 더욱 커지고 있다. 부시 행정부의 대북 강경 발언 및 전략이 구체화되면서, "미국의 전쟁 책동이 눈앞에 다가오고 있다"며 결사 항전의 의지를 천명하고 있다. 남-북-미 모두에서 핵심 관료들의 위기 의식이 커지고 있음을 확인할 수 있는 대목들이다.

한반도 정세만큼 앞날을 가늠하기 힘든 일도 없는 것 같다. 2000년 6월에는 남북정상회담이 열려 남북한 정상이 손을 맞잡고 "한반도에 더 이상 전쟁은 없다"고 선언했다. 그때의 감격이 채 가시기도 전에 미국에서 정권교체가 일어나면서 한반도 평화프로세스는 멈춰 섰다. 2000년 10월에는 북한의 2인자 조명록 차수가 워싱턴을 방문해 클린턴 미 대통령의 평양 방문에 합의했다. 그러나 두 달 뒤 실시된 미 대선에서 극심한 개표 혼란이 벌어지고 공화당의 부시 후보가 당선되면서, 새로 등장한 행정부는 언제 그랬느냐는 듯이 북한과의 대화를 단절해 버렸다. 부시 행정부를 설득하고자 2001년 3월 서둘러 워싱턴 방문 길에 오른 김대중 대통령은 엉뚱하게도 미사일방어체제(MD) 문제로 홍역을 치르기도 했다. 3개월 뒤 부시 행정부가 내놓은 대북한 대화 의제는 대화를 하자는 것인지 말자는 것인지조차 가늠하기 힘들 정도의 '일방적인' 것이었다. 9·11 테러가 터지고 나서는 테러리스트와 하등의 관계가 없는 북한을 '악의 축'으로 규정해 한반도 전체가 술렁이기도 했다. 마치 곧 북한에 모종의 행동을 취할 것처럼 보였던 부시 대통령은 2002년 2월 도라산역을 방문해 "북한과 전쟁할 의사가 없다"고 선언했다. 그러나 뒤이어 미국의 핵태세검토(NPR) 보고서의 비밀 부분이 유출되면서 북한을 핵 선제공격 대상에 포함시킨 것이 확인되었다.

월드컵 축구 열기로 온 나라가 들썩이고 있을 때, 서해에서는 남북한 해군 사이에 교전이 발생했다. '대결의 축'이 북-미뿐만 아니라 남-북한에도 있다는 것을 새삼스럽게 확인시켜 준 사건이었다. 잇따른 게이트와 아들 비리 사건으로 만신창이가 된 김대중 대통령의 대북정책마저 무너뜨리면 '완승'할 수 있다고 판단한 보수강경파들은 서해교전 사태를 'DJ 때리기'로 신속하게 활용했다. 대화할 별 마음이 없었던 부시 행정부는 대북특사 파견 계획을 일방적으로 취소했다. 한반도 전체의 위기감이 커지지 않을 수 없었다.

그런데 예상을 뒤엎고 북한이 교전사태에 대해 유감을 표명하고 대화를 다시 하자고 제안해 왔다. 또 북한은 미국과 일본과도 적극적으로 대화에 임하겠다고 나왔다. 이러한 적극적인 북한의 외교 행보는 2002년 7월 말 브루나이에서 열린 아세안지역안보포럼(ARF)에서 미국과 일본의 외무장관과 차례로 회담을 갖는 성과를 낳았다. 남북 장관급 회담도 8월 서울에서 열렸다. 불안하게만 보이던 경수로 사업도 8월 초 콘크리트 타설식을 계기로 본 궤도에 오르게 됐다.

9월 들어 한반도 정세는 더욱 숨가쁘게 전개되었다. 10년 만에 경평축구가 부활해 '대~한민국' 대신에 '통~일조국'이 상암 월드컵 경기장을 뜨겁게 달구었다. 21세기 동북아 중심 국가의 꿈을 실을 경의선과 동해선의 철도와 도로 착공식이 군사분계선 남측과 북측에서 동시에 열리기도 했다. 또한 한반도와 동북아 냉전의 또다른 축인 북한과 일본 간의 대결 구조도 9월 17일 평양정상회담을 통해 무너질 조짐을 보였다. 그리고 부산 아시안게임에 북한이 대규모 선수단과 응원단을 파견해 부산 시민들과 함께 감동의 장면들을 연출함으로써 한반도의 화해와 평화 분위기는 절정에 달했다. 무엇보다도 이러한 한반도의 화해 분위기는 북한의 신의주 특구 지정을 비롯한 적극적인 경제개혁 조치와 맞물려 있었기에 한층 기대감을 갖게 했다.

10월에 들어서는 북한과의 대화 재개에 미온적인 태도로 일관했던 부시 행정부가 북·일 정상회담 이후 평양에 특사를 파견하기로 결정했다는 소식이 전해졌다. 이로써 한반도 냉전구조의 핵심이면서도 가장 더디게 진행되었던 북·미 관계도 물꼬를 트는 것이 아니냐는 기대감이 생기기도 했다. 그러나 북·미 관계 돌파구를 마련할 것으로 기대되었던 미국의 대북 특사 파견은 전혀 예상하지 못한 파문을 몰고 왔다. 부시 행정부가 북한의 비밀 핵 개발 계획을 포착하고, 10월 3~5일간의 제임스 켈리 국무부 차관보의 평양 방문 때, 이러한 계획에 대해 북한이 시인했다고 주장하고 나서 94년 위기 이후 한반도 정세가 최대의 변수를 만나게 된 것이다. 이것은 북한 핵 파문의 진행 과정에 따라 94년 전쟁 위기를 수습했던 제네바 합의 자체가 파기되는 등, 심각한 위기 국면이 다시 조성될 수 있다는 점에서 주위 당사자들의 촉각을 곤두세우게 만든 사건이라고 할 수 있다. 더구나 미국이 북한과의 대화와 협상을 거부한 채, 중유 제공 중단, 북한 미사일 수출 선박 나포 등 강경책으로 일관하고, 이에 맞서 북한이 94년 제네바 합의 체결 이후 동결해온 영변 핵시설의 해제를 선언하고 나옴으로써, 기우로 끝날 것 같았던 2003년 위기설이 점차 현실화되고 있는 것이 아니냐는 우려가 커지고 있다.

많은 사람들은 설마 전쟁이야 나겠느냐고 생각하지만, 우리에게 다가오는 미래는 그 '설마'가 사람 잡는 상황으로 치달을 수도 있다. 최근 몇 년 사이의 거듭된 반전이 보여주듯 향후 한반도 정세는 그 누구도 장담할 수가 없다. 전쟁이 일어날 가능성이 '높다'고는 할 수 없더라도, '안심'할 수준 또한 아닌 것이 우리가 처한 현실이다. 더구나 근본적으로 한반도의 전쟁과 평화에 대한 '결정자'는 여전히 미국이고, 지금 그 미국은 일방주의와 군사 패권주의로 무장하고 있는 부시 행정부의 통치 아래 있다. '전쟁과 평화'의 자기결정권이 없는 국가의 뼈아픈 현실이 아닐 수 없다.

일부에서는 부시 행정부가 '테러와의 전쟁'의 확전 대상으로 이라크를 지목하고 전쟁 준비를 하고 있기 때문에, 이라크 전쟁이 벌어지고 나면 당분간 북한을 공격할 가능성은 없다고 주장한다. 실제 이라크 전쟁이 발발하면, 그것이 북한에게 미치는 영향은 이중적이라고 할 수 있다. 이라크 전쟁이 시작되면, 미국의 대외정책에서 북한은 관심 밖에 놓일 수밖에 없다. 이에 따라 북·미 회담은 거의 이뤄지지 않거나, 이뤄지더라도 실질적인 협상을 위한 대화가 될 가능성은 그리 높지 않다. 이렇게 될 경우 한반도 문제의 핵심적인 변수인 북·미 관계는 상당히 오랜 시간 동안 정체 상태를 벗어나지 못하게 되며, 관계 개선을 통해 체제 생존을 모색해온 북한은 또 다시 시련의 시기를 맞을 수도 있다. 경험적으로 봤을 때, 북·미 관계가 계속 정체되면 남북관계 역시 차질을 빚을 가능성도 높다.

반면에 북한이 미국의 관심에서 멀어진다는 것은, 현실적으로 미국의 대북 군사행동의 가능성이 줄어드는 결과로 이어질 수도 있다. 미국이 이라크 공격에 나서면, 북한을 공격할 가능성은 적어도 이라크 전쟁이 끝날 때까지는 높지 않을 것이라는 것이 대체적인 전망이기도 하다. 부시 행정부가 이라크 공격 준비에 박차를 가하면서 상대적으로 북한에 대해서는 '평화적인 해결'을 강조하는 것도, 이라크 공격을 위한 사전 정지작업의 일환이라는 해석도 나오고 있다. 이라크에 정치적, 군사적 힘을 집중시키려면 다른 지역의 문제는 최소화해야 한다는 부시 행정부의 전략이 밑바탕에 깔려 있다는 것이다.

그러나 이라크 전쟁이라는 '남의 불행'을 통해 미국의 대북한 군사행동 및 이에 따른 한반도 전쟁 위기를 '잠시' 피할 수는 있을지 몰라도, 이는 중장기적으로 더욱 위험한 상황을 내포할 수밖에 없다. 부시 행정부가 이라크 공격을 강행한다는 것은 자신들이 규정한 대량살상 무기 및 독재정권을 '전쟁으로 다스리겠다'는 오만한 발상이 관철되는 것을 의미한다. 이것이 성공할 경우, 이라크와 함께 최대 위협 국가이자 독재정권으로 규정되고 있는 북한은 그 다음 목표가 될 가능성이 높아지게 되는 것이다. 특히 미국이 이라크 전쟁에 정신이 팔려 북·미 간의 핵심적인 문제인 핵, 미사일 문제에 대한 협상을 하지 않고 이러한 문제를 그대로 방치할 경우, 이라크 전쟁의 종결과 함께 부시 행정부의 최대 대외정책의 우선 순위는 북한의 대량살상 무기 문제로 맞춰질 가능성이 높다고 할 수 있다. 이는 91년 걸프전 직후 미국이 북한의 핵 개발 의혹을 제기하면서 북한을 정치적, 군사적 응징의 초점에 맞춘 것을 통해서도 유추할 수 있다. 동시에 미국이 후세인 제거라는 이라크 공격의 목표를 달성할 경우, "이제 남은 나라는 북한"이라는 미 강경파의 시각이 득세할 가능성도 경계하지 않을 수 없다. 걸프전 직후, 당시 합참의장이지 현재 국무장관인 콜린 파월이 "이제 남은 것은 김일성과 카스트로"라고 말했던 것도 시사하는 바가 크다.

전쟁은 물론이고 전쟁 '위기'만으로도 우리의 삶이 총체적인 질곡에 빠져들 것이라는 점을 지난 역사는 보여주고 있다. 정세가 암울해지면 다른 문제들은 쉽게 덮어지는 경우가 많고, 개혁을 추진할 여건도 마련되지 않는다. 또한 주가는 폭락하고 물가는 폭등하는 등 경제적 불안 요인이 증폭함으로써 국민경제의 주름살은 늘어날 수밖에 없다. 따라서 두말할 나위 없이 위기에는 '예방'이 최선이다. 그러나 동시에 예방이 실패할 경우 긴장 고조가 전쟁으로 치닫지 않도록 위기를 '관리'할 수 있는 역량과 비전을 가꾸는 것도 대단히 중요하다. 물론 이러한 위기 예방 및 관리 노력은 전쟁 위기를 항구적으로 해소하는 평화체제 구축의 한 과정이기도 하다.

위기를 예방하기 위한 일차적인 과제는 결국 북한의 핵·미사일 문제 등을 평화적으로 풀 수 있는 비전을 마련하고, 남한의 적극적인 역할을 모색하는 것을 의미한다. 이것이 북한의 핵·미사일이 '위기의 요인'이 되고 있다는 미국 정부나 국내외 보수강경파들의 시각에 동의한다는 것을 의미하는 것은 아니다. 북한의 핵 문제가 다시 불거진 계기는 북한이 먼저 제네바 합의를 위반하는 행동을 했기 때문이 아니라, 제네바 합의에 잔뜩 불만을 갖고 있던 인사들이 부시 행정부의 요직을 장악하면서 만들어지기 시작한 것이다. 미사일 문제 역시 부시 행정부 스스로 협상 타결의 유망한 요소들을 차버리면서 부각되고 있는 것이다. 따라서 한반도 위기의 원인 제공자는, 대화와 협상을 통해 문제를 풀려고 하는 의지 자체가 부족한, 의지가 있더라도 북한의 양보와 포기에 대한 대가를 지불하려고 하지 않는 부시 행정부의 일방적인 대외정책에서 찾아야 한다.

사정이 이렇다하더라도 시시비비만 따지고 있을 수도 없는 노릇이다. 시시비비를 따지는 것이 불필요하다는 것이 아니라, 또 냉전수구 세력이 여전히 막강한 힘을 발휘하는 한국의 현실에서는 반드시 필요한 일이지만, 중요한 것은 문제를 해결해야 한다는 것에 있다. 핵·미사일을 둘러싼 북·미 간의 갈등은 존재하는 '현실'일 뿐더러 시간이 흐를수록 위기의 불씨는 더욱 커질 것이기 때문이다. 시간은 우리에게 '약'이 아닌 '독'인 것이다.

이 책을 관통하는 기본적인 문제의식은 일반적인 예상보다 한반도의 정세는 훨씬 심각하고도 복잡하다는 점과, 이를 해소하기가 쉽지 않다는 점이다. 근본적으로 세계적인 수준에서의 냉전 해체에도 불구하고 한반도의 냉전구조 및 취약한 평화구조의 문제점이 해소되지 않은 상태에서 일방주의와 군사주의를 앞세우고 있는 부시 행정부의 출범에서부터 한반도의 위기는 예정된 것이었다. 그리고 이러한 부시 행정부의 대외정책은 미국과의 관계 개선을 체제생존 전략의 핵심으로 삼고 있으면서도 일방적이고 부당한 요구에는 굴복하지 않겠다는 북한의 대외정책 노선과 상당한 긴장 관계를 내포하고 있었던 것이다.

또한 이 사이에서 한·미 공조와 한·미 동맹으로 상징되는 미국의 범위에 갇힌 남한의 상상력 역시 위기를 해소하기에는 역부족이었던 것이다. 갈등의 중재자 역할을 해야 할 남한이, 대북정책 및 한·미 관계를 놓고 정책적 경쟁이 아닌 문제의 본질과는 거리가 먼 이념갈등으로 소중한 힘과 지혜를 소진할 때, 대북·대미 외교의 협상력은 '안'에서부터 유실될 수밖에 없는 것이다. 이것은 곧, 예상되는 한반도의 위기를 예방하고 관리하기 위해서는 남한 내부의 평화역량을 제고시켜 나가는 것이 가장 중요한 과제임을 말해준다. 그리고 북·미 간의 갈등의 핵이 되고 있는 핵과 미사일 문제를 푸는 과정에서 우리도 '당사자'라는 인식을 갖고 적극적으로 노력해야 한다는 것을 의미한다.

이 책은 모두 5부로 구성되어 있다. 1부는 1994년 한반도 전쟁 위기를 다시 한번 되새겨 보자는 취지에서 써 본 것이다. 당시 우리에게는 잘 알려지지 않았지만, 전쟁 일보 직전까지 갔던 사례를 되돌아봄으로써 내일의 위기를 방지하고 관리하는 데 교훈을 얻는 것이 필요하다는 판단 때문이다. 한반도가 화염에 휩싸일 뻔한 이유는 무엇인지, 오늘 날에도 위기의 불씨가 되고 있는 북한 핵 사찰을 둘러싼 갈등은 무엇 이고 이것이 어떻게 위기로 치달았는지, 당시 남한의 정치 리더십과 언론은 어떤 태도를 보였는지, 전쟁 위기가 해소된 이유는 무엇인지 등을 간략하게 소개해 보았다. 사실 1994년 위기는 그 자체로도 대단 히 중요하고, 또 오늘날의 문제를 푸는 데도 많은 교훈을 주고 있음에 도 불구하고 연구가 거의 되지 않은 분야이기도 하다. 우리 학계가 가 장 반성해야 할 부분이 아닌가 한다.

2부에서는 왜 2003~4년을 위기라고 말하는지, 그 구체적인 근거 를 제시해 보고자 했다. 대량살상 무기라고 일컬어지는 핵, 미사일, 생 화학무기의 기술적인 특징부터 북한 위협론의 실체, 그리고 이를 둘 러싼 남-북-미의 삼각 갈등구조를 담아보려고 했다. 특히 일반적으로 9·11 테러 이후 달라진 부시 행정부의 대외정책에서 한반도 위기의 원인을 찾는 것과는 달리, 필자는 북·미 간의 대결구조를 핵심으로 한 한반도의 위기구조는 9·11 테러 이전부터 내재되어 있었다는 점을 강 조하고자 했다. 또한 북한의 대량살상 무기 위협이 얼마나 과장되어 있는지도 설명해 보고자 했다. 이는 실체가 불분명한 유령과도 같은, 더욱 중요하게는 정치적 의지만 갖는다면 충분히 해결할 수 있는 북한의 대량살상 무기 위협을 놓고 대북 강경책을 펴고 있는 부시 행정부가 바로 위협의 실체임을 밝히는 중요한 과정이기도 하다.

3부에서는 2002년 10월 불거진 북한 핵 파문을 집중적으로 다루고 있다. 북한의 핵 개발 시인을 둘러싼 북·미 간의 공방, 북한과 미국의 의도에 대한 분석, 북한 핵 파문과 2003년 한반도 위기설과의 관계 및 전망, 그리고 문제 해결의 실마리이자 마지노선으로서 제네바 합의를 되살리는 방안 등을 담고자 했다. 또한 반세기 넘게 지속되어 온 미국으로부터의 핵 위협에 대해 지극히 둔감한 반응을 보여온 우리 사회의 반핵(反核)에 대한 이중성도 지적하고 있다.

4부에서는 한반도에서의 위기의 실체는, 북한이라는 '유령의 위협'을 불러오고 있는 부시 행정부라는 점을 밝히고자 했다. 9·11 테러 이후 한층 강화되고 있는 미국의 군사 패권주의와 부시 행정부가 그 패권주의를 합리화하는 데 9·11 테러 사건을 어떻게 이용하고 있는지를 분석함으로써 논의의 기초를 마련하고자 했다. 그리고 이 분석의 핵심에는 '테러와의 전쟁'의 확전 명분으로 삼고 있는 '대량살상 무기 위협 제거'의 허구성이 자리잡고 있다. 이러한 거시적인 분석을 통해 부시 행정부의 대한반도 군사전략을 접근하고, 이것이 한반도의 평화를 얼마나 위협하고 있는지도 설명하고자 했다. 특히 사안의 중요성에 비해 잘 언급이 되지 않고 있는 한반도의 군사력 균형의 와해를 비교적 상세히 설명하고자 했다. 부시 행정부가 대북 군사행동의 장애물을 하나둘씩 넘어서고 있다는 점을 보여주기 위함이다.

마지막으로 5부에서는 예상되는 한반도 위기를 예방하고 관리하기 위한 과제를 나름대로 정리해 보고자 했다. '위기'만 얘기되고 '대안'에 대해서는 거의 논의가 없는 우리 사회 담론구조에 대한 비판,

한반도의 위기구조는 북·미 관계를 핵심으로 하되, 남북관계, 남한 내부에도 있다는 점, 평화 리더십 창출의 절박성을 중심으로 한 정부와 시민사회의 과제와 역할, 북한의 대량살상 무기 해법에 대한 원칙과 방향 등을 담아보고자 했다. 5부를 쓰면서 "비판은 쉬워도 대안을 제시하기란 어렵다"는 말을 다시 한번 실감하지 않을 수 없었다.

책을 마무리할 때, 한반도에서 희망과 절망이 교차하는 현실을 접하게 되었다. 미군 장갑차에 의해 숨진 여중생 사건에 대해 미군 배심원들이 무죄 평결을 내리자, 미국의 오만한 태도에 대한 국민들의 분노와 불평등한 한·미 관계를 바로잡고자 하는 염원이 들불처럼 타오르기 시작한 것은 앞으로 한반도의 운명을 개척해 나가는 데 소중한 씨앗이 되고 있다. 촛불 추모행사에 자발적으로 참여한 수만 명의 시민과 학생들이 촛불을 밝히는 것은 비단 꽃다운 목숨을 잃은 두 여중생에 대한 추모의 뜻만이 담긴 것은 아니다. 광화문을 비롯한 전국 각 지역을 수놓은 촛불은 기어코 이번에는 불평등한 한·미 관계를 바로잡고자 하는 결연한 의지와, 그 동안 공동체의 문제에 무관심했던 사람들의 자기반성이 담겨져 있는 것이다. 그리고 이러한 촛불은 우리의 의지와 관계없이 한반도에서 전쟁이 벌어질 수도 있는 위기가 다가오면, 훨훨 타오르게 될 강력한 '반전(反戰)의 불꽃'이 될 수 있음을 예고하고 있는 것이다.

그러나 한반도 남쪽에서 이처럼 '희망의 불꽃'이 타오르고 있는 반면에, 한반도의 북쪽에서는 '생명의 불꽃들'이 하나 둘씩 꺼져갈 위기에 처하고 있다. 국제사회의 대북 식량지원이 대폭적으로 줄어들면서 어린이 250만 명을 비롯한 약 500만 명의 북한 주민들이 아사 위기에 직면하고 있는 것이다. 무엇보다도 가장 우려되는 것은 2003년 한 반도 위기설과 북한의 대기근 사태와의 만남이다. 미국 정부는 물론 이고 일본 역시 '식량지원'을 북한을 굴복시키기 위한 또다른 '무기' 로 활용하고 있다. "주민들이 굶어죽고 있는 상황에서 언제까지 버티 나 보자"는 식의 대북정책이 강화되고 있는 것이다. 여기에 북한 정부 가 굴복하면 이는 외교적인 승리로, 북한 정부가 계속 버티면 북한 정 부를 비난할 수 있는 가장 강력한 근거로 활용할 수 있다는 정치적 노림수가 밑바탕에 깔려 있는 것이다. 그러나 경험적으로 볼 때, 북한 정부가 이에 굴복할 가능성은 거의 없다고 할 수 있다. 오히려 북한은 미국, 일본 등의 식량지원 중단이나 대폭 삭감을 "우리에 대한 압살정 책을 본격화하고 있다"고 해석하면서 주민들에 대한 통제를 강화할 가능성이 높다. 이러한 관련 국가들의 첨예한 갈등과 대결 국면에서 발생할 가장 큰 피해자는 역시 북한의 어린이를 비롯한 주민이다.

이렇듯 북한의 인도주의적 위기가 또 다시 '정치화'되면서, 한반 도의 북녘은 기아와 질병으로 다시 절망의 늪에 빠져들고 있다. 가장 안타까운 것은 각 국 정부들이 '정치 논리'를 앞세워 '식량지원' 문제 에 뒷짐을 지고 있는 상황에서, 한국의 시민사회 역시 이 문제에 대해 너무나도 둔감한 모습을 보이고 있다는 점이다. 미군 장갑차에 의해 숨진 두 여중생의 넋을 위로하고 그 한을 풀기 위해 타오르고 있는 남녘 땅의 '희망의 불꽃'이 북녘 땅 동포들의 꺼져 가는 생명의 불꽃 도 다시 타오르게 할 수 있기를 간절히 기대해 본다.

이처럼 한반도가 중대한 분수령에 직면하고 있을 때 치러진 16대 대통령 선거에서 '수평적인 한·미 관계'와 '대북 포용정책의 계승'을 주창하고 나온 민주당의 노무현 후보가 당선된 것은 너무나도 중요한 역사적 의미를 갖는다. 한반도에서의 전쟁은 '정치의 수단'이 아닌, '공동체의 소멸'이라는 생각을 갖고 있는 정치 리더십이 재창출된 것은, 부시 행정부의 '예방 전쟁'(preventive war)에 맞서 한국이 '예방 외교'(preventive diplomacy)를 펼칠 수 있는 정치적 조건이 마련되었다는 것을 의미하기 때문이다. 정부의 예방 외교와 시민사회의 '예방 운동'(preventive movement)이 상호 비판과 협력 속에서 자라날 때, 암울해 보였던 2003년은 '기회의 해'가 될 수도 있는 것이다.

그러나 안심하기에는 아직 이르다. 노무현 당선자의 한반도 위기 '예방 외교'는 준비된 것도, 주어진 것도 아니다. '준비된' 김대중 정부를 지난 2년간 무시하면서 대북 강경책으로 일관했던 부시 행정부가, 노무현 정부를 존중하면서 대북정책의 기조를 바꿀 것이라고 기대하는 것도 힘든 현실이다. 김대중 정부가 부시 행정부의 대북 강경책에 맞서 '한반도 냉전구조의 해체'라는 과업을 달성하지 못한 내부적인 요인이 남남갈등으로 인한 소중한 힘과 지혜의 내부적 유실에 있다면, '한반도의 전쟁과 평화'에 대한 국민적 합의와 지지를 만들어 나가는 것은 위기 예방의 일차적 과제가 될 수밖에 없다. '바보' 노무현을 대통령으로 만든 힘이 국민들에게서 나왔다면, 노무현 정부의 '예방 외교' 역시 국민들의 지지와 참여에서 나와야 하는 것이다. 이에 대해서는 이 책이 후기에서 자세히 다루기로 한다.

이 책은 전문적인 학술서적이 아니다. 필자 스스로가 전문적인 연구자가 아니기 때문에 전문서적을 쓸 능력도 없다. 필자가 평화운동을 하면서 갖고 있는 소신, 즉 '소수의 담론을 우리의 언어로'라는 실천과정의 하나일 뿐이다. 기실 필자 스스로도 완전히 '이해했다'고 장담

할 수 없는 생소하고도 복잡한 문제들을 대중의 언어로 풀어쓴다는 것은 쉽지 않은 일임이 틀림없다. 그럼에도 불구하고 상아탑과 정부 기관 회의실에 갇힌 '한반도의 전쟁과 평화' 문제를 대중적으로 알리고 함께 토론하고 고민하는 과정은 우리의 운명을 우리 것으로 만드는 중요한 과정이라는 생각 역시 변함이 없다. 시시각각 변화하는 한반도의 정세를 담기에는 턱없이 부족하고, 또 담을 수도 없다는 것을 알면서도 이 책을 내고자 했던 이유도 바로 여기에 있다.

끝으로 이 책의 출판을 흔쾌히 받아주시고 책 만드느라 고생하신 출판사 '이후' 식구들에게 감사의 말씀을 드리고 싶다. 또한 물심양면으로 필자가 일하는 평화네트워크 활동을 지원해 주신 많은 분들께도 이 자리를 빌어 감사의 말씀을 드리고자 한다.

무모할 정도로 순진하게 시작한 평화운동도 3년이 훌쩍 지나버렸다. 지치기 쉬운 이때, 가장 무서운 채찍이자 가장 따뜻한 격려 역시 이 분들의 도움이 아닐까 한다. 초심을 잃지 않고 열심히 활동하는 길만이 이 분들의 도움에 답하는 길이자, 나 자신에 대한 예의라는 점을 다시 한번 가슴 깊이 되새겨 본다.

2003년 1월 7일
만리동 평화네트워크 사무실에서, 정욱식

다시 보는 1994년 전쟁 위기

1. 94년 6월 16일 백악관의 아침

1994년 6월 16일 아침 백악관. 클린턴 대통령, 고어 부통령, 크리스토
퍼 국무장관, 갈루치 핵 대사 등이 모여 페리 국방장관과 럭 주한미군
사령관, 그리고 샬리카샤빌리 합참의장 등의 브리핑을 듣고 있다. 이
들의 브리핑 내용은 본격적인 대북한 제재에 앞서 1만 명의 증원 병
력과, 대규모의 전투기, 폭격기, 항공모함 등 전투 장비를 한반도에 배
치하는 계획이다. 이러한 대규모 전력 증원은 미국에게는 북한에 보
다 강력하게 핵 사찰 수용을 압박할 수 있는 효과적인 카드이자, 군사
적 행동이 불가피할 경우 초기에 북한을 제압할 수 있는 물리적 힘으
로 간주되었다. 그리고 이날 회의에서는 한반도의 전면전을 상정한
40만 명에 달하는 대규모 증원군 파견도 검토하고 있었다. 그러나 북
한은 유엔을 통한 대북 제재의 결의와 함께 미국의 대규모 증원군 파
견은 분명한 전쟁 행위라고 이미 여러 차례에 걸쳐 경고하고 있었다.
이날 회의에서 미국이 증원군을 파견할 경우 북한의 대응에 대해 브
리핑한 찰스 알렌 국가정보국 관리도 "증원군 파견은 북한군의 대규
모 병력 이동을 가져오고, 이에 따라 북한의 선제 공격 위험성을 높일
수 있다"고 우려하기도 했다. 그러나 이는 소수의 힘없는 목소리였고,
윌리엄 페리 국방장관 및 존 샬리카샤빌리 합참의장 등이 주도한 주

전론이 백악관 회의 분위기를 압도하고 있었다.

당시 이 회의에 참석한 갈루치 핵 대사는 다음과 같이 그날을 회고하고 있다. "우리는 동북아시아에서 미군 병력을 정치적으로나 군사적으로 신뢰할 수 있는 수준까지 증강시키기로 했다. 미국 대통령은 허세를 부린 것이 아니며, 우리들 역시 마찬가지였다."[1]

백악관에서의 대규모 증원군 파견 논의에 앞서 미국은 한반도 전쟁에 대비한 수순을 밟고 있었다. 북한의 강력한 반발에도 불구하고, 유사시 북한의 미사일 공격을 막기 위한 패트리어트 미사일이 4월 18일 배치되었고, 비슷한 시기 의정부 미 2사단에는 미군 선발대가 투입되었다. 또한 주한미군은 병력 이동에 대비해 전쟁 시스템 점검에 들어갔다. 주한 미대사관은 미국인의 해외 소개 계획을 김영삼 정부에게 통보하고, 이를 전쟁의 전 단계로 해석한 김영삼 정부가 극구 만류하는 일도 벌어졌다. 이는 1994년 3월 19일 남북한 특사교환 실무접촉에서 북측 대표의 '서울 불바다' 발언 사흘 뒤부터 잇따른 조치였다. 박영수의 '서울 불바다' 발언을 남한 정부와 대다수 언론은 북한의 전쟁도발 의지로 왜곡하며 국민들의 안보 불안을 자극하기 시작했다. 불안에 빠진 일부 국민들은 생필품을 사재기하기 시작했고, 주가도 폭락했다. 문제의 본질과 관계없이 정부와 언론의 짜깁기식 '서울 불바다 발언' 편집으로 한바탕 소동이 벌어진 것이다.

그러나 한반도가 1950년 이후 화염에 쌓일 뻔한 가장 심각했던 위기는 '서울 불바다 발언' 두 달 후에 미국으로부터 오기 시작했다. 북한의 그 발언을 남한 정부와 언론이 대북 강경책을 정당화하기 위해

---

1) 하버드 대학교 케네디 스쿨 편, 서재경 옮김, 『한반도 운명에 관한 보고서』(김영사, 1998), 133쪽.

왜곡함으로써 국민들에게 심각한 안보 불안을 가져온 것이 사실이지만, 그것은 기본적으로 미국 및 한국의 대북 압박이 강해지면서 나온 방어적 성격의 발언이었다. 당시 박영수의 정확한 발언 내용은, 북한과 미국이 대화를 재개하는 시점에 이루어진 팀스피리트 훈련 재개와 패트리어트 미사일 반입 방침, 그리고 남한의 북한 제재 동참 선언 등에 대한 반발에서 나온 것이다. 이러한 한·미 정부의 대북 강공책에 대해 북한은 "대화에는 대화로, 전쟁에는 전쟁으로 대응할 수밖에 없다. 그쪽에서 전쟁을 강요한다면 피할 생각은 없다. 불은 불로 다스린다는 말이 있다. 여기서 서울은 멀지 않다. 전쟁이 일어나면 불바다가 될 것이다"고 말한 것이다. 이것은 북한의 남침 의지가 아닌, 일종의 '항전' 의지를 밝힌 것으로 해석하는 것이 정확하다.

반면 미국에서는 실질적이고도 구체적인 한반도 전쟁 계획이 세워지고 있었다. 미국과 한국 군부는 94년 2월 초 북·미 간의 핵 협상이 교착 상태에 빠졌을 때, 한반도 유사시 단시간에 전쟁을 승리로 이끌고 북한을 군사적으로 통일한다는 이른바 『작전계획 5027』을 언론에 공개했다. 이 계획에 따르면 1단계로 신속전개가 가능한 억지력을 강화하고, 2단계로 북한의 서울 이북 남침을 저지하는 것과 함께 북한의 후방을 파괴하며, 3단계로 북한의 주요 전력을 격멸하고 대규모 상륙작전을 전개한 이후, 4단계로 평양을 고립시킨 뒤 점령 지역에서 군사통치를 실시하고, 마지막 5단계로 한반도를 한·미 동맹의 주도 아래 통일한다는 것이다.

이러한 공세적 대북 군사전략과 함께 미국은 한반도에 물리적인 힘도 증강시키고 있었다. 앞서 설명한 것처럼 팀스피리트 훈련 재개 및 패트리어트 미사일 배치와 함께 3월 11일에는 미국의 핵 항공모함인 칼빈슨 호가 9년 만에 처음으로 주일미군 요코스카 기지에 입항했다. 이는 분명히 북한의 핵 사찰 수용을 압박하는 과시용이자, 유사시 조기에 북한을 제압하고자 하는 군사적 의도가 내포된 것이었다.

이러한 긴장 고조는 93년과는 사뭇 다른 풍경이었다. 1993년 3월 한·미 동맹의 팀스피리트 훈련 강행, 국제원자력기구(IAEA) 이사회의 대북 결의안 통과, 북한의 핵확산금지조약(NPT) 탈퇴 선언 등의 위기 상황은 북·미 간의 회담 합의로 유화 국면으로 접어들었다. 특히 북한의 NPT 탈퇴 예정일이었던 1993년 6월 12일 직전에는 북·미 간에 극적인 타협을 이뤄 위기 상황에 종지부를 찍는 듯했다. 당시 북한과 미국은 미국의 안전보장 및 회담 지속 약속과 북한의 NPT 탈퇴 유보 등에 합의했던 것이다. 이를 구체화한 것이 93년 6월 11일의 제1단계 회담 공동 발표문과 2차 회담의 성과로 나온 7월 19일의 북·미 공동 보도문이다. 이로써 미국의 핵 사찰 수용 압박과 북한의 NPT 탈퇴 경고로 인해 위기로 치닫던 상황이 수습 단계로 접어든 것처럼 보였다. 그러나 이 시기에 북·미 간의 대화 및 합의에 불만을 품어왔던 미국 내 강경파들이 들고일어나기 시작했다. CIA와 국방부로 대표되는 강경파들은 북한의 핵 개발에 대해 근거 없는 의혹을 제기하면서 강경 여론을 주도하기 시작했고, 클린턴 행정부는 궁지에 몰리기까지 했다. 이 과정에서 김영삼 정부 역시 북·미 간의 협상안에 불만을 나타냄으로써 미 강경파에게 힘을 실어주는 결과를 낳았다.

대화와 갈등을 오간 1년여의 시기는 이듬해 5MWe 원자로의 사용후 연료봉의 처리 문제로 극단적인 대결 국면으로 귀결되기 시작했다. 1994년 6월 2일에 블릭스 IAEA 총장은 북한이 IAEA의 감독 없이 사용후 연료봉을 대거 원자로에서 제거했다며, 유엔 안전보장이사회

에 국제적 조치, 즉 대북 제재를 요청하는 서한을 보냈다. 당시 IAEA
가 문제삼은 것은 북한이 사용후 연료봉을 재처리해서 군사용으로 사
용하고 있는지의 여부를 규명하기 위해서는 시료 채취, 즉 사실상의
완전사찰이 필요한데 북한이 이를 거부했다는 것이다. 그러나, 북한
은 연료봉 추출 및 봉인 작업에 IAEA의 '입회'를 허용한 것이지, 시료
채취 등 완전사찰을 허용한 것이 아니기 때문에 IAEA의 요구는 당시
북·미 간 및 북한과 IAEA의 합의를 넘어선 요구였다고 반발했다. 결
국 IAEA는 북한의 핵 투명성을 규명하는 데에 '입회'로는 한계가 있
다며 북한의 연료봉 교체 작업에 입회하지 않겠다고 선언했고, 북한
은 원자로의 안정성을 유지하기 위해서는 더 이상 연료봉의 교체를
늦출 수 없다며 IAEA 입회단 없이 연료봉 추출을 강행했던 것이다.
이것을 두고 IAEA와 한·미·일의 강경파는 북한이 핵무기 개발을 시
도하는 명확한 증거라며 대북 압박을 높이면서 제재 방침을 분명히
했고,[2] 북한은 "제재는 전쟁을 의미하고, 전쟁에 관용은 없다"며 강력
히 반발했다. 뒤이어 북한은 6월 13일에 NPT 탈퇴의 전 단계인 IAEA
탈퇴를 선언함으로써, 미국과의 군사적 충돌 일보 직전까지 내닫게
된 것이다.

당시 미국이 선택한 방법은 유엔을 통한 강력한 제재조치와 군사
적 대응이었다. 군사적 대응과 관련해서는, 영변의 핵시설을 폭격할
경우 한반도 전면전이 불가피하다는 판단 아래, 폭격에 앞서 한반도

---

2) 사용후 연료봉을 재처리하면 핵무기 제조가 가능한 플루토늄 추출이 가능하다. 한·미·
일의 강경파와 IAEA는 북한의 사용후 연료봉 추출을 재처리의 전 단계로 해석했던 것
이다. 그러나 북한의 유일한 재처리 시설인 방사화학실험실은 이미 가동이 중단된 상태
임으로 북한의 사용후 연료봉 추출을 재처리 전 단계로 보는 것은 무리가 따른다고 할
수 있다.

에 대규모 추가 병력 및 장비를 배치함으로써 북한에 압박을 가하는 방식을 선택했다. 북한에게 완전사찰을 압박하는 일종의 '무력시위'를 계획한 셈이다. 그리고 이러한 군사적 압박이 통하지 않을 경우 영변 핵시설에 대한 '외과수술적 공격'(surgical attack)을 구상하고 있었다. 즉, 최첨단 폭격기와 미사일을 동원해 영변의 핵시설을 파괴하고, 이에 대해 북한이 보복할 경우 전면전을 감행한다는 시나리오를 세우고 있었던 것이다.

문화방송의 『이제는 말할 수 있다』 제작팀이 당시 한국 및 미국 정부 관계자의 인터뷰와 광범위한 자료 수집을 통해 94년 한반도 전쟁 위기를 파헤친 내용을 보면, 당시의 상황이 얼마나 긴박했었는지 알 수 있다(2000년 7월 9일 「94년 한반도 전쟁 위기」라는 제목으로 방송됐다). 걸프전 '생중계'로 명성을 떨친 바 있는 CNN이 한반도 전쟁을 생중계할 계획으로 휴전선 인근 위성 생방송 준비에 MBC의 도움을 요청한 사실이나, 정작 한국인은 상대적으로 평온했던 반면 미국 교민들이 한반도 운명을 걱정하며 기도회를 가졌던 일, 그리고 당시 대통령 비서실장이었던 박관용 씨가 전쟁 위기 4년 후인 98년에서야 미국 관리로부터 "D-day H-hour(94년 6월 16일을 의미함)에서 한 시간만 늦었다면 한반도에서는 대단히 큰 위기 왔을 것"이라는 말을 듣고 깜짝 놀랐다고 진술한 일 등은 우리의 핵심적인 정부 당국자도 모르는 채 한반도의 운명을 바꿔놓을 엄청난 일이 은밀히 진행되고 있었다는 것을 보여준다.[3]

『두개의 한국』[4]의 저자로 잘 알려진 돈 오버도퍼는 당시의 긴박

---

3) 이 방송은 인터넷(http://www.imbc.com/tv/culture/cantell/2000_vod.html)을 통해 다시 볼 수 있는데, 당시의 위기 상황을 생생하게 묘사하고 그 배경을 세밀하게 추적하고 있다.

한 상황을 다음과 같이 설명하고 있다.

1994년 6월 16일, 클린턴 대통령은 부통령, 국방장관, 국무장관, 합참 의장 등과 함께, 수만 명의 증원 병력과, 대규모의 전투기, 폭격기, 항 공모함 등 전투 장비를 한반도 인근에 배치하는 문제를 논의하고 있 었다. 문제는 어느 누구도 긴장이 고조된 상황에서 북한이 미국의 엄 청난 전력 증강에 대해 어떻게 반응할 것인지 알지 못했다는 것이다. DMZ의 한 북한군은 미군 장교에게 '우리는 당신들이 강해지는 것을 기다리지 않겠다'고 말했다. 이것은 (미국의 증원군이 한반도에 들어 오기 전에) 북한의 선제공격 가능성을 의미했다. 샬리카샤빌리 합참 의장이 한반도에 파견될 군사력을 설명하고 있을 때, 북한을 방문해 김일성을 만난 지미 카터 전 대통령으로부터 전화가 왔다. 그는 "우 리(카터 일행)는 김일성과 합의했다. 그들(북한)은 핵 프로그램을 동 결할 것이다. 당신들(클린턴 행정부)은 북한에게 제재를 가할 필요가 없다. 당신들은 군대를 한반도에 보내지 않아도 된다. 나는 10분 후에 CNN을 통해 이 내용을 발표할 것이다"라고 말했다.

카터의 전화는 군대 파견을 논의하던 클린턴 행정부를 발칵 뒤집 어 놓았다. 클린턴 행정부의 논의는 카터의 전화 한 통으로 완전히 바 뀌게 되었다. 참모진과 고어 부통령은 카터의 CNN 연설을 보기 위해 TV 앞에 앉았고, 클린턴 대통령은 연설을 준비해야 했다. 그들은 그 당시에 카터에게 분노를 나타냈다. 그러나 내 의견으로는 카터가 미 국과 한반도의 수많은 사람들을 한반도에서의 대단히 심각한 위기 상 황으로부터 구했다고 생각한다.[5]

---

4) 원제는 *Two Koreas*. 국역은 이종길 옮김, 『두 개의 한국』(길산, 2002).

5) 1997년 10월 23일 돈 오버도퍼의 PBS와의 인터뷰(http://www.pbs.org)의 일부.

당시 카터 전 대통령은 김일성 주석을 만난 뒤, 북·미 회담이 재개될 경우 핵 프로그램을 동결하고, 미국이 대체에너지를 지원할 경우 핵 프로그램 자체를 포기하겠다는 김주석의 메시지를 미국 정부와 국제사회에 전한 것이다. 이에 따라 미국 내에서는 다시 온건파의 입지가 강화되었고, 북한과 협상을 재개해 10월 21일에는 제네바 합의문에 서명하게 되었다. 한반도에서의 사실상의 전쟁 시작을 의미하는 미국의 대규모 전력 파견 결정이 초읽기에 들어간 상황에서 평양에서 온 전화 한 통이 한반도의 운명을 바꿔놓은 것이다. 이러한 공로에 힘입어 카터는 2002년 노벨 평화상을 수상하기도 했다.

2. 한반도의 운명을 바꾼 카터의 전화 한 통

북한 핵 문제를 둘러싼 북·미 간의 충돌이 전쟁으로까지 확대될 조짐을 보이자 지미 카터 전 대통령이 중재에 나서겠다는 희망을 피력했다. 그는 94년 6월 1일 클린턴 대통령에게 전화를 걸어 위기 상황에 대해 우려를 표명했고, 클린턴 대통령은 갈루치 핵 대사를 카터의 집으로 보내 당시 상황을 설명하게 했다. 카터를 진정시키기 위해 갔던 갈루치의 설명은 오히려 카터에게 사태의 심각성을 재확인시켜 주는 결과를 낳았고, 카터는 북한을 방문해 김일성 주석을 만나 사태 수습에 나서보겠다는 편지를 클린턴에게 보냈다. 그는 "상황 자체를 반전시킬 수 있는 북한의 유일한 사람, 즉 김일성을 만나 담판을 짓는 길만이 전쟁위기를 막을 수 있는 길"이라고 여겼던 것이다.[6]

카터의 방북 제안은 클린턴에게 적지 않은 딜레마를 안겨 주었다.

어찌되었든 카터는 '전직' 대통령이므로 협상의 직접적인 당사자가 아닐 뿐더러, 정부의 대북 협상력을 약화시킬 것을 우려하지 않을 수 없었다. 또한 공화당과 남한의 김영삼 정부로부터 비난을 받을 것도 뻔해 보였다. 특히 대북정책을 두고 심각한 갈등을 겪고 있는 김영삼 정부와의 관계를 고려할 때, 카터의 방북에 김영삼의 정치적 라이벌인 김대중 씨의 권고가 적지 않게 작용한 것도 부담스럽지 않을 수 없었다.7) 그렇다고 카터의 방북을 불허할 경우 클린턴 행정부가 전쟁을 피하려는 노력을 하지 않고 있다고 비쳐지는 것 역시 큰 부담이 아닐 수 없었다. 이러한 혼란 속에 클린턴 행정부는 도박을 걸듯 카터의 방북을 승인했다. 대신 클린턴 행정부는 카터의 방북이 대북정책의 변화나 행정부의 입장을 공식적으로 전달하는 것이 아니라는 점을 카터에게 주지시켰다. 즉 개인 자격으로 평양을 방문하는 것이지, 미국 정부의 특사가 아니라는 것이다.

클린턴 행정부의 껄끄러운 방북 승인과는 달리, 카터가 북한을 방문하기에 앞서 6월 13일 서울에 왔을 때 개리 럭 주한미군 사령관은 그의 방북이 얼마나 중요한지를 설명했다. 럭 사령관은 카터에게 한반도가 전쟁 일보 직전으로 가고 있다는 점을 강조하면서 "우리가 이기는 것은 분명하지만, 그것은 승리라고 말할 수 없다"며 전쟁이 일어날 경우 끔찍한 상황을 카터에게 주지시키고자 노력했다.8)

---

6) Leon V. Sigal, Jimmy Cater, *The Bulletin of Atomic Scientists*, January/February 1998.
7) 김대중 씨는 94년 5월 18일 미국 코리아소사이어티 연설에서 북·미 간의 일괄타결을 제안하면서 카터 전 대통령의 대북특사 파견이 필요하다는 점을 역설했다. 이에 대해 김영삼 정부는 "북한 김일성 주석의 방미 초청과 카터 전 대통령의 대북특사 파견 주장은 여러 단계를 뛰어넘는 비약으로서 우리측 협상 입장에 도움이 되지 않는 부적절한 방안이며, 또한 남북 당사자 해결원칙에 입각해 남북 관계를 풀어간다는 정부 입장과 배치되는 것"이라며 강한 거부감을 나타낸 바 있다. 『연합뉴스』(1994년 5월 18일).

이 즈음에 북한 핵 문제를 둘러싼 관련 당사국의 움직임도 구체화되고 있었다. 북한은 IAEA의 부당한 요구 및 미국의 미온적인 협상 태도에 불만을 나타내며 외무성 대변인 성명을 통해 IAEA 탈퇴를 발표했다. 이와 거의 동시에 미국은 단계적인 대북 제재안을 마련하고 있었다. 미국은 북한에게 핵 사찰을 촉구하는 유엔 안보리 결의안 작성에 들어갔고, 북한이 이를 수용하지 않을 경우 냉각기를 거쳐 본격적인 경제적, 정치적 제재에 들어갈 방안을 한국 및 일본과 논의하고 있었다. 이러한 미국의 움직임에 대해 중국과 러시아는 우려를 나타내며 미국에 협조하지 않겠다는 입장을 나타내기도 했다. 이에 맞서 미국은 중국의 거부권 행사로 유엔안보리의 승인을 받지 못하더라도 대북 제재를 강행한다는 방침을 세우고 그 준비에 들어가고 있었다. 그리고 이미 IAEA 탈퇴를 선언한 북한이 IAEA 사찰단을 추방하면 제재를 개시한다는 방침을 정하고 있었다. 한반도의 정세가 예측불허로 흐르고 있었던 것이다.

카터가 평양에 발을 딛고 있을 때, 미국 내에서는 클린턴 행정부에게 '결단'을 촉구하는 목소리가 높아지고 있었다. 부시 행정부 때 백악관 안보보좌관을 지낸 브렌트 스코크로프트와 국무부 차관보 출신의 아놀드 칸터는 6월 15일 『워싱턴 포스트』 기고문을 통해 "북한이 완전한 핵 사찰을 수용하지 않으면, 미국이 이를 폭격하겠다"는 최후통첩을 보내야 한다고 강경 여론을 주도하기도 했다.

이렇듯 한반도를 둘러싼 각 국의 외교전이 각축을 벌이고 있던 6월 15일, 카터는 김일성과의 회담에 앞서 김영남 외무상을 만났다. 김

---

8) Leon V. Sigal.

영남은 미국과의 3단계 회담이 조속히 재개되지 않을 경우, IAEA 사찰단을 추방하겠다는 입장을 카터에게 전달했다. 북한의 강경한 입장을 확인한 카터는 동행한 측근인 마리온 크리크모어를 16일 아침 판문점으로 보내 미국 정부가 북한이 제안한 3단계 회담을 수용할 의사가 있는지 알아보기 위해 백악관에 메시지를 띄웠다. 그러나 이 메시지는 카터와 김일성이 만날 때까지 전달되지 못했다.

그날 오후 김일성과 회담에 들어간 카터는 김일성으로부터 대단히 중요한 제안을 받았다. 김일성은 북·미 3단계 회담이 재개되면 북한은 IAEA의 사찰단의 감시하에 핵 동결을 계속 유지하겠다는 것과 함께, 여기서 한 걸음 더 나아가 미국이 현대식 원자로를 제공할 경우 기존의 흑연감속로를 영구히 동결할 의사가 있다는 제안을 한 것이다. 카터로서는 '바로 이것이다'는 생각을 갖게 한 제안이었다.

북한의 제안에 고무된 카터는 곧 백악관에 전화를 걸었다. 당시 미국 시간은 16일 오전 10시 30분으로, 백악관에서는 한반도에 대규모 증원 전력 파견 방안을 논의하고 있었을 때였다. 카터의 전화 한 통으로 백악관의 분위기는 극적으로 반전되기 시작했다. 카터의 전화를 받고 돌아온 갈루치가 카터와 김일성의 회담 내용을 백악관 회의에 참석한 사람들에게 전했다. 특히 카터가 CNN 생방송에 나와 김일성과의 협상안을 발표했을 때 백악관의 분위기는 격앙되었다. 카터의 발표 내용도 놀라운 것이었지만, CNN이 카터와 함께 북한을 방문했다는 사실을 백악관은 몰랐던 것이다.

카터의 CNN 연설을 계기로, 대북 제제를 결정하고 이를 뒷받침하기 위해 증원군 파견을 숙의하던 백악관 회의 분위기는 반전되었다. 중국 외무부도 즉각 성명을 발표해 미국이 주도하는 대북 제재에 참여하지 않겠다는 입장을 발표했다. 러시아 역시 미국이 대북 제재안 초안 작성 과정에서 자신들과 협의하지 않았다는 이유로 미국의 초안을 수용하기 힘들다는 입장을 발표했다. 이제 공은 백악관으로 넘어간 것이다.

백악관 회의 참석자들은 어리둥절한 표정으로 놀라움과 분노를 나타내기도 했다. 흥분된 분위기는 고어 부통령을 통해 수습되기 시작했다. 고어는 카터와 김일성의 협상안을 수용하고 그것이 미국에게 이로운지 논의해 보자고 제안했다. 이러한 고어의 제안에 힘입어 백악관 회의는 '전쟁을 모의하는 군사회의'에서 '북한의 제안에 어떻게 답장을 보내야 할지에 대한 외교전략 회의'로 바뀌었다. 동시에 크리스토퍼 국무장관은 서울과 도쿄에 전화를 걸어 긴급 한·미·일 외무장관 회의를 열었다. 당시 서울과 도쿄는 새벽 5시였다. 백악관과 서울 그리고 도쿄에서 열띤 토론을 거친 후에 클린턴 대통령은 북한과 고위급 회담을 다시 개최하는 것을 검토하기로 하는 것으로 긴박했던 16일을 마무리했다.

2002년 말부터 한반도에 또 다시 94년과 흡사한 위기가 조성되면서, 94년과 마찬가지로 극적인 반전(反轉)을 기대하는 목소리도 나오고 있다. 즉, 94년 당시처럼 전쟁 위기가 역설적으로 재앙을 피해야한다는 이성적인 사고를 강화시켜, 극적인 타협을 모색할 수 있다는 것이다. 이러한 극적인 반전이 가능하기 위해서는 북·미 양측이 근본적으로 "전쟁만은 피하겠다"는 의지가 있어야 한다. 미국과 전쟁을 벌일 경우 체제 멸망을 피할 수 없는 북한으로서는 한편으로 핵 개발에 박차를 가하면서 끝까지 협상의 가능성을 열어놓을 것이다. 그러나 미국이 "파국을 막겠다"는 의지를 갖고, 막판에 협상에 나설 가능성은 앞으로도 미지수이다.

위기가 점차 고조됨에 따라 미국 내 온건파와 한국, 일본, 중국, 러시아 등 국제사회로부터 "협상에 임하라"는 압력도 고조되겠지만, 지금까지 협상불가 입장을 고수해온 부시 행정부가 극적인 태도 변화를 보일 것이라고 낙관하기는 힘들다. 클린턴 행정부는 제네바 합의를 자신의 최대 외교 업적의 하나로 내세워온 반면에, 부시 행정부는 이것을 미국 외교의 수치로 여기고 있다. 이것은 부시 행정부가 94년과 유사한 상황에 직면했을 때, 클린턴 행정부와는 다른 접근을 할 가능성이 높다는 점을 말해주고 있기도 하다.

또 하나 주목해야 할 점은, 94년 위기 당시 북·미 양측은 "전쟁을 피하겠다"는 것보다는 "전쟁도 불사한다"는 입장을 갖고 있었다는 점이다. 특히 클린턴 행정부는 한국 정부를 비롯한 국제사회와의 '사전' 상의 없이, 대규모 증원 전력 파견과 영변 핵시설 폭격을 추진했고, 이에 맞서 북한도 조금도 뒤로 물러서지 않고 "힘에는 힘으로 맞서겠다"는 강경 입장을 고수했다. 이것은 94년에 전쟁을 피할 수 있었던 것이 양측의 이성적 사고에 힘입은 것이 아니라, 카터 전 대통령의 방북이라는 극적인 개입을 통해 이뤄진 것임을 말해준다. 카터 전 대통령이 방북길에 CNN 기자단을 대동해 김일성 주석과의 합의 내용을 전 세계에 생방송으로 내보내고, 국제 여론이 "미국은 협상에 임하라"는 방향으로 급선회하면서 클린턴 행정부도 울며 겨자먹기식으로 북한과의 협상에 임했던 것이다.

당시 카터는 클린턴 행정부의 '특사'가 아니었을 뿐더러, 클린턴 행정부와 김영삼 정부는 오히려 카터의 방북을 반대했었다. 결국 카터가 고집을 꺾지 않자, 클린턴 대통령은 카터에게 특사가 아닌 '개인' 자격으로 방북하는 것임을 주지시키기도 했다. 클린턴 행정부가 6월 16일 백악관에서 일종의 한반도 전쟁 회의를 열고 있을 때, 평양으로부터 "김주석과 합의했다"는 카터의 전화를 받고, '환호'한 것이 아니라 '경악'한 것도 이 때문이다.

결론적으로, 한반도에서의 전쟁 위기는 반전(反轉)을 잉태한 새로운 기회로 작용하기보다는 전쟁도 불사한다는 극단적인 사고의 강화를 가져온다는 것이 94년 위기가 주는 핵심적인 교훈이라고 할 수 있다. 가장 중요한 점은, 지금의 미국은 94년 당시 북폭을 추진했던 미국보다 훨씬 호전적일 뿐더러, 훨씬 강력하다는 것이다. 따라서 반전을 기대하기보다는 '예방'에 주력하는 것이 우리의 양보할 수 없는 전략적 마지노선이 되어야 할 것이다. 한반도의 운명을 '가능성'에 맡길 수는 없지 않은가?

3. 미국은 왜 북한을 공격하지 못했을까?

그렇다면 당시 미국은 왜 군사행동에 나서지 못한 것일까? 위의 설명에서 나타난 것처럼 가장 극적인 변수는 카터의 중재였다. 클린턴 행정부가 한반도에 대규모 증원전력 파견을 결정하기 직전에 카터의 전화가 걸려왔고, 이는 클린턴 행정부 내에 팽배했던 주전론 분위기를 반전시키는 데 결정적 기여를 한 것이다.

또 하나 중요한 배경은 동북아의 세력균형 차원에서 중국과 러시아가 미국의 북폭을 결코 좌시하지 않았다는 분석이다.[9] 비록 중국과 러시아가 냉전시대만큼 북한을 지원·협력하고 있지는 않았으나, 한반도에서의 전쟁이 동아시아의 세력균형에 엄청난 파장을 일으킬 것이라는 점은 잘 알고 있었다. 특히 중국은 유사시 북한의 대량 난민 유입이라는 문제 외에도 한·미 주도의 군사적 통일이 한반도에서 달성될 경우 사실상 미국과 직접 국경을 맞대야 하는 현실을 우려하지 않을 수 없었다. 이에 따라 중국과 러시아는 북한이 핵무기를 보유하는 것에도 반대를 했지만, 북한이 핵무기를 보유할 가능성이 낮다고 봤기 때문에 북한이 주장한 일괄타결 방식을 지지했던 것이다. 이러한 분석 아래 미국이 일방적인 제재 및 군사 행동에 나서지 못하고 결국 제네바 합의에 서명한 것은 동북아 세력균형 정치의 과정이나 반영이라는 결론에 다다를 수 있다.

그러나 중국과 러시아가 한반도 전쟁 예방의 '결정적인' 변수였다고 보는 데는 좀더 신중한 접근이 필요하다. 특히 미국의 대북한 제재 및 군사행동에 가장 강력히 반대했던 중국은 1994년 6월 11일 IAEA의 대북 제재 결의시 '반대'가 아닌 '기권'을 했다.[10] 이에 앞서도 본격적인 대북 제재의 전 단계라고 할 수 있는 유엔안보리 성명 채택 협상과정에서, 중국은 사찰 시한을 명기하고 대북 제재를 의미하는 추가조치가 성명에 포함되는 것을 완강히 거부했다가 미국 및 한국 정부의 설득에 점차 후퇴하는 모습을 보였었다.[11] 이는 당시 한국, 미국, 일본 등의 설득에도 불구하고 대북 제재에 동참하지 않겠다는 의지를 유지

---

9) 이와 관련해 이삼성은 "1994년 5~6월 북한의 핵 문제를 둘러싸고 증폭된 군사적 위기 속에서 미국이 결국 군사행동을 포기하고 북한과 포괄적인 정치·외교적 타결을 선택한 것도 중국과 러시아의 견제라는 동북아 세력균형의 결과였다고 말할 수 있을 것이다"라고 분석하고 있다. 이삼성, 「21세기 미국과 한반도: 세력균형론의 새로운 방향」, 오기평 편저, 『21세기 미국패권과 세계질서』(오름출판사, 2000).

10) 참고로 당시 유일한 반대 국가는 리비아였다. 『연합뉴스』(1994년 6월 11일).

11) 『연합뉴스』(1994년 4월 1일).

하면서도, 대북 제재를 결코 좌시하지도 않겠다는 강한 입장이 점차 누그러진 것으로 평가할 수 있는 대목이다. 이러한 중국의 입장 후퇴는, 북한의 IAEA 탈퇴 직후인 94년 6월 16일 클린턴 행정부가 북한에 대한 군사적 압박을 높이고 필요시 영변 핵시설을 폭격하기 위해 한반도에 대규모 증원전력 파견을 논의하는 과정에서 중국 변수가 크게 고려되지 않은 배경이기도 하다.[12] 또한 94년 클린턴 행정부가 중국의 인권 문제를 거론하지 않은 채, 중국에 최혜국 대우를 연장한 것도 작용한 것으로 보인다.[13] 당시 미국의 정책결정자와 연구집단이 한반도 전쟁 시나리오를 세우면서, 가장 큰 변수라고 할 수 있는 중국의 개입을 애초부터 배제한 것도 눈여겨볼 대목이다.

또 하나 중요한 요인으로 생각할 수 있는 것이 당시 김영삼 정부의 반대이다. 정권의 태생부터 냉전 세력의 입김에서 자유로울 수 없었던 김영삼 정부는 미국의 대북 유화정책에 불만을 나타내며 강경파를 지원하는 입장을 보이다가도 위기가 고조되면 미국의 군사행동을 반대하는 태도를 보였다. 김영삼 대통령은 94년 6월 초 주한 미대사인 제임스 레이니로부터 주한 미국인 철수 계획을 통보받고는 레이니를 불러 단호한 입장을 전달했다고 한다. 그는 미국인의 소개 작전을 분

---

12) 미 의회 조사국의 북한 문제 전문가인 래리 닉쉬는 김일성 주석이 카터 전 대통령과 전격적인 합의를 이룬 것은 "클린턴 행정부가 유엔안보리 이사국에 제안했던 대북 제재안에 대해 중국이 거부권을 행사하지 않을 것이라고 북한에 알린 다음"이라고 지적하면서, 이것이 제네바 합의에 이르게 된 중요한 배경이라고 설명하고 있다. Larry A. Niksch, *North Korea's Nuclear Weapons Program*, CRS Issue Brief for Congress, February 27, 2001.

13) 이와 관련 광범위한 인터뷰를 통해 94년 한반도 위기 상황을 정리한 하버드대 케네디 스쿨은 한 보고서를 통해 "미국이 중국에 최혜국 대우를 연장한 그날, 제임스 릴리(주한 미국 대사)는 일본, 중국, 한국의 대표들이 모인 자리에서 평양에서는 오늘 검은 상장(喪章)이 올라간다고 말했다"고 전하고 있다. 『한반도 운명에 관한 보고서』, 125쪽.

명한 전쟁 전야로 해석하고 "한반도에서의 전쟁은 수천만 명의 사람들을 죽이고 남한의 경제적 번영을 잿더미로 만들 것"이라고 경고하면서 "미국의 영변 폭격으로 전쟁이 발발하면 나는 단 한 사람의 한국군도 동원하지 않을 것"이라는 입장을 전달했다고 주장하고 있다.[14]

그러나 중요한 것은 당시 한반도의 상황은 이미 김영삼 정부의 통제권에서 벗어났다는 점이다. 김영삼 대통령이 레이니 대사와 클린턴 대통령에게 '전쟁 반대' 입장을 밝혔음에도 불구하고, 클린턴 행정부가 6월 16일 한반도 전쟁을 상정한 미국의 대규모 증원군 파견 및 단계적인 전쟁 계획을 논의했던 것에서 알 수 있듯이, 한국 정부의 입장이 결정적인 역할을 하지 못한 것이다. 이는 결국 미국 정부가 한국 정부와의 의견 조율이나 사전 논의 없이 전쟁의 전 단계인 증원군 파견을 사실상 결정하고 있었다는 점에서 '한반도의 운명이 누구 손에 달려 있는가'라는 한탄과 함께, 한국 정부의 일관성 없는 외교안보 정책이 얼마나 위험한 상황을 가져올 수 있는지에 대한 반성을 갖게 하는 대목이다.

미국이 북한에 대해 선뜻 군사력 행사를 감행하지 못한 가장 큰 이유 가운데 하나는, 중국의 개입이 없더라도 그 물적, 인적 손실이 너무 클 것이라는 예상 때문이었다. 실제로 당시 미군 당국에서 추정한 피해 규모는 엄청나다. 북한측의 피해를 제외하더라도 미군 약 10만 명, 한국군 약 50만 명, 남한 주민 수백만 명 등이 사망할 것으로 봤고, 미국의 직접적인 전쟁 비용이 1천억 달러(걸프전의 두 배), 남한 측의 경제 손실이 1조 달러가 될 것이라고 본 것이다.[15] 미국으로서는

---

14) AFP, May 24, 2000.

15) 『한반도 운명에 관한 보고서』; 브루스 커밍스, 「한반도문제의 포괄적 해법을 위하여」,

북한을 제압하는 데 90일이면 된다고 보면서도, 2차 대전 이후 최대의 인적, 물적 피해를 고려하지 않을 수 없었던 것이다. 이러한 미국측의 평가는 북한의 피해 규모를 포함하지 않은 것이고, 또 전쟁 기간을 90일로 상정한 규모이기 때문에 실제 전쟁이 벌어졌을 경우 그 피해는 미국측의 예측을 훨씬 능가했을 것이라는 점을 어렵지 않게 예상할 수 있다. 이러한 엄청난 인적, 물적 비용은 대북 강경책으로 일관했던 김영삼 대통령이 미국의 전쟁 계획에 반대했던 근본적인 이유이기도 했다. 역설적으로 보이지만, 북한의 '서울 불바다' 발언 등 강력한 반발과 막강한 군사력이 한반도의 전쟁을 억제한 효과가 있었던 것이다. 이는 한반도의 군사적 대립구조 및 상호 간의 막강한 화력이 긴장을 조성하는 측면이 있는 동시에, 유사시 전쟁으로까지 치닫지 못하게 하는 한반도의 지독한 역설이라고 할 수 있으며, 군사적 긴장 및 대립구조가 해소되지 않은 상황에서 한반도의 군사력 균형이 무너지는 것이 대단히 위험하다는 점을 말해주고 있다.

그러나 주목할 점은, 당시 미국 정부는 대북 군사행동이 야기할 한반도에서의 전면전이 재앙을 가져올 수 있다는 점을 알고 있었음에도 불구하고 한반도 전쟁 계획을 강행하려고 했다는 것이다. 이는 한반도 정세가 통제 불능으로 빠져들 경우 최악의 결과가 예상되는 최악의 선택이 현실로 나타날 수 있다는 점과 함께, 목적을 달성하기 위해서는 수단과 방법을 가리지 않는 '전쟁 국가'로서의 미국의 단면을 보여준 것이라고 할 수 있다.

『통일시론』(1999년 가을호); *United States Policy and the Crisis in Korea*(Senate-May 24, 1994), Congressional Report 등 참조.

4. 아슬아슬한 한반도의 군사력 균형

미 육군 사령관을 지낸 바 있는 배리 맥카프리는 2001년 12월 미 육군 잡지에 기고한 글에서 94년 한반도에서의 전쟁 결과를 아래와 같이 예상했다.

> 94년 일촉즉발의 위기 때 나는 개인적으로 다음과 같이 판단했다. 피비린내 나는 전쟁에서 한·미 군사동맹은 6개월 이내에 북한의 낡고 형편없는 군사력을 완전히 괴멸시켰을 것이다. 북한군의 용기와 정신적 강인함은 한·미 연합군의 육·해·공에서의 전면전 앞에서 그리 중요한 것은 아니다. 북한군은 그들의 요새화된 기지 밖으로 나와 공격을 시도할 때 엄청난 공습에 노출될 수밖에 없기 때문이다. (그러나) 나를 포함한 많은 사람들은 94년 전쟁이 상상을 초월할 엄청난 비극이 될 것이라는 점에 의견을 모았다. 전쟁은 수백만의 난민을 낳았을 것이고, 수많은 군인과 민간인들의 죽음을 가져왔을 것이다.16)

94년에 끔찍한 상상(?)을 해본 이 퇴역 장군은 이어 부시 행정부에게 다음과 같이 충고한다.

> 우리는 그와 같은 상황에 다시 가서는 안 된다. 훌륭한 외교와 적절한 포용은 자칫 전쟁으로 비화될 수 있는 양측의 오판을 예방할 수 있다.

> 그렇다면 당시 미국은 북한과의 군사적 대결과 관련해 어떤 시나

---

16) Barry R. McCaffrey, Challenges To US National Security: A Wary Eye On North Korea, *Armed Forces Journal*, December 2001.

리오와 선택을 가지고 있었을까? 미국의 군사행동이 임박했던 94년 4월, 미 의회조사국(CRS)은 한반도의 군사력 현황 및 미국의 군사적 선택에 대한 보고서를 내놓았다.[17] 이 보고서는 광범위한 자료 수집과 육·해·공군 관계자 및 행정부와 의회 관계자들과의 인터뷰를 바탕으로 작성된 것으로, 당시 한반도의 군사력 상황 및 미국의 군사전략에 대한 상세한 내용을 담고 있다.

이 보고서는 우선 한반도에서 어떠한 형태의 제한전도 통제불가능한 전면전으로 확대될 가능성이 대단히 높다는 점에서 미국에게 결코 유리한 것이 아니라고 권고하고 있다. 그럼에도 불구하고 북한의 핵보유 가능성 및 핵무기가 다른 '깡패국가'들에게 유입될 가능성에 대비해 새로운 억지력 및 군사 준비태세가 필요하다고 결론짓고 있다. 이는 전쟁 발발 시 승리의 의미를 무색하게 할 정도로 엄청난 인적, 물적 피해를 가져온다는 점에서 성급한 군사행동의 자제를 요청하면서도, 추가적인 전력 파견의 필요성을 강조한 것으로 볼 수 있다.

미국이 이처럼 선제 공격에 신중할 수밖에 없었던 가장 큰 이유는 북한의 막강한 지상 전력 때문이다. 주한미군을 제외하더라도 남한은 해군 및 공군력에서 북한을 앞서고 있는 것이 사실이지만, 지상 전력에 있어서는 북한 군사력의 절반 수준에 머물고 있다고 평가하고 있고, 여기에 주한미군 2사단이 포함되더라도 그 격차는 만회되지 않는다고 평가했다. 또한 비록 패트리어트 미사일이 배치되었으나, 그 성능이 입증되지 않았기 때문에 신뢰할 만한 미사일 방어 능력을 보유

---

17) John M. Collins, *Korean Crisis*, 1994 : Military Geography, Military Balance, Military Options, Congressional Research Service : CRS Report for Congress, No.94- 311S, April 11, 1994, <http://www.fas.org/spp/starwars/crs/94-311s.htm>.

하지 못하고 있다는 판단과 북한의 화학전 및 특수 전력 역시 미국이 쉽사리 전쟁을 개시하지 못한 요인이었다. 따라서 미국 본토에서 대규모 증원군이 파견되지 않은 상태에서의 전면전은 북한을 조기에 제압하는 데 한계가 있을 뿐만 아니라 남한과 주한미군에 엄청난 피해를 가져올 수밖에 없다는 판단이 미국 군부에서 팽배했다. 미국은 이러한 이유로 제한적인 군사행동에 앞서 대규모 증원군을 한반도에 파견하려고 했던 것이다.

그러나 미국은 동시에 전쟁 발발 시 북한을 괴멸시키는 데 자신감을 갖고 있었다. 북한은 소련이 해체되고 중국의 군사지원이 중단되었기 때문에 유사시 외부의 지원을 받을 수 없고, 공군 및 해군력에서 절대적인 열세에 있으며, 군 재고량이 3개월이면 바닥나고 이마저도 병참 지원체계의 미비로 제대로 공급되기 힘들 것이라는 판단을 미국은 내리고 있었던 것이다.

여기서 한 가지 주목할 점은, 당시 미국이 유력하게 검토했던 외과수술적 공격, 즉 영변 핵시설 폭격에 대해 미 공군 참모총장이 부정적인 평가를 했다는 것이다. 당시 공군 참모총장인 메릴 맥피크는 정보의 부족으로 목표물을 정조준하기가 쉽지 않고, 북한이 이미 핵물질을 보유하고 있다면 공습에 의한 핵 오염의 확산을 우려하지 않을 수 없으며, 북한의 지하시설을 파괴할 만한 벙커 버스터가 부족하기 때문에, "영변 핵시설 폭격은 매력적인 방법이 아니다"라고 주장했다. 이 책 3부에서 자세히 설명하겠지만, 부시 행정부 들어 이러한 미군측의 '고민'(?)은 상당 부분 해소되고 있다는 점에서 우리는 94년과 2003년의 중요한 차이를 발견하게 된다.

전면전은 물론 제한전을 전개하기에도 그 결과에 대해 우려하지 않을 수 없었던 클린턴 행정부는 억지력 및 공세적 방어력을 강화하는 단계를 밟게 된다. 이는 크게 북한의 군사력 동향을 면밀하게 감시할 수 있는 정보체계의 강화, 북한의 미사일 공격에 대비한 패트리어트 미사일 배치 및 선제 공격력 강화, 주한미군 및 한국군의 전투수행능력 강화, 오키나와, 괌, 미국 본토 등에서 대규모 증원군 파견 준비태세 강화 등으로 나타났다. 이 과정에서 전술핵무기의 남한 재배치도 검토되었다. 유사시 전술핵무기 사용이 북한을 조기에 괴멸시키는데 가장 효과적인 방법이라고 여겼기 때문이다.

그러나 이러한 전력증강 계획에는 적지 않은 어려움이 있었던 것으로 보인다. 우선 미국이 아무리 강하다고 하더라도 중동이나 보스니아에서 분쟁이 발발할 경우 미국이 한반도에 대규모 증원군을 파견하기가 쉽지 않다는 점이 중요하게 고려되었다. 이것은 이후 미국이 이라크와 북한을 상대로 한 이른바 윈-윈전략을 강화시키는 배경이 되기도 했다. 또한 남한의 항구나 공항이 북한의 미사일 공격으로 파괴될 경우 증원군 배치가 쉽지 않다는 점, 한·미 연합군이 휴전선에 전진 배치되어 있기 때문에 핵무기 사용이 어렵다는 점, 지리적인 이유로 B-52를 비롯한 폭격기들이 잦은 출격이 쉽지 않다는 점, 전세를 조기에 잡고 북한 정권을 제거하더라도 한국전쟁과 유사하게 게릴라전이 장기화될 가능성이 높다는 점 등을 미국은 고려하지 않을 수 없었다.

이와 같은 여러 가지 문제를 고려한 클린턴 행정부의 군사적 선택은, 만약 김일성과 카터의 극적인 타협이 이뤄지지 않았다면 다음과 같이 전개되었을 가능성이 높다. 우선 예정대로 1차 증원군을 한반도에 파견하고 북한에 완전 핵 사찰을 압박한다. 북한이 핵 사찰을 수용

하지 않으면, 유엔을 통한, 혹은 한·미·일 주도의 대북 제재를 단행한
다. 이러한 미국의 행위를 전쟁으로 간주해온 북한이 남한을 선제공
격하면 바로 전면전으로 들어가고, 그렇지 않을 경우 영변 핵시설 폭
격에 앞서 전면전에 대비한 대규모 2차 증원군을 한반도에 배치한다.
북한에 최후통첩을 보내고 북한이 이를 수용하지 않을 경우, 영변 핵
시설에 대한 폭격을 시작한다. 이에 맞서 북한이 남한 공격을 단행하
거나 단행할 유력한 정보가 포착되면, 북한에 대한 전면전을 감행하
고『작전계획 5027』에 따라 북한을 무력으로 점령한다.

　　물론 이러한 시나리오는 반사실적 가정, 즉 김일성과 카터의 타협
이 이뤄지지 않고 이에 따라 북·미 간의 핵 협상이 마무리되지 않은
것을 전제로 한 것이다. 이는 반대로 북한 핵 문제가 대화와 타협을
통해 풀리지 않았을 경우, 실제로 한반도 전체가 화염에 휩싸일 뻔한
아찔한 상황이 벌어질 수도 있었다는 것을 의미하기도 한다. 그리고
더욱 중요하게는 부시 행정부 출범 이후 제네바 합의를 둘러싼 북·미
간의 갈등이 첨예해지고 있는 상황에서, 대화와 협상을 통한 문제 해
결이 극히 불투명해지고 있는 반면에, 94년도에 미국의 군사행동을
신중하게 만들 수밖에 없었던 한반도의 불안한 군사력 균형이 무너지
고 있다는 점에서 향후 한반도의 위기 가능성에 경계심을 늦추면 안
된다는 교훈을 주고 있기도 하다.

5. 90년대 북한 핵 문제의 대두 배경

그렇다면 90년대 초에 왜 북한과 미국은 군사적 충돌까지 배제할 수

없었던 갈등 상황으로 치달았을까? 다소 복잡한 설명일 수 있으나, 당시의 정확한 상황을 이해하기 위해서는 북한 핵 개발 의혹에 대한 양측의 입장 차이에서부터 그 이유를 찾아야 할 것이다.

북한이 핵무기 개발을 시도하고 있다는 의혹이 본격적으로 제기되기 시작한 때는 프랑스의 상업위성인 SPOT가 1989년 후반 영변 핵시설을 촬영한 사진을 공개하면서부터이다. 당시 SPOT 위성사진에는 북한이 1986년부터 운전 개시해온 5MWe 원자로 외에도 50MWe 및 200MWe급 원자로와 핵 재처리시설을 건설하고 있는 것으로 포착되었다. 미국을 비롯한 전 세계의 관심이 쏠리지 않을 수 없었다. 5MWe 원자로에서 사용한 핵연료를 재처리할 경우 원시적인 수준의 핵무기를 제조할 수 있는 무기급 플루토늄을 소량 추출할 수 있을 뿐만 아니라, 영변과 태천에 각각 건설 중인 원자력발전소와 영변에 건설 중인 방사화학실험실(IAEA는 이 시설이 재처리시설이라고 주장함)을 완공할 경우 북한의 연간 핵무기 제조능력은 30~40개 수준이 될 것으로 전망되었기 때문이다.

이에 따라 미국을 중심으로 한 국제사회는 북한에게 IAEA 안전조치협정 가입 및 IAEA의 사찰 수용을 요구했고, 북한은 핵 보유국의 비핵국가(북한 포함)에 대한 핵무기 사용 및 위협 금지(소극적 안전보장, NSA), 한반도에서의 핵무기 완전 철수, 그리고 한·미 합동군사훈련인 팀스피리트 훈련 중단이 충족될 경우 IAEA의 요구사항을 수락할 수 있다고 밝혔다. 이에 대해 IAEA는 북한측의 요구가 IAEA의 권한 밖의 일이라며 거부했다.

그러나 1991년 9월 27일 당시 부시 대통령이 소련과의 중거리전술핵무기폐기협정(INEF)에 따라 전술핵무기를 한반도에서 철수하고, 그

해 11월 6일 당시 노태우 대통령이 한반도 비핵화공동선언을 발표하고 12월 18일에는 핵 부재 선언, 그리고 12월 31일에는 북한측이 노태우 정부가 제안한 한반도 비핵화공동선언에 합의함으로써 북한 핵 문제를 풀 수 있는 안팎의 환경이 조성되었다. 이에 따라 북한은 1992년 1월 30일 IAEA의 안전조치협정에 서명하고, 그 해 5월부터 IAEA의 임시사찰을 수용했다.

북한의 안전조치협정 서명과 임시사찰 수용으로 IAEA는 1992년 5월 25일부터 1993년 2월 6일까지 6차례에 걸쳐 임시사찰을 실시했다. 이 과정에서 북한측과 IAEA측 사이에서 사찰 결과에 대해 중요한 의견상의 불일치가 발생했다. 불일치 문제의 요지는 플루토늄 추출량과 그 시기, 그리고 2개의 미신고 시설의 성격이다. 북한측은 '손상된' 연료봉을 통해 실험적으로 1989~90년 1회 추출한 플루토늄 양이 90g이고 미신고 시설 역시 일반적인 군사시설이라고 주장했다. 그러나 IAEA측은 1989, 90, 91년 세 차례에 걸쳐 북한측이 사용후 핵연료에서 수킬로그램의 플루토늄을 추출했고, 2개의 미신고 시설 역시 핵폐기물 저장소라고 주장했다. 불일치의 문제에서 특히 중요한 문제가 플루토늄 추출량인데, IAEA는 북한이 건설 중인 방사화학실험실을 사찰하던 도중, 이 시설의 시료채취 및 분석결과, 플루토늄 구성비가 다른 3종류의 폐기물을 발견하여 북한이 이미 수킬로그램의 플루토늄을 보유한 것으로 보고, 2개의 미신고 시설(북한은 일반 군사시설이라고, IAEA는 핵폐기물 저장소라고 주장한 시설)에 대한 특별사찰을 요구한 것이다. 북한은 IAEA의 추정치가 북한의 핵설비의 구체적 운영특성과 조건을 고려하지 않은 착오와 무성의에서 비롯된 것이라며, 특별사찰을 수용할 수 없다고 밝혔다. 이러한 불일치 문제로 인해 IAEA는 1993

년 2월 이사국들의 과반수 결의를 통해 특별사찰을 촉구하는 서한을 북한에 발송했고, 북한은 핵시설과 무관한 군사시설에 대한 특별사찰은 주권침해라며 맞섰다.

또한 미국이 1993년 3월 초 예정대로 한·미 동맹의 팀스피리트 훈련을 강행하고 뒤이어 3월 12일에는 IAEA 이사회에서 북한에게 전면사찰 수용을 촉구하는 결의안을 통과시키자, 북한은 이를 강력히 비난하면서 NPT 탈퇴를 선언함으로써 북한 핵 문제가 전면적으로 대두되게 되었다. 당시 북한이 IAEA의 결의가 불공정하다고 주장한 근거는 IAEA가 제3자인 미국이 제공한 항공사진에 의거해 사찰을 실시함으로써 당사국 해결원칙을 위반했고, 북한이 NPT 탈퇴를 유보한 특수한 지위임을 IAEA가 인정하지 않고 있다는 것이었다. 이에 대해 IAEA는 IAEA의 사찰관은 미국측이 제공한 자료를 포함해 모든 가용한 정보를 이용할 권리를 갖고 있고, 북한이 NPT를 탈퇴한 것이 아니므로 임시 및 일반사찰을 수용해야 한다고 맞섰다. 팽팽하게 맞선 양측의 입장 차이는 미국이 북한과 협상을 하기로 하고, 북한이 협상기간 동안 NPT 탈퇴를 유보하는 것으로 일단 수렴됐다.

이 같은 북한 핵 문제 등장의 법적, 기술적 요인과 함께 미국 내의 정치과정, 즉 북한 문제에 대한 강·온파 사이의 정파적 대립, 미국의 핵 전략을 비롯한 한반도의 안보환경, 그리고 남북 관계 역시 북한 핵 문제의 등장 및 한반도 위기에 중요한 배경이었다는 점을 이해해야 한다.[18] 이것은 북한 핵 문제가 제네바 합의 이후에도, 특히 부시 행정부 출범 이후 다시 불거지고 있는 중요한 이유들이기도 하다.

---

18) 당시 미국의 강·온파 사이의 대립과 북한 핵 문제와의 상관관계에 대한 내용은 이삼성, 『한반도 핵 문제와 미국 외교』(한길사, 1994), 29~52쪽 참조.

먼저 국제정치적 요인으로 1980년대 말과 90년대 초 한반도의 안보환경의 변화를 살펴볼 필요가 있다. 북한이 1985년 소련의 요구로 NPT에 가입한 것에서 알 수 있듯이, 소련이라는 버팀목이 있을 때 북한은 핵무기를 가질 동기도 환경도 강하지 않았다. 한국이 미국의 핵우산에 있는 것처럼 북한 역시 소련이라는 든든한 동맹국이 있었고, 미국이 한국의 핵 보유를 용인하지 않았듯이 소련 역시 북한의 핵보유를 막았기 때문이다. 그러나 소련의 한국과의 국교 수립 및 뒤이은 소련의 해체는 한반도 안보환경의 근본적인 변화를 가져왔다. 소련이 북한과의 군사동맹 관계를 파기하는 대신에 한국과의 국교 수립을 선택했기 때문이다. 1990년 9월 셰바르드나제 소련 외무상이 한국과의 외교관계 수립을 통보하기 위해 평양을 방문했을 때, 북한의 김영남은 다음과 같은 이유를 지적하며 강한 불만을 나타냈다. 첫째 한·소 국교 수립은 한반도의 영구분단에 국제적 정당성을 부여하고, 둘째 소련의 한국 승인은 한국으로 하여금 좀더 과감하게 북한 붕괴를 시도하게 만들 것이며, 셋째 북한은 소련연방의 다른 국가를 승인할 수 있고, 넷째 소련의 한국 승인은 1961년 방위조약을 사문화시킴으로써, 다섯째 북한은 더 이상 핵무기를 비롯한 '소련이 원하지 않는' 무기를 만들지 않겠다는 과거의 약속을 지킬 필요가 없다는 것이다.[19]

이런 근본적인 안보환경의 변화에 직면한 북한은 내부적으로는 체제 결속을 다지고, 남한과는 현상 유지를 지속하며, 국제사회와의 관계 개선을 통해 체제 생존을 모색하게 되었다. 이 과정에서 북한의 핵무기 카드는, 1970년대 카터 행정부의 주한미군 점진적 철수 계획

---

19) 하영선, 「북한 핵·미사일의 주기적 위기」, 『계간 사상』(2000년 여름).

에 맞서 한국 정부가 시도한 핵무기 및 미사일 개발과 흡사하게, 생존을 담보받는 군사적 의미를 갖는 동시에 미국과의 관계 개선을 촉진시킬 수 있는 협상용 카드라는 의미를 갖게 된 것이다.

여기서 하나 주목할 점은 한반도 안보환경의 변화를 곧 북한의 핵무기 개발 시도의 필요충분 조건으로 봐서는 안 된다는 것이다. 이것은 하나의 상황적 요인일 뿐, 북한이 진정으로 핵무기 보유를 시도했는지의 여부는 의혹 제기의 당사자인 미국측 강·온파의 대립과정과 함께 이해해야 할 필요성을 지닌다. 즉, 북한 핵 문제의 등장 배경 및 한반도 위기가 북한의 핵 개발 시도에서 비롯되었다고 단정하는 데는 신중해질 필요가 있다는 것이다.

당시 국무부로 대표되는 온건파와 국방부 및 CIA로 대표되는 강경파는 북한의 핵 개발 문제에 대해 심각한 이견을 보이고 있었다. 강경파는 북한이 핵무기를 개발했거나 시도하고 있다고 단정하고 있었으나, 정황 증거에 의존할 뿐 자신들의 주장을 뒷받침할 만한 확실한 증거를 내놓지 못했다. 이에 따라 국무부는 확실한 증거 없이 북한을 몰아붙이는 것은 곤란하고, 대화와 협상을 통해 문제를 풀어야 한다는 관점에 서 있었다. 북한의 핵 투명성을 보장받기 위해서 완전사찰 관철 및 군사적 압박을 가해야 한다는 강경파의 입장과는 차이가 있는 것이었다. 결국, "북한 핵 문제에 대한 미국의 인식과 대응은 사실적 판단에 근거한 것이라기보다는 미국 내 강·온파들 각각의 정치적 판단과 그들 간의 정치적 역학에 의하여 결정"[20]된 측면이 있다.

이것은 제2의 북한 핵 위기라고 부를 수 있는 1998~9년 금창리 핵

---

20) 이삼성, 『한반도 핵 문제와 미국 외교』, 16쪽.

의혹 논란과도 흡사한 측면이 있다. 금창리 핵 의혹 논란은 미 군정보 기관이 금창리 일대의 위성촬영 결과를 『뉴욕타임스』에 흘리면서 촉발되었다. 공화당과 군부 및 정보기관은 금창리 의혹 시설을 핵시설로 단정하고, 북한이 제네바 합의를 위반하고 있다며 군사적 행동까지 주장하고 나왔다. 궁지에 몰린 클린턴 행정부는 북한측에 사찰을 강하게 요구했고, 북한은 식량지원을 대가로 '현장 방문'을 받아들였다. 결국 1999년 및 2000년 5월 금창리 현장 방문 결과 '텅빈 동굴'로 판명나고, 제2의 위기는 수습되었다. 그러나 이 과정에서 미국 강경파는 엄청난 이득을 챙기게 되었다. 클린턴 행정부가 최대 외교업적으로 내세워온 제네바 합의에 흠집 내는 데 성공함으로써 대북정책에 대한 근본적인 재검토의 환경을 만들어 냈고, 숙원 사업인 탄도미사일방어체제 구축의 명분을 획득했으며,[21] 미국의 국방예산을 증액하는 데 활용하기도 했다.[22]

6. 냉전의 해체와 새로운 '적' 북한, 그리고 주한미군

걸프전을 승리로 이끌어 전쟁영웅으로 칭송받았던 콜린 파월은 걸프전 종결 이후 다음과 같이 말한 바 있다(그는 현재 부시 행정부 내에

---

21) 실제로 금창리 핵 의혹과 광명성1호(대포동1호) 발사 후, 미국의 강경파들은 "이러다가 북한한테 핵미사일 공격을 받을 수 있다"며 미사일방어체제의 조기 구축을 강하게 요구하기 시작했다. 이에 대한 자세한 내용은 정욱식, 「금창리 핵 의혹시설에 대한 미국 언론보도 분석」(1999년 7월), <http://www.peacekorea.org/monitor/monitor005.html>.

22) 탈냉전 이후 지속적으로 감소 추세이던 미국의 군사비는 1998년을 기점으로 반등하기 시작했다. 미국의 1946~2002년의 군사비 지출 추이는 <Council for a Livable World>의 웹사이트(http://www.clw.org/milspend/spdhst98.html) 참조.

서 '외로운' 온건파로 분류되고 있기도 하다). "악마들이 고갈되고 있다. 악한들이 고갈되고 있다. 이제 남은 것은 카스트로와 김일성이다." 이들의 공통점은 냉전 해체 이후에도 남아 있는 공산주의 국가의 지도자들로, 미국의 말을 순순히 듣지 않는다는 것이었다. 이와 관련해 미국의 저명한 군사전문기관인 방위정보센터(CDI)는 "펜타곤이 남한에 3만5천 명이라는 과도한 군사력을 계속 주둔시키는 것을 합리화하기 위해 김일성을 이용하고 있다"고 비판한 바 있다.23) 이러한 분석을 뒷받침하듯, 93년 10월 발표된 미국 군사전략 지침서인『바텀-업 리뷰』에서는 "미국이 북한과 이라크에 맞서 동시에 양대 전쟁을 승리로 이끌기 위해서는 대규모 병력을 계속 주둔시켜야 한다"고 결론짓고 있다.24) 미국의 관점에서 이라크와 북한이 갖고 있던 중요한 차이점은, 비록 후세인을 제거하는 데는 실패했지만 이라크는 한번 손을 봐 준 반면에 북한은 그렇지 못하다는 것이다. 이는 미국 내 강경파들이 제네바 합의를 못마땅하게 생각하는 근본적인 이유이기도 하다.

실제로 주적인 소련의 붕괴를 비롯한 냉전의 해체는 미국 강경파들에게는 엄청난 '도전'이었다. 주적이 사라짐으로써 밥그릇이 줄어들 것을 우려하지 않을 수 없었기 때문이다. 미국 내 강경파는 이러한 도전을 두 가지 방식을 통해 돌파하려 했다. 하나는 소련이라는 거대한 적을 '중국'으로 대체하는 것이었고, 중국의 위협이 현실로 나타나기 전까지 '과도기적 위협'으로 북한 등 이른바 '깡패국가'들을 명시적인 적으로 삼는 것이었다. 그리고 그 중심에 체제와 이념도 다르고

23) Ending the Cold War : Cuba, North Korea, and Vietnam, Defense Monitor, Washington, Center for Defense Information, January 1994.

24) Report on the BOTTOM-UP REVIEW, Les Aspin, Secretary of Defense, October 1993, <http://www.fas.org/man/docs/bur/>.

말도 잘 안 듣고 적절하게 위협적인 군사력을 보유하고 있으며, 제대로 손봐주지 못한 북한을 놓으려 했던 것이다. 이런 와중에 북한의 핵 개발 의혹은 미국 내 강경파들에게 호재로 작용했고, 또한 실제로 이를 적절하게 활용했다. 그 대표적인 예가 바로 주한미군이다. 냉전의 해체와 함께 아버지 부시 행정부는 주한미군의 감축 계획을 단행할 준비를 하고 있었는데, 이를 미국 강경파들은 군사적 패권주의의 약화로 해석했던 것이다.

1990년 4월 아버지 부시 행정부 때 작성되어 미 의회에 제출된 『넌-워너 보고서』(동아시아전략평가보고서)에 기초해 마련된 주한미군 감축 계획은, 1단계(91~93년)로 공군 병력 2천과 지상군 중 비전투 요원 5천 등 총 7천 명을 감축하고, 2단계(94~95년)에서는 구체적인 감축 규모를 밝히지 않았으나 전체 병력 수를 3만 명 수준으로 유지하며, 3단계(96년~2000년)에서는 1, 2단계가 성공적으로 이뤄질 경우 한국군이 한·미 연합전력에서 주도적인 역할을 해야 한다고 밝히고 있어, 대폭적인 미군 감축을 암시한 바 있다. 따라서 계획대로 감축이 추진되었을 경우, 현재의 주한미군은 최대 3만~최소 2만 명 수준으로 줄어들게 됐을 것이다. 그리고 전시작전권도 한국군에게 이양되었어야 한다. 한·미 당국은 감축 계획이 무산된 이유를 북한 핵 문제로 들고 있으나, 북한 핵 개발을 동결시킨 제네바 합의가 1994년 10월에 체결된 이후에도 감축은 추진되지 않았다는 점에서 설득력이 약하다.

오히려 미군 감축 계획의 취소는 한·미 당국의 의지 부족 및 미국의 동아시아 전략의 변화에서 기인한 바가 크다. 당시 한국 정부는 주한미군의 일부 감축을 받아들이되 대폭적인 감축에는 반대했으며, 미국 역시 위에서 언급한 93년 군사전략보고서 및 1995년 동아시아 전략보고서에서 아시아 주둔 미군 규모를 10만 명 선으로 유지한다는 방침을 세움으로써 미군 감축 계획은 1단계에서 중단되고 만 것이다. 미국–동아시아의 무역량이 미국–유럽의 무역량을 추월하던 시점에서, 소련이라는 주적을 중국으로 점진적으로 대체함에 따라 중국을 봉쇄할 필요성이 생성되던 시점에서, 미국 스스로 사활적인 이해가 걸려 있다고 강조하고 있는 한반도에서의 주한미군 감축을 미국 강경파들은 결코 원하지 않았던 것이다. 이것은 곧 아버지 부시 행정부 때 마련된 미군 감축 계획과 적지 않은 긴장 관계를 갖고 있다는 것을 의미하고, 이러한 점에서 북한의 핵 개발 의혹은 북한 위협론을 전면화시키면서 대규모의 주한미군 주둔을 정당화하는 기재로 활용되었던 것이다. 또한 제네바 합의를 탐탁지 않게 여기면서 주한미군 감축 계획을 철회시키려는 미국 강경파의 한반도에서의 이해관계가 관철되었다는 것을 말해주며, 주한미군의 존재가 북한의 남침을 억제한다는, 전통적인 의미의 한·미 '공동 이익'에서 미국의 동아시아 패권을 유지·강화하려는 미국 강경파의 '일방적인 이익'의 수단으로 점차 변하고 있다는 것을 의미하기도 한다.

10년 전에 미국이 주한미군 감축을 추진한 이유는 한국에 대한 안보공약의 철회나 주한미군의 완전 철수를 계획했기 때문이 결코 아니다. 냉전의 해체로 소련과 동구권이 몰락했을 뿐만 아니라, 북·중, 북·러 군사동맹이 사실상 붕괴하고, 한국의 경제력 및 군사력이 비약적으로 성장함에 따라 주한미군의 대북 억지력의 상당 부분을 한국측이 감당할 수 있을 것이라는 판단 때문이었다. 10년 전의 상황이 이러할진대, 남북한의 군사력과 경제력의 격차가 더욱 벌어지고 남북한의 화해협력 분위기가 훨씬 좋아진 현재의 시점에서 오히려 주한미군의 존재는 영구 주둔의 길로 접어들고 있다. 이것은 10년 전에 냉전의 해체로 기획된 주한미군 감축 계획이 미국 강경파의 '북한 핵 위협론'의 제기를 통해 무산된 것처럼, 2000년 6월 남북정상회담을 비롯한 한반도의 냉전구조 해체 분위기 속에서 등장한 부시 행정부가 '북한 위협론'을 전면화시키면서 미국 안팎에서 제기된 주한미군 감축 논의를 무마시키는 것과 대단히 흡사한 양태를 보이고 있기도 하다.

7. 북한은 핵무기를 만들려고 했을까?

한국과 미국 정부를 비롯한 국제사회가 북한이 과거 핵 개발을 시도했다는 근거로 내세우는 것은 크게 네 가지다. 첫째, 북한이 원자력발전소로 건설했거나(5MWe), 건설 중인(50MWe, 200MWe) 원자로형은 흑연감속로로, 이것은 무기급 플루토늄(순도 93%이상의 Pu239) 생산에 적합한 반면에 전력생산용으로는 비경제적이라는 점이다. 둘째, 북한의 대형 재처리시설의 보유 및 은폐 기도로서, 방사화학실험실을 '종합실험실'이라고 신고했으나 IAEA의 사찰 결과 재처리시설로 판명되었고 북한의 원자력 산업구조상 필요 이상으로 대형이라는 점이다. 셋째, IAEA의 사찰 방해 및 비협조로 핵 활동 공개를 거부했다는 점이다. 넷째, 1980년대부터 70여 회의 고성능 폭약실험을 실시했고 1990년대 초에는 고폭실험을 실시했다는 점 등이 북한의 핵 개발 증거로 제시되어 왔다.[25]

---

25) 『대량살상무기 문답백과』(국방부, 2001년 12월 10일), 100쪽. 이밖에도 북한의 핵 개발 증거로 중요하게 제시되는 '구소련의 핵물질 북한 유입' 주장은 명확히 확인된 것이

그러나 위에서 제시된 네 가지 근거는 좀더 신중히 분석해 볼 필요가 있다. 우선 북한이 원자력발전소로 흑연감속로를 채택한 이유는 무기급 플루토늄 추출이 용이한 것과 함께, 다른 원자로에 비해 건설비용이 적다는 것도 고려해야 할 것으로 보인다. 일반적으로 북한이 과거에 가동한 영변의 5MWe 원자로의 1.5배(7.5MWe)에 해당하는 흑연감속로를 짓는 데 2,500~5,000만 달러가 소요되는 반면에, 제네바 합의에 따라 신포에 건설 중인 1,000MWe급 경수로에는 25억 달러가 들어간다.[26] 북한이 건설하다가 제네바 합의를 통해 중단한 50MWe 및 200MWe 흑연감속로의 경우, 이미 흑연감속로를 보유하고 있기 때문에 건설비용이 절감된다는 것도 고려해야 한다. 물론 건설비용 대비 발전용량을 비교할 때, 경수로가 흑연감속로보다 경제성이 뛰어난 것이 사실이지만, 북한이 경수로 건설에 필요한 막대한 건설비용과 첨단기술을 보유하지 못한 점 역시 북한이 흑연감속로를 선호하게 된 요인의 하나라고 볼 수 있다.

둘째, 영변에 건설 중이던 방사화학실험실이 IAEA의 주장대로 재처리시설이라고 하더라도, 이를 핵무기 제조용으로 '한정'하는 것은 문제가 있다. 재처리란 사용후 핵연료에 남아 있는 유효 성분을 화학적으로 추출해 내는 작업을 의미하는데, 이러한 과정을 통해 핵연료로 다시 사용이 가능한 우라늄과 플루토늄 추출이 가능하다. 또한 방사화학실험실이 원자력 산업 규모에 비해 대형(길이 180m, 폭 20m, 높이 6층)이라는 것도 그 시점에서는 타당한 얘기이지만, 북한이 추가로 함남 신포에 635MWe 원자력발전소 3기를 건설할 계획이었다는 점을

아니므로, 여기에서는 논외로 한다.
26) 『대량살상무기 문답백과』, 74쪽.

고려할 때, 이 원자력발전소의 재처리 작업까지 고려한 시설이었다고 보는 것이 정확할 것이다. 물론 흑연감속로의 사용후 연료를 재처리할 경우, 경수로의 사용후 연료를 재처리한 것에 비해 Pu239가 적은 양이지만 순도가 높기 때문에 무기급 플루토늄 추출이 용이한 것이 사실이다. 그러나 이것이 북한이 핵무기를 개발하려 했다는 것의 '정황 증거' 수준을 넘어선 것이라고 보기는 어렵다. 일본이 재처리시설을 갖추고 대규모 플루토늄을 생산하고 있는 것에서도 알 수 있듯이, NPT에서조차 재처리시설 보유를 원자력의 평화적 이용을 위반한 것으로 규정하고 있지 않다.

셋째, 북한이 IAEA에 비협조적이었다는 것도 유심히 볼 필요가 있다. 핵 투명성을 확보함으로써 핵무기 개발을 차단하는 것이 기본적인 임무인 IAEA의 입장에서 북한에게 완전하고 무제한적인 핵 사찰을 요구하는 것은 당연해 보일 수 있다. 마찬가지로 북한이 미국으로부터 체제안전 보장과 핵 프로그램 중단 대가를 보장받지 않은 상황에서, 유일한 협상 카드를 쉽게 포기할 수 없었던 것도 사실이다. 이에 따라 북한은 미국의 약속 이행 과정에 보조를 맞춰 단계적이고 제한적인 사찰을 수용하면서 북·미 간의 갈등을 풀고자 했던 것이다. 즉 IAEA는 북한의 핵 문제를 비확산체제인 NPT의 틀에서 바라본 것이고, 북한은 기본적으로 북·미 간의 사안으로 바라봤던 근본적인 '불일치의 문제'가 존재했던 것이다.

넷째, 고폭장치 및 고폭실험과[27) 관련된 부분이다. 우선 남한의 국

---

27) 고폭장치는 분리된 상태의 핵물질을 폭발가능 상태(임계 상태)로 압축 및 결합시키기 위한 폭약장치를 말하는데, 핵폭발이 일어나는 백만 분의 1초 이내에 핵물질이 폭발가능한 완벽한 구형으로 결합시킬 수 있도록 정밀하게 설계, 제조되어야 한다. 또한 핵물질의 이동 속도가 최소 1,000m/s 이상이 되어야 하므로 폭속이 빠르고 강력한 고성

방부가 북한이 고폭실험을 해왔다고 주장하는 것은 국방부도 인정하고 있듯이, 어디까지나 '추정'이다. 이에 따라 북한이 핵무기 기폭장치로 사용할 고폭장치를 실험한 것인지, 일반적인 고폭탄을 실험한 것인지 그 용도를 단정하기는 힘들다. 또한 국방부도 인정하고 있듯이 북한이 고폭장치 개발 및 실험에 성공했다는 증거 역시 없다.[28] 이것은 북한이 1993~4년 당시는 물론 현재까지도 핵무기 제조단계에서 핵 실험에 앞서 반드시 필요한 고폭장치 개발에 아직 성공하지 못하고 있다는 것을 의미한다고 할 수 있다.[29]

물론 위의 네 가지 설명이 한·미 당국이 북한의 핵 개발 근거로 내세우고 있는 주장을 부정하기 위한 것은 아니다. 오히려 한·미 당국이 내세운 네 가지 근거의 일면만을 봐서는 북한 핵 문제를 제대로 이해할 수 없을 뿐더러, 문제 해결에도 도움이 안 될 수 있다는 판단 아래 신중한 접근의 필요성을 제기한 것으로 보면 된다. 여러 가지 정황을 종합해 볼 때, 북한의 핵 정책은 안보적 측면에서의 핵 개발 카드와 경제적 측면에서 원자력 에너지 확보의 양면성을 띠고 있었다고

능 폭약이 요구된다. 고폭실험은 이러한 장치를 실험하는 것으로 핵실험의 전 단계를 가리킨다. 즉, 핵물질을 주입하지 않은 상태에서 고폭장치의 작동상태와 성능을 시험하려는 것이다. 『대량살상무기 문답백과』, 74쪽.

28) 이와 관련해 국방부는 "기존에 알려져 온 70여 회 고성능 폭발실험은 '고폭장치 이전 단계에서 고폭장약 자체의 성능시험'을 위한 것으로 추정되며, 1993년 이후 고폭장치 관련 일부 부품과 재료 획득에 어려움을 겪고 있다는 첩보를 고려할 때 완전한 고폭장치 개발 및 고폭실험 실시 여부는 아직도 불확실하다"고 평가하고 있다. 『대량살상무기 문답백과』, 93쪽.

29) 참고로 미국의 CIA 보고서를 비롯한 미국 정부의 북한의 대량살상무기 위협 평가 보고서에는 북한의 고폭실험과 관련된 부분은 언급이 없다. 다만 부시 행정부의 '악의 축' 발언 직후 공개된 CIA 보고서는 "2001년 상반기 동안 북한은 전 세계에 걸쳐 핵 프로그램에 적용될 수 있는 기술을 획득하기 위해 시도했다"고 평가하고 있다.

보는 것이 정확할 것이다. 이러한 양면적인 특성은 제네바 합의에도
반영되었고, 북한의 핵 문제를 궁극적으로 풀기 위해서는 이 두 가지,
즉 북한의 안보 딜레마와 전력난을 모두 고려해야 함을 말해준다.

8. 봉합된 위기…제네바 합의의 운명은?

오늘날의 위기와 해법을 모색하는 데 교훈을 얻기 위해서는, 당시 전
쟁 일보 직전까지 갔던 원인과 그 위기가 수습된 배경을 되짚어볼 필
요가 있다. 거칠게 요약하자면, 북한은 자신의 핵 프로그램이 완전히
규명될 경우 대미 협상 지렛대를 상실할 것을 우려해 완전사찰 대신
단계적인 사찰을 선호했고, IAEA 및 한·미·일의 강경파는 북한이 핵
무기 개발을 포기하지 않고 있다는 강한 불신에 기초해 유엔을 통한
제재와 군사적 압박을 가하는 것을 선호했던 것이 1994년 한반도 위
기의 직접적인 이유라고 할 수 있다. 이것은 당시 강경 성향을 보인
한국과 일본의 정부, 그리고 클린턴 행정부의 국방부와 정보기관으로
대표되는 강경파의 의도를 견제하지 않을 수 없었던 북한의 사정과,
1995년 NPT 무기한 연장회의를 앞두고 제3세계 국가의 핵 프로그램
을 단계적인 '주고받기식'의 협상을 통해 푼 선례를 남기지 않기를 원
한 IAEA 및 미국 정부의 집착, 그리고 더욱 중요하게는 북한의 붕괴를
기대했던 한·미·일 강경파의 의도가 결합된 산물이라고 할 수 있다.
　북·미 간의 군사적 충돌 직전까지 갔던 1994년 북한 핵 위기는 그
해 10월 21일 제네바 합의를 통해 수습된 바 있다. 이 합의를 통해 북
한은 북·미 관계 개선을 비롯한 국제사회의 진출 및 안보 불안감을

해소할 수 있는 발판을 마련했고, 미국은 북한의 핵 클럽 가입을 차단함으로써, 이듬해 핵확산금지조약(NPT) 연장회의를 앞두고 핵 확산을 억제할 수 있는 중대한 진전을 이룰 수 있었다. 또한 남한은 한반도 비핵화 공동선언을 통해 농축 및 재처리시설 보유를 하지 않겠다고 약속함으로써 직면한 핵 주권 포기 논란을 잠재울 수 있기도 했다.

그러나 이러한 제네바 합의의 '예상된' 성과는 동시에 많은 문제점을 내포하고 있었다. 제네바 합의를 통해 클린턴 행정부는 북한의 현재 및 미래의 핵 개발은 동결시킬 수 있었으나, 과거의 핵 활동에 대해서는 10년 후(2003년)에나 규명할 수 있게 했고, 핵 개발 포기 대가를 지불하겠다고 약속함으로써 "악행을 보상했다"는 미국 내 강경파들의 끊임없는 정치적 공세에 시달리게 되었다. 북한의 입장에서는 핵 개발 시도 의혹을 통해 미국을 협상 테이블로 끌어내는 데는 성공했지만, 핵 개발 동결과 함께 미국의 관심에서 멀어지고 미국이 합의사항 이행에 미온적인 태도로 나옴으로써, 경제·정치적 위기를 해소할 수 있는 토대를 상실하게 되었다. 이것은 기본적으로, 일단 합의를 해놓고 기다리면 북한은 붕괴할 것이라는 미국의 안일한 판단이 북한과의 협상에 반영되었다는 것을 말해준다. 이는 동시에 북한이 제네바 합의는 물론 미사일 협상과 같은 다른 문제에 있어서도, 미국의 의도 및 합의사항 이행에 대해 불신을 갖게 되는 중대한 요인이 되어왔다. 한국의 입장에서도 협상과정에서는 배제된 채, 제네바 합의 이후 경수로 건설비용의 70%를 지불해야 하는 결과를 낳음으로써 한반도 평화 문제에 당사자로 참여할 수 있는 기회를 놓치게 되었다.

제네바 합의가 이처럼 잘 이행되지 않는 이유에 대해 미국의 한 연구자는 미시경제학의 '지체 문제'(hold-up problem)라는 개념을 통해 설명한다.30) 즉 북한은 핵 투명성을 국제사회에 보여주고, 미국이 주도하는 한반도에너지개발기구(KEDO)는 경수로 사업을 예정대로 추진하면 양측 모두에게 이익이 돌아가지만, 한 행위자가 먼저 의무사항을 이행할 경우 상대방이 자신의 의무사항을 이행하리라는 보장이 없기 때문에, 제네바 합의의 순조로운 이행이 구조적으로 어렵다는 것이다. 이것은 기본적으로 국제 관계의 무정부적 특성으로, 의무사항 이행 위반을 제재할 법적 권위체가 없는 데다가, 제네바 합의는 법적인 구속력이 없는 '합의'이기 때문에, 상호 간의 불신이 해소되지 않으면 원활한 이행을 기대하기 힘들다는 근본적인 문제점을 짚고 있다 할 수 있다. 따라서 상호 불신의 문제는 의무사항의 단계적인 이행을 통해 해소할 수밖에 없는 문제이고, 상호 간의 성실한 의무이행을 반복함으로써 신뢰를 형성해야 한다는 결론에 다다르게 된다.

따라서 문제는 행위자의 연속성에 달려 있다. 북한의 경우 외부에서 비판하는 것처럼 유일체제의 특성을 갖고 있기 때문에 행위자가 바뀌지도, 또한 바뀔 가능성도 많지 않다. 반면에 미국은 물론이고 KEDO 사업의 중요 당사자인 남한과 일본은 정기적인 선거를 통해 행정부와 의회가 바뀐다는 중요한 차이점을 갖고 있다. 이러한 행위자의 교체는 정책의 연속성에 있어서도 저해와 촉진의 양면성을 갖게 된다. 미국측 행위자가 클린턴 행정부에서 부시 행정부로 교체되면서 제네바 합의를 비롯한 대북 관계가 악화된 것은 행위자 교체에 따른 정책의 연속성에 있어서 '저해'의 측면을 보여주고, 남한의 김영삼 정부에서 김대중 정부로의 교체는 정책의 연속성에서 '촉진'의 측면을

---

30) Daniel A. Pinkston, The DPRK's Nuclear and Missile Programs and Northeast Asian Stability, *KNDU Review*, Volume 6, Number 1, June 2001.

보여주고 있다.

이와 관련해서 이삼성의 통찰력 있는 분석을 주목할 필요가 있다. 그는 1993~1994년 북·미 간의 핵 협상과 관련해서 북한이 포괄적 타결에 집착한 이유를 다음과 같이 설명한 바 있다.

어떤 시점에서 미국 내 온건파의 견해가 우세할 때 이루어진 북·미 간 타협에 따라 북한도 한 걸음 물러서 사찰을 받는다 하더라도, 그 후에 미국 내에 강경론이 우세해지면 미국 정부는 북한의 사찰 수용에 상응하는 양보조치를 거부하는 경우가 생겨날 수 있었다. (중략) 북한은 제한적인 수준의 양보만을 얻어낸 상태에서 자신의 핵 투명성을 완전히 보장해줄 경우 미국은 그 다음에는 미사일 개발 문제, 인권 문제, 테러리즘 포기 문제 등등 정치, 외교적 논란의 여지가 많은 여러 가지 문제들을 들고나와 북한 고립화 정책 및 북한에 대한 군사적 위협 정책을 지속할 가능성이 많다고 우려해온 것이다.[31]

실제로 제네바 합의 이후 급물살을 탈 것으로 보였던 북·미 관계는 제네바 합의 직후 실시된 미국의 중간선거에서 공화당이 상·하원을 장악하고 클린턴 행정부의 대북정책에 제동을 걸면서 교착상태에 빠져들기 시작했다. 미국 내에서 '부분적인' 행위자의 변화, 즉 의회 강·온파 사이의 힘 관계 변화가 제네바 합의의 연속성을 저해한 중요한 이유가 되었다는 것을 알 수 있는 대목이다. 그리고 클린턴에서 부시로의 행정부 교체는 사실상 행위자의 '전면적인' 변화를 의미하는 것으로, 이것이 제네바 합의가 위기 상황으로 빠져들고 있는 가장 근

---

31) 이삼성, 『한반도 핵 문제와 미국 외교』, 30~31쪽.

본적인 요인 가운데 하나이다. 또한 제네바 합의 이행 문제를 비롯한 북·미 간의 사안이 갈등을 빚을 때, 부시 행정부가 클린턴 행정부보다 더 신중해질 것이라는 기대를 갖기가 힘들다는 것을 말해주기도 한다. 어쩌면 이것이 바로 한반도 위기의 가장 큰 요인일지 모른다.

제네바 합의의 문제점은 위와 같은 구조적, 정치적 문제에서 끝나지 않는다. 제네바 합의가 북·미 관계의 기본틀(Agreed Framework)이라고 불릴 정도로 역사적인 의미를 갖는 것이 사실이지만, 그 역사성을 뒷받침할 만한 구체적인 내용을 담지 못했기 때문이다. 자세한 내용은 뒤에서 상술하겠지만, 이는 제네바 합의의 이행, 특히 당초 예정된 경수로 완공 시점인 2003년이 되면서 많은 논란거리가 제기될 수밖에 없는 근본적인 요인이기도 하다.

II

2003년 한반도 위기, 기우인가 현실인가

1. 부시의 '악의 축'과 북한

2002년 10월 북한 핵 파문 이후 한반도의 위기가 고조되어 왔으나, 사실 2003년 위기설은 북핵 문제가 터지기 전부터 예견된 것이다. 북한 핵 파문은 2003년 위기의 '결정적인 요인'이라기보다는 '가속화시키고 있는 요인'으로 바라보는 것이 정확하다는 것이다. 부시의 '악의 축' 발언도, 선제공격 대상에 북한을 명시한 것도 북한 핵 파문이 벌어지기 전의 일이며, 따라서 2003년 한반도 위기의 근본적인 요인은 출범 이후 줄곧 견지해온 부시 행정부의 대북 강경책에 있다. 아래의 내용은 이를 사실적으로 뒷받침해줄 것이다.

조지 W. 부시 미국 대통령은 2002년 1월 29일 상·하원 합동회의에서 행한 연두교서에서 "미국은 세계에서 가장 위험한 국가들이 세계에서 가장 파괴적인 무기들로 미국을 위협하도록 허용하지 않을 것"이라고 경고했다.[32] 부시는 연두교서 발표 후 전국을 순회하면서 이러한 입장을 재확인하고, "북한, 이란, 이라크 등이 대량살상무기를 포기하지 않을 경우, 미국은 행동에 나설 준비가 돼 있다"며 군사행동의 가능성도 언급했다. 이는 아프가니스탄 전쟁 종결과 함께 테러와

---

32) 연설문 전문은 웹사이트(http://www.usinfo.state.gov/products/washfile/)에서 볼 수 있다.

의 전쟁의 초점을 반미 성향의 국가들 및 테러집단의 대량살상무기 위협 제거에 맞추겠다고 공언해온 것을 더욱 강한 어조로 재확인한 것이다. 부시 대통령은 특히 북한, 이라크, 이란을 별도로 지목해 "대량살상무기 개발을 시도하고 있다"고 지적하고, 이들 국가를 '악의 축'이라고 규정했다. 미국 대통령이 특정 국가들에 대해 '악의 축'이라는 표현을 쓴 것은 처음 있는 일로서, 레이건 행정부 때 소련을 '악의 제국'이라고 규정한 것과 흡사하다. 또한 클린턴 행정부 때 사용된 바 있고, 부시도 즐겨 사용하던 '깡패국가'보다 강한 표현이다.

이 연두교서는, 이미 2002년을 '전쟁의 해'로 선포한 뒤 "테러와의 전쟁은 수년 동안 지속될 것이며 미국은 이 전쟁에서 승리할 것"이라고 공언해온 것과 맥락이 닿아 있으며, 부시 행정부의 테러와의 전쟁이 미국이 지목한 대량살상무기 위협 국가로 확대될 수 있음을 강하게 암시한 것이다. 특히 부시가 "나는 (대량살상무기) 위협이 커지고 다가오는 것을 기다리지 않겠다"고 강조한 것은 이들에 대한 선제 공격이 이뤄질 수도 있음을 암시한 것으로 해석할 수 있다. 부시 행정부가 2002년 들어 이라크 침공을 본격적으로 준비해 오고 있는 것은 이것을 잘 보여준다.

물론 미국이 이라크 문제가 해결될 때까지 북한을 공격할 가능성은 많지 않다. 미국이 '악의 축' 국가들 가운데 이라크를 제1의 목표물로 삼은 이상, 두 개의 전선에서 침략 전쟁을 동시에 벌일 군사적 능력과 외교적 환경 마련이 어렵기 때문이다. 그러나 핵문제를 둘러싼 북미간의 교착 상태가 지속되고 이라크 문제가 종결된 이후에는 상황이 달라질 수 있다. 부시 행정부는 북핵 파문이 터지기 전부터, 북한이 미국의 사찰 요구를 거부할 경우 미국의 일방적인 행동, 한·미·일 공조 체계에 의한 압박, 반테러 국제연합을 통한 대응 등이 고려될 수 있다고 말해온 것에 비춰볼 때 대북한 군사행동의 가능성 역시 배제할 수 없는 상황이다.[33] 부시 행정부가 2002년 10월 북한 핵 파문이 불거진 이후에, "북한은 이라크와 다르다"며 북한의 핵 개발에 대해서는 "평화적인 해결을 추구하겠다"고 말하고 있는 것은, 대북관의 근본적인 변화라기보다는 대이라크 전쟁에 집중코자 하는 의도에서 비롯된 것이라고 보는 것이 정확하다는 것이다.

9·11 이후 더욱 강경해지고 있는 부시 행정부의 대북관은, 2002년 들어 금강산 관광, 경의선 연결 사업, 월드컵-아리랑 축제 등을 유기적으로 연결해 남북 관계의 숨통을 틔게 하려는 남북한 정상들의 구상과 충돌하는 것이었다. 부시 행정부가 "언제 어디서나 조건 없는 대화를 할 용의가 있다"고 밝히면서도 북한을 악마로 묘사하며 압박의 수위를 높여감에 따라 북·미 간의 신경전은 더욱 거칠어지기도 했다. 특히 부시 행정부의 이런 정치적인 수사가 2003년에 480억 달러에 달하는, 레이건 행정부 이후 최대 규모의 군사비(총액으로는 약 4천억 달러에 육박) 증액을 통해 적대 국가를 조기에 제압할 수 있는 최첨단 무기체계의 개발 및 보유 계획과 맞물리면서 북한이 느끼는 안보 불안은 배가될 수밖에 없는 처지다.

한국은 미국과의 군사동맹 관계를 기초로 반테러 연합에 적극적

---

33) 이와 관련해서 존 볼튼 미 국무부 군축 및 국제안보 차관은 북한이 NPT를 비롯한 국제군비통제 조약을 위반하고 있다고 비난하면서 "그러한 행위가 계속될 수 없다는 것을 확실히 하기 위해 미국은 독자적인 행동과 동맹국과의 행동을 취할 수 있을 것"이라고 말한 바 있다. 그는 그 행동이 구체적으로 무엇을 의미하는지는 아직 밝히지 않았으나, "일부 국가들이 군축조약에 서명해 놓고 이를 위반하는 것이 용인되는 시대는 갔다"고 말했다. Bolton Says U.S. Will Not Resume Nuclear Testing, *Washington File*, 24 January 2002.

으로 참여하고 있는 국가이고, 북한은 명시적이든 잠재적이든 미국의 확전 대상 목록에 올라 있는 국가라는 것이 한반도가 직면한 냉엄한 현실이다. 이러한 극단적 불일치는 미국이 북한의 대량살상무기 위협 제거를 테러와의 전쟁의 일환으로 규정하고 정치·군사적 행동에 나설 경우 남북한 모두에게 엄청난 시련을 줄 수 있다는 것을 의미한다.

사실 정부와 언론이 부시 행정부의 발언에 일희일비하는 상황은 부시 행정부의 출범 때부터 지금까지 지속돼 오고 있다. 부시의 당선으로 대북정책에 대한 한·미 공조에 우려를 표하던 목소리는 부시 행정부의 출범 직후 "포용정책을 지지한다"는 부시측의 발언을 듣고는 누그러들었다. 그러나 2001년 3월 초 한·미 정상회담에서 부시 행정부가 북한에 대해 강한 불신감을 드러내면서도 "포용정책을 지지한다"고 말하자 혼란스러운 모습을 보였다. 급기야 2001년 6월 6일 부시 행정부가 대북 대화 재개를 선언하자, "이제 공은 북한으로 넘어갔다"며 북한측에 북·미 대화에 응할 것을 촉구하는 상황으로 변했다.

정부와 언론의 '해바라기식' 한·미 대북정책 공조는 9·11 테러 이후 더욱 심각하게 나타났다. 부시 행정부가 초유의 테러를 당한 뒤 국가안보를 전면에 내세우며 미국에 적대적인 국가에게 압박을 가할 것을 충분히 예상할 수 있었음에도 불구하고, "포용정책을 지지하고 북한과의 대화 방침에는 변화가 없다"는 부시 행정부의 '립서비스'에 계속 넘어간 것이다. 예상할 수 있었던 부시 행정부의 대북 강경책에 치밀한 계획을 세우기보다는, 부시 행정부로부터 "포용정책을 지지하고 북한과 대화하겠다"는 말을 들으면 마치 위기가 해소되는 것처럼 인식하는 분위기가 팽배했던 것이다. 이것은 결국, 부시 행정부의 본질을 보기보다는 "포용정책 외에 대안이 없지 않겠느냐"며 "부시도 대화를 통해 문제를 풀 수밖에 없을 것"이라고 다소 낙관적인 기대로 일관했던 것이 오늘날의 위기를 자초하는 데 또 하나의 요인이 되었다는 것을 의미한다. 일례로 부시 행정부가 출범, 직후인 2001년 3월에 제네바 합의에 대해 극도의 불신을 나타내며 "개선된 이행"(improved implementation)을 들고 나왔을 때부터 우리 정부가 치밀한 대응책을 마련했더라면, 북한 핵 문제를 둘러싼 한반도의 위기 국면은 상당 부분 완화될 수 있었을 것이다. 즉, 김대중 정부가 '예방 외교'에 한계를 드러내면서, 북한의 대량살상무기 문제가 미국의 이른바 '예방 전쟁'의 범주에 들어가는 것을 제어하지 못한 안타까운 결과를 낳고 만 것이다. 나중에 상술하겠지만, 예방 전쟁이란 부시 대통령 스스로도 여러 차례 밝히고 있듯이 적국의 위협이 커지기 전에 선제공격을 통해 제거하는 전략을 의미한다.

부시 행정부에 대한 낙관적인 기대가 "악의 축" 발언 이후 눈에 띄게 줄어든 것이 사실이지만, 우려할 만한 상황은 악의 축 발언에 대해 본질적인 요인보다는 상황적인 요인에 주목하고 있다는 점이다. 악의 축 발언을 엔론 사건이나 중간선거 등 미국의 국내 문제와 쉽게 연결시켜 사고하는 것이 그것이다. 이는 상황을 이해하는 데 하나의 시사점을 줄 수 있으나 문제의 본질적인 이해나 해결책 마련에는 별로 도움이 되지 않는 접근이다.

사실 부시 행정부의 대북 강경책은 출범 이전부터 충분히 예상할 수 있었고, 출범 이후에도 줄곧 견지돼 왔다. 또한 9·11 테러가 이를 촉진시키기는 했으나 근본적인 변화의 시점으로 여겨지는 것은 곤란하다. 반사실적 가정을 통해, 예를 들어 '9·11 테러나 엔론 사건이 없었다면, 부시 행정부의 대북정책은 온건했을까?'라는 질문을 던져보면, 대답은 부정적일 수밖에 없다. 근본적으로 부시 행정부가 갖는 한반도, 특히 북한 문제에 있어서의 이해관계는 우리가 추구하는 국익 및 가치와 충돌 관계에 있어 왔기 때문이며, 북·미 간의 갈등 요인은 9·11 테러나 엔론 사건과 같은 상황적인 변수와 관계없이 일종의 '상수'로 존재해 왔기 때문이다. 이러한 맥락에서 일반적으로 부시 행정부가 출범 이후 줄곧 견지해온, 그리고 9·11 이후 한층 강화되고 있는 대북 강경책의 의도를 다음과 같이 분석할 수 있다.

첫째, 테러와의 전쟁의 전선 확대를 위한 명분 쌓기 측면이 있다. 아프간 전쟁이 사실상 종결되면서, 부시 행정부는 향후 테러와의 전쟁의 초점을 생화학무기를 비롯한 대량살상무기 위협을 제거하는 데 맞추겠다는 입장을 분명히 해왔다. 알-카에다를 비롯한 반미 테러조직과 연계망이 없더라도 대량살상무기를 개발·보유하려는 국가에 대해 군사적, 비군사적 제재를 감행하는 것은 '테러와의 전쟁' 일환이자, 그럴 만한 가치가 있다는 것이다. 부시 행정부는 북한, 이라크 등 반미 성향 국가들의 대량살상무기 위협을 '기정사실화'함으로써 이들 국가에 부과한 경제제재 및 강경책에 대한 비판 여론을 누그러뜨리고, 혹시 이들 국가로 전선을 확대하더라도 정치적 부담을 줄일 수 있다는 계산을 하고 있는 것이다. 여기서 유의할 점은 이라크에 대한 군사행동 가능성이나 북한의 대량살상무기 위협의 전면화는 9·11 이전부터 제기되어온 문제라는 점이다. 이는 9·11 테러가 대북, 대이라크 강경책을 강화시키는 하나의 중요한 요인으로 작용한 것이 사실이지만, 9·11 테러 때문만이라고는 볼 수 없다는 것을 의미한다. 즉, 9·11 테러와 미국의 대외 강경책 사이에는 '인과관계'보다는 '상관관계'가 존재한다고 보는 것이 정확하다.

둘째, 탄도미사일방어(ABM)조약 및 생물무기금지협약(BWC)을 비롯한 국제 군비통제를 위기로 몰아넣음으로써, 직면하고 있는 국제사회의 비판 여론을 희석화하고자 하는 의도가 깔려 있다. 부시 행정부는 포괄핵실험금지조약(CTBT)의 상원 인준 거부 의사를 분명히 하면서 BWC 검증의정서 채택 거부, ABM 조약 탈퇴 등을 불사함으로써 미국 스스로가 대량살상무기 위협을 증폭시키고 있다는 비난을 받아왔다. 이에 대해 부시 행정부는 다자주의적 통제체제 아래에서는 반미 성향 국가들의 대량살상무기를 효과적으로 억제할 수 없다며 국제사회로부터의 비판의 예봉을 피하면서, 이것을 미국 주도의 일방주의적 방식으로 대체하려고 하는 것이다. 이런 행동은, 모든 국가들이 일정 정도 자신의 주권을 제한함으로써 유지해온 국제체제를 거추장스러운 것으로 인식하면서 오로지 '미국 예외주의'를 관철시키려 하는 부시 행정부의 제국주의적 속성에서 비롯되고 있는 것이다.

셋째, 북·미 관계가 풀리지 않는 책임이 일차적으로는 북한측에, 그리고 김대중 정부의 포용정책에도 있다는 점을 부각시키기 위한 의도도 깔려 있다. 부시 행정부는 "언제 어디서든 전제조건 없는 대화를 할 준비가 돼 있다"며 "공은 북한으로 넘어갔다"고 주장해 왔다. 그러나 "전제조건 없는 대화"의 의제로 핵 사찰 조기 수용을 골자로 한 제네바 합의의 이행 개선, 미사일 포기, 재래식 위협 감축, 인권 개선 조치 등 북한이 도저히 수용할 수 없는 내용들을 '반대급부 없이' 제시해 왔다. 관중들에게는 마치 공을 북한으로 넘긴 것처럼 보이게 하면서, 사실 공을 경기장 밖으로 날려버린 것이다. 또한 김대중 정부의 포용정책에 대해서도 그 노력을 인정한다고 말하면서도 북한의 군사적 위협, 특히 대량살상무기 문제를 푸는 데는 별 도움이 되지 않고 있다는 점을 직·간접적으로 강조해 왔다. 이것은 북한의 전반적인 이미지가 개선되었다고 하더라도, 위협의 실체인 대량살상무기는 그대로 있게 만듦으로써 포용정책과는 다른 접근방식이 필요하다는 정책상의 노선 변경을 합리화시키는 데 유력한 논거로 제시되고 있다.

넷째, 한·미 관계의 측면에서 북·미 관계가 악화될 경우 조급해지는 쪽은 미국이 아니라 한국이다. 2000년 6월 남북정상회담이 남북한이 전쟁이 아닌 평화를, 분단이 아닌 통일을 선택한 역사적인 전환점이라고 할 때, 이후에는 이러한 정신을 구체화하는 정책적인 프로그램이 뒷받침되어야 한다. 특히 한반도 냉전구조의 핵심이라고 할 수 있는 군사·안보적 대립 상황의 극복에는 미국의 전향적인 역할이 대단히 중요하다.[34] 따라서 한반도 군사 문제의 실질적 행위자라고 할 수 있는 미국이 북한과의 관계정상화에 미온적일 때 김대중 정부의 한반도 냉전구조 청산 작업은 상당한 차질을 빚을 수밖에 없었고, 이것이 김대중 정부로 하여금 MD 참여, F-15K 등의 무기 구매 등 미국 측의 요구를 받아들이게 하는 가장 효과적인 수단이 되어 왔다고 보는 것이다. 실제로 MD 문제나 무기 도입 사업에서 이러한 한·미 관계의 '정치적인' 측면이 크게 고려되어 왔다.

다섯째, 대북정책과 MD 등에서 이견을 보이고 있는 김대중 정부보다는 차기 정권과의 한·미 공조에 비중을 두고자 했던 것으로 보인다. 특히 가장 유력한 후보였던 이회창 한나라당 후보는 부시 행정부의 대북관과 거의 같은 입장을 피력해 왔다.[35] 또한 김대중 정부는 북

---

34) 미국은 1953년 정전협정의 당사자일뿐만 아니라 한국의 전시작전권을 보유하고 있고, 한반도 유사시에 대비한 주한미군 37,000명, 주일미군 47,000명 등 아시아에 10만 명의 전진배치 군사력을 유지하고 있다. 또한 한반도에 전쟁이 발발할 경우 최대 64만 명까지 증원군을 파견할 준비를 갖추고 있다.

한의 핵·미사일 문제는 기본적으로 북·미 간의 사안이라고 인식하여 언급을 자제하고, 클린턴 행정부는 북한의 재래식 무기 및 병력보다는 대량살상무기 억제를 북·미 관계 정상화의 주요 협상대상으로 내세워온 방식과는 달리, 한나라당은 북한의 대량살상무기를, 부시 행정부는 북한의 재래식 위협도 함께 거론하면서 서로를 지원 사격해왔다. 부시 행정부로서는 한나라당의 후보와 기본적인 대북 인식 및 정책 방향이 거의 같기 때문에, 한국의 정권 교체시 대북정책 및 한·미 동맹에서 확실히 '공조'할 수 있을 것으로 믿었던 것이다. 그러나 2002년 12월 대선에서 김대중 정부의 대북 포용정책의 계승·발전을 표방한 민주당의 노무현 후보가 당선되면서, 부시 행정부의 이런 기대는 상당 부분 물거품이 되고 있기도 하다.

이런 다섯 가지 배경 및 의도와 함께 근본적인 질문을 던져볼 필요가 있다. '부시 행정부는 진정으로 북한의 대량살상무기 위협이 사라지기를 기대하는 것일까?' 역으로 '북한의 대량살상무기가 풀릴 경우에도 부시 행정부가 야심차게 추진하고 있는 미사일방어체제(MD)를 비롯한 신군사전략은 차질 없이 진행될 수 있을까?' 이것이 음모론적으로 들릴 수도 있지만, 이 질문에 대한 해답을 찾지 않으면, 부시 행정부의 진의를 이해하는 데 근본적인 한계를 가질 수밖에 없다.

근본적으로 한반도 문제, 특히 북한의 대량살상무기 문제가 평화적으로 풀리는 것과 부시 행정부가 추구하는 21세기 군사안보 전략과는 상당한 긴장 관계에 있다. 특히 북한 위협을 '지역적' 차원에서 '세

---

35) 이회창 후보와 부시 대통령은 △북한에 대한 불신 △북한의 변화 가능성에 회의 △엄격한, 혹은 전략적 상호주의 강조 △투명성 및 검증 요구 △북한 인권 문제 제기 △북한의 군사력 감축 등 거의 일치된 대북관을 보여 왔다.

계적' 차원으로 끌어올린 부시 행정부의 입장에서는 북한의 대량살상 무기 문제가 평화적으로 풀릴 경우, 9·11 테러를 틈타 미국 주도의 세계 질서를 강화하려는 전략에 적지 않은 차질이 불가피하다.

2003년 군사비를 480억 달러 증액한 약 4천억 달러로 올려놓는 것을 비롯해, 향후 5년간 1천2백억 달러 규모의 국방예산 증액을 노리고 있는 부시 행정부로서는 이에 걸맞은 '위협'이 있어주어야 하는 것이다. 그리고 그 위협의 중심에 대량살상무기를 놓음으로써 공화당의 오랜 숙원인 MD 구축을 비롯한 최첨단 무기 개발 및 생산에 박차를 가할 수 있는 근거를 마련하고 있는 것이다. 이는 부시 행정부가 향후 5년간 최첨단 무기 개발 및 생산에 4천80억 달러를 투입할 계획으로 구체화되고 있다.

2001년 9월 11일, 테러가 발생하기 10시간 전에 필자가 만난 부시 행정부의 MD 설명단 대표들의 발언은 이러한 점에서 시사하는 바가 크다. 미 대사관의 주선으로 만난 MD 대표단은, "'MD는 중국이나 러시아를 겨냥한 것이 아니다'는 당신들의 주장에 따르면, 북한이 중장거리 미사일을 포기할 경우 MD를 만들지 않겠느냐는 뜻이냐?"는 필자의 질문에, 얼굴을 붉히며 "그건 높은 사람들이 결정할 문제"라고 얼버무린 적이 있다. 북한의 미사일 문제가 해결될 경우 부시가 직면할 딜레마와, 부시가 북한의 대량살상무기 위협을 강조하는 이유를 상징적으로 보여주는 사례라고 할 수 있다.

결국 현 시점에서 가장 중요한 점은 부시 행정부의 21세기 군사안보 전략과 북한 문제가 충돌하는 상황에서 한·미 공조가 원활하게 작동할 수 없는 현실을 인정하고, 그 대응책을 세워야 하는 것이라고 할 수 있다. 관성에 익숙한 경직된 한·미 공조로는 진정한 한반도 평화체제 구축과 통일 실현을 도모할 수 없을 뿐만 아니라, 예상 가능한 위기를 예방하기도 힘들기 때문이다.

이 과정에서 한 가지 주목해야할 점은, 부시 대통령이 2002년 2월 방한 때 도라산역에서 "북한과 전쟁할 의사가 없다"고 말한 것이나, 10월 북한 핵 파문 이후 "평화적 해결을 추구하겠다"고 말하는 것은 '정치적 수사' 차원에서 이해되어야 한다는 것이다. 즉, 미국의 북한 공격 여부는 '정해진' 것이 아니라, 실행 가능한 시나리오 가운데 하나라는 점이다. 북한에 대해 온갖 험악한 말을 쏟아내면서 선제공격 가능성을 비친 것이 '지금 당장 공격한다'는 뜻이 아니듯이, 북한과 전쟁을 하지 않겠다는 것은 북한이 미국의 요구를 수용한다는 전제 아래서 나온 말이다. 콘돌리자 라이스 백악관 안보보좌관은 부시 행정부의 집권 전인 2000년 1월 『포린 어페어즈』에 기고한 글에서 "북한과 이라크 같은 '깡패국가'들을 다루는 방법은 그들과 협상하는 것이 아니라, 미국의 군사력을 강화함으로써 최악의 상황을 준비해야 하는 것이어야 한다"[36]고 주문한 바 있다. 또, 리처드 아미티지 국무부 차관과 폴 월포위츠 국방부 차관이 중심이 돼 1999년 페리 보고서에 대응해 발표한 보고서에서 당근과 채찍 중 채찍에 비중을 둬야 한다며, 필요시 군사적 봉쇄와 선제공격의 필요성을 권고했던 것을 떠올릴 필요가 있다.[37] 아미티지의 이와 같은 권고를 실행이라도 하듯,

---

36) Condolezza Rice, Campaign 2000 : Promoting the National Interest, *Foreign Affairs*, January 2000.

37) 이와 관련해 아미티지 국무부 부장관은 2002년 3월 27일 워싱턴 주재 한국 특파원들과의 기자 간담회에서 북한의 미사일 수출 선박을 '나포하는 것'과 '격침하는 것'은 "우리의 대안"이라고 말해 당시 보고서에서 밝힌 정책 방향이 여전히 유효하다는 것을 확인한 바 있다. 『연합뉴스』(2002년 3월 28일).

부시 행정부는 실제로 2002년 12월 11일 국제법을 무시하고 예멘으로 향하던 북한의 미사일 수출 선박을 공해상에서 나포하기도 했다. 이것은 곧 부시 행정부의 대북정책에 있어서 '선제공격'은 정책 선택사항 가운데 하나이며, 이에 따라 한반도의 전쟁 '가능성'은 여전히 유동적인 상태로 남아 있다는 것을 의미한다.

이와 관련해 미국 국방부의 최고위 관계자가 2002년 초여름 북한의 대량살상무기 시설을 공격하는 방안을 도널드 럼스펠드 국방장관에게 설명한 적이 있다고 보도한 미국의 시사주간지『유에스뉴스 앤드 월드리포트』(2002년 10월 7일)에 주목할 필요가 있다. 이 주간지에 따르면, 부시 행정부가 마련한 선제공격 방안의 한 목표물로 북한의 대량살상무기를 상정하고, 남한 정부와의 사전 상의 없이 기습공격을 통해 북한의 대량살상무기를 제거하는 방안이 미 국방부에서 검토되었다는 것이다.

이러한 기습공격 방안이 설명되자, 콜린 파월 국무장관과 토머스 파고 태평양함대 사령관 등 부시 행정부의 거물급 인사들이 나서 대북한 기습공격 계획을 서둘러 덮어두었다고『유에스뉴스 앤드 월드리포트』는 전했다. 이 잡지는 또한 선제공격을 명문화한 부시 행정부의 새로운 국가안보전략(부시 독트린)은 단지 이라크 공격만을 정당화하려는 것을 목적으로 하지 않고 있다며, "대량살상무기 프로그램과 무책임한 독재자가 있는 어떠한 국가라도 (부시) 대통령의 패러다임 전환 안에 놓일 수 있다"는 미국 관리들의 말을 인용보도 했다.[38] 부시 대통령의 패러다임 전환이란, 전통적으로 억지력에 기반한 군사

---

38) Mark Mazzetti and Thomas Omestad, The American military is a little gun-shy about starting wars, *U.S. News & World Report*, October 7, 2002.

전략을 선제공격 전략으로 전환한다는 것을 의미한다.

이러한 내용은 크게 세 가지 점에서 한반도의 전쟁과 평화 문제를 근본적으로 다시 생각하게 하고 있다. 우선 한반도에서 전쟁을 일으킬 수 있는 당사자가 '미국'이 될 수 있다는 것에 주목할 필요가 있다. 이것은 새삼스러울 수도 있지만, 생소한 문제이기도 하다. "설마 동맹국이자 우방인 미국이 한반도에서 전쟁을 일으킬까" 하는 생각을 갖고 있는 사람들이 다수이기 때문이다. 이는 근본적으로 북한에 대한 과도한 경계심을 주입시켜온 반공냉전주의가 여전히 막강한 힘을 발휘하면서, 미국에 의한 한반도 전쟁이라는 또 하나의 근본적인 문제에 대해 대중적으로 둔감하게 만드는 사회에서 살아오면서 길들여진 '안보 불감증'이라고 할 수 있다.

가장 충격적이면서 가장 주목해야 할 부분은 "한국 정부와 상의 없이"라는 대목이다. 가장 주목해야 할 문제에 대해 가장 무관심한 우리에게 경종을 울리고 있기 때문이다. 94년 위기 때에도 당시 김영삼 대통령의 '뒤늦은 반대'에도 불구하고 미국 정부는 백악관에서 한반도 전쟁 회의를 열기까지 했다.

세 번째로, "기습적으로 북한의 대량살상무기를 선제공격"한다는 부분이다. '기습적'이라는 표현은 미국이 유엔은 물론 북한과 한국에게도 사전 통보 없이 공격을 감행한다는 것을 뜻한다. "북한의 대량살상무기"는 미국이 탈냉전 이후 최대의 위협이라고 강변하면서 군사력 사용을 의미하는 대확산(counterproliferation)과 테러와의 전쟁의 대상이 되고 있다. "선제공격"은 이른바 테러조직이나 깡패국가가 미국과 국제사회의 안보에 위협이 된다고 '미국'이 판단하면, 바로 이들을 파괴한다는 것을 뜻한다. 이러한 전략은 '부시 독트린'의 골격이기도 하다.

2. 왜 2003년을 위기라고 말하는가

9·11 이후 부시 행정부가 북한 위협론에 새로운 항목으로 생화학무기를 추가함으로써, 90년대 전반의 '북한 핵 위협론,' 중반 이후의 '미사일 위협론' 그리고 21세기의 새로운 버전으로 '생화학무기 위협론'이 고개를 들고 있다. 이러한 북한 위협론은 차례로 미국의 핵 비확산 정책, 미사일방어(MD)계획, 그리고 테러와의 전쟁과 고도의 긴장 관계를 유발하며 한반도 문제를 평화적으로 푸는 데 근본적인 장애요인이 되어 왔다. 더욱 우려되는 점은, 클린턴 정부 때 어렵게 문제해결의 길로 접어든 핵·미사일 문제에 대해 부시 정부가 협상 타결의 "유망한 요소"를 걷어차고 북한을 악의 축으로 규정하며 그 위협을 강조하고 나섬으로써, 북한 위협론이 확대 재생산되고 있다는 것이다. 이는 북·미 관계의 개선을 더욱 불투명하게 만들고 있을 뿐만 아니라, 1994년이나 1998~99년 초보다 더 심각한 한반도 전쟁 위기를 야기할 수 있다는 것을 의미한다.

　그러나 여기서 한 가지 유의할 점은 앞에서 언급한 것처럼 한반도 위기의 성격은, 북한 핵 파문은 물론 9·11 테러나 '악의 축' 발언 이전부터 내재되어 있었다는 것이다. 부시 행정부의 대북정책은 9·11 테러 이전부터 강경 일변도였고, 더욱 중요하게는 강경노선을 통해 상당한 이익을 얻는 메커니즘을 갖고 있기 때문이다. 이것은 기본적으로 부시 행정부의 대북 강경책이 대량살상무기 확산, 9·11 테러 등 변화하는 안보환경에 발맞추어 마련된 것이 아니라, 대북 강경책을 통해 얻고자 하는 정치적, 경제적 이익에 대한 고려에서 출발되었다는 것을 의미한다.

여러 가지 정황을 종합해볼 때, 북·미 간의 군사적 충돌 가능성까지 포함한 위기의 시점은 2003~4년이 될 가능성이 높다. 2002년 3월 5일 미 상원 군사위원회에 출석한 토마스 슈워츠 주한미군 사령관도 2003년이 대단히 중요한 시기라고 강조했다. 그는 그 근거로 2002년 한국 대선에서의 정권교체 가능성, 2003년까지 예정된 경수로 완공 지연의 불가피, 북한의 미사일 실험발사 유예의 완료를 제시했다. 그는 이러한 문제를 열거하면서, "북한이 IAEA의 사찰을 허용하지 않는다면, 제네바 합의는 위기를 맞을 것이다"며, 북한에게 조기 핵 사찰을 압박해온 부시 행정부의 입장을 재확인하기도 했다.[39] 임동원 외교안보통일 특보도 2002년 3월 하순 한 토론회에서 "1년 이내에 상당한 수준의 미·북 관계 진전이 이뤄지지 않을 경우, 1994년 북한의 핵 문제를 둘러싼 위기 때와 같이 한반도에 안보 위기가 올 수 있다"고 강한 우려를 나타냈다. 그리고 위기 예방을 위한 남북 차원의 과제로 ▲경의선 연결 ▲금강산 육로관광 ▲개성공단 건설 ▲군사적 신뢰구축 ▲이산가족 상봉 정례화 등을 5대 과제로 제시한 바 있다. 한·미 정부의 당국자 사이에서도 위기감이 확산되고 있다는 것을 상징적으로 보여주는 셈이다. 임동원과 슈워츠도 강조한, 그리고 2002년 10월 북한 핵 파문 이전부터 담겨져 있었던 2003년의 의미를 다음과 같이 정리할 수 있다.

첫 번째 문제는 북·미 제네바 합의를 통해 2003년까지 완공하기로 한 경수로 사업이 늦춰짐으로써 제네바 합의가 위기에 처할 가능성이

---

39) General Thomas A. Schwartz, USA United Nations Command/U.S. Forces Korea/Combined Forces Command Korea, Senate Armed Services Committee, March 5, 2002, <http://www.senate.gov/~armed_services/statemnt/2002/Schwartz.pdf>.

높았다는 점이다. 부시 행정부는 북한이 제네바 합의 이전, 즉 과거 핵 활동을 통해 1~2개의 핵무기를 만들 수 있는 무기급 플루토늄을 보유한 것으로 보고 조기 핵 사찰을 요구해 왔다. 그러나 북한의 과거 핵 활동에 대한 사찰은 경수로가 상당 부분 완료된 이후, 핵심 부품 인도 이전에 받기로 돼 있으므로 부시의 요구는 제네바 합의를 넘어선 것이다. 그러기에 북한은 부시 행정부의 요구를 "강도적"이라고 비난하면서, 경수로 공사 지연에 따른 전력 보상을 요구했다. 북·미 간의 이러한 인식 차이를 좁히지 못하면, 제네바 합의는 파국을 피하기 힘든 현실이었고, 이러한 상황에서 2002년 10월 불거진 북한 핵 파문은 제네바 합의의 파국을 재촉하고 있기도 하다.

2003년이 갖는 또 하나의 의미는 북한이 약속한 미사일 시험발사 유예가 만료되는 해라는 점이다. 90년대 후반 이후 한반도 문제의 최대변수였던 북·미 미사일 협상은 클린턴 행정부 막바지 때 거의 타결 일보직전까지 갔으나, 미국의 정권교체로 '없었던 일'처럼 돼 버렸다. 미사일방어체제(MD) 구축을 최우선적인 정책 목표로 내세워온 부시 행정부는 북한 미사일 문제가 풀릴 경우 MD 구상에 차질이 생길 것을 두려워하고 있는 것이다. 북한은 클린턴 행정부 때 논의된 수준에서 미사일 협상을 재개하자고 틈만 나면 요구하고 있으나, 부시 행정부는 "언제 어디서나 조건 없는 대화를 할 용의가 있다"는 하나마나한 얘기만 되풀이하고 있을 뿐, 북한의 요구에 사실상 무응답으로 일관하고 있다.

그러나 북한이 2002년 9월 17일 일본과의 정상회담에서 미사일 발사 모라토리엄을 2003년 이후에도 계속 유지하기로 함으로써 '미사일 변수'는 상대적으로 작아질 것으로 기대되었다. 이러한 북한의 입장은 미국과의 관계 개선에 앞서 일본과의 관계 정상화에 대한 북한의 열망의 표현이자, 미국과의 협상을 바라는 간접적이지만 강력한 의사 표현이라고 할 수 있었다. 그러나 기대되었던 북·일 국교 정상화 교섭이 물거품이 될 위기에 처하자, 북한은 외무성 대변인을 통해 "우리 부서에서는 (북·일) 정상화 회담이 이번처럼 공전만 반복해 장기화할 경우 미사일 발사(중지)를 연장하는 조치를 재고해야 한다는 의견이 있다"고 경고하고 나섰다.[40) 북한은 이후에도 이러한 입장을 재차 밝히고 있어, 핵 문제와 미사일 문제가 맞물려 2003년 위기가 올 것이라는 이전의 전망이 다시 설득력을 얻게 하고 있는 실정이다.

이렇듯 2003년은 한반도 위기의 핵심이었던 핵, 미사일 문제가 다시 전면으로 부각되는 시점이다. 2002년 10월 불거진 북한 핵 파문은 그 시점을 앞당기고 있다는 점에서 촉각을 곤두세우게 한다. 부시 행정부가 체제 안전 보장 및 경수로 완공 지연에 따른 전력 보상과 북한의 미사일 포기에 따른 정치적, 경제적 대가를 보장하지 않은 채 북한을 강하게 압박할 경우, 북한이 핵무기와 미사일 개발을 재개할 가능성을 배제할 수 없는 것이다. 여기에 북한이 핵, 미사일과는 달리 개발 자체를 부인하고 있는 생화학무기를 둘러싼 북·미 간의 갈등을 포함시킨다면, 2003년이 1994년이나 1998~99년 초 위기 때보다 더 나을 것이라는 전망을 갖기 힘들다. '테러와의 전쟁'을 대량살상무기 위협 제거에까지 확대하고 있는 부시 행정부가 새롭게 들고 나오고 있는 북한의 생화학무기 문제는 핵이나 미사일과는 달리 '검증' 및 '투명성'을 확보하기가 대단히 힘든 문제이기 때문에 북·미 관계의 진행에

---

40) 『연합뉴스』(2002년 11월 6일).

악재가 될 것으로 보인다.

2003년이 1994년 위기 때와 다른 중요한 점이 또 하나 있는데, 한반도의 군사력 불균형이 더욱 심화되고 있다는 점이다. 우선 부시 행정부는 가능한 빨리 북한의 미사일 전력을 무력화시킨다는 계획 아래 PAC-3와 요격시스템이 장착된 이지스함 등 MD 무기체계의 한반도 배치를 추진하고 있다. 이러한 내용은 2001년 9월 11일에 만난 부시 행정부의 MD 설명단 대표를 통해 확인된 사실이며, 한국의 국방부는 이에 대해 확인도 부인도 하지 않고 있다. 북한의 FROG, 스커드, 노동 등 중·단거리 미사일의 요격용으로 배치되는 이들 무기체계는 한편으로는 윌리엄 페리 전 대북정책조정관도 인정했듯이 북한의 강력한 전쟁 억지력이 상당 부분 무력화되는 것을 의미하고, 다른 한편으로는 미국(한국, 일본)의 전쟁 피해를 줄일 수 있다는 것을 의미한다. MD 배치까지는 상당히 오랜 시간이 걸릴 것이고 궁극적으로는 중국을 겨냥하고 있다는 인식이 얼마나 '위험한 오판'이라는 것을 확인할 수 있는 대목이다.

또한 미국의 신무기 개발 전략에 따라 지상, 공중, 해상 폭격 능력 역시 94년보다 훨씬 배가되고 있고, 일본의 군사력 및 관련법 역시 94년 때와는 판이하게 달라지고 있으며, 남북한의 군사력 균형 역시 남한 쪽으로 계속 기울고 있다는 점도 94년과 다른 현실이다. 결론적으로 한반도의 힘의 균형 상태가 94년과는 비견되기 힘들 정도로 한·미-미·일 동맹쪽으로 기울고 있고, 그 격차는 갈수록 벌어질 것이다. 클린턴 때보다 훨씬 호전적인 인물들로 구성된 부시 행정부가 94년보다 훨씬 강력한 화력과 방어체계를 보유하고 있다면, 부시가 클린턴보다 북폭 결정에 신중해지리라고 믿을 수 있는 근거는 없어 보인다.

더구나 부시 행정부는 MD 구축과 함께 대량살상무기 개발 의혹을 미국 스스로 판단하고 필요시 선제공격을 통해 대량살상무기 개발을 무산시킨다는 대확산 전략을 4대 군사전략의 하나로 삼고 있다. 『뉴욕타임스』의 보수적 칼럼리스트인 윌리엄 사파이어가 부시의 '악의 축' 발언 직후, "북한의 장사정포에 취약한 서울은 이에 대응할 무기를 남한에 배치함으로써 어느 정도 해결될 수 있고, 김정일의 핵무기 제조 시설은 B-52 폭격기로 파괴하면 된다"[41]고 말한 것은 그냥 하는 소리가 아니다. 그만큼 미국 스스로의 군사력에 대한 자신감에서 나온 주장인 것이다. 우리가 향후의 한반도 상황에 촉각을 곤두세우고 지금부터 예방책을 세우지 않으면 안 되는 이유가 바로 여기, 즉 미국이 군사적으로도 훨씬 강해지고 있을 뿐만 아니라 오만스러운 자신감을 갖고 있다는 점에 있는 것이다.

물론 한반도 상황이 위기로 치닫는다고 해서 그것이 곧 전쟁으로 이어질 것이라고 단정할 수는 없다. 그것은 어디까지나 '가능성'의 영역이다. 미국이 한국인의 생명과 재산, 그리고 주한미군을 포함한 미국측의 적지 않은 인적, 물적 손실을 외면할 수 없을 것이며, 결정적이지는 않더라도 일본, 중국이나 러시아의 반응도 고려하지 않을 수 없다. 그러나 우리는 미국, 특히 부시 행정부의 이성에 우리의 운명을 맡길 수는 없다. 우리가 94년 한반도 전쟁 위기 당시에서 얻을 수 있는 교훈은 우리도 모르는 채, 우리의 의사와 상관없이, 그리고 우리의 운명이 크게 고려되지 않은 상태에서 미국의 일방적인 전쟁 도발이 일어날 수 있고, 전쟁 위기 그 자체만으로도 남북한에게 엄청난 피해

---

41) William Safire, To Fight Freedom's Fight, *The New York Times*, January 31, 2002.

를 가져올 수 있다는 점이다.

많은 안보 관계자들을 비롯해 북한의 호전성을 강조하는 사람들은 북한의 남침 가능성이 수백 분의 일에 불과하더라도, 이에 대비하는 것이 안보 담당자 본연의 임무라고 강조한다. 이에 따라 북한을 주적으로 삼고 강고한 한·미 연합방위체제와 군비 증강의 필요성을 역설해 왔다. 그러나 안타까운 점은 북한에 대한 경계심이 과도한 나머지 미국에 의한 한반도 전쟁 발발 가능성에 대한 경계나 이를 예방하기 위한 노력이 보이지 않고 있다는 것이다. 북한에 대한 인식이 어떻든, 분단체제에서 누려온 기득권이 어떻든, 한반도에서 전쟁을 막는 것은 우리 민족의 마지노선이라고 할 수 있지 않겠는가?

3. 10년 만에 되돌아온 위기의 불씨: 북한 핵 문제

이 책 제1부에서 상세히 설명한 것처럼 94년 위기의 진원은 북한의 핵 개발 의혹을 둘러싼 북·미 간의 갈등이었다. 그런데 제네바 합의를 통해 일단락지어진 것으로 보였던 북한 핵 문제가 부시 행정부 출범 이후 또 다시 위기의 불씨가 되고 있는 것이다. 북한에 대해 조기 핵 사찰을 촉구하는 미국측의 움직임이 심상치 않게 전개되어 온 데다가, 2002년 10월 불거진 북한의 비밀 핵 개발설은 북한 핵 문제가 또 다시 한반도 문제의 최대 변수로 부각되고 있다는 것을 의미한다.

먼저 부시 행정부 출범 이후 제네바 합의를 둘러싼 북·미 간의 갈등을 추적해 보자. 부시 행정부 출범 이후 줄곧 냉·온탕을 왔다갔다하는 발언으로 혼란을 가중시켜 온 콜린 파월 미 국무장관은 2002년 2월

13일 하원 세출위 소위에서 "제네바 합의에 따라 북한이 국제원자력기구(IAEA)의 핵 사찰을 수용해야 할 시점이 됐는데도 북한이 이를 수용하지 않으면 전체 경수로 프로그램이 중단될 것"이라고 경고했다. 그는 이어 "그럴 경우 북한은 경수로를 통해 기대하는 에너지를 구할 수 없어 절망적 상태에 빠질 것"이라고 말했다.[42] 같은 날 크리스토퍼 콕스 공화당 하원 정책위원장과 벤저민 길먼(공화), 에드워드 마키(민주)의원은 공동 기자회견에서 "북한에 대한 경수로 인도 계획을 취소하라"며 제네바 합의 자체를 뒤흔드는 요구를 했다. 이들은 "미국의 경수로 지원이 김정일 정권에게 정치적, 군사적 힘만 배가시키고 전력난 해소에는 도움이 되지 않는다"고 주장했다.[43] 부시의 '악의 축' 발언 이후 대북 압박전략이 한층 강화되고 있던 미국 내의 분위기를 읽을 수 있는 대목이다.

이보다 앞서 존 볼튼 미 국무부 군축 및 국제안보 차관은 2002년 1월 24일 제네바 군축회의에서 북한이 이라크와 함께 핵확산금지조약(NPT)을 위반하고 있다고 공개적으로 비난했다.[44] 미국이 국제 군비통제조약을 위반하고 있다며 공개적으로 북한을 비난한 것은 2001년 11월 생물무기금지협약(BWC)에 이어 두 번째다. 이는 특히 부시 행정부 출범 이후 북·미 관계가 얼어붙은 상황에서 미국이 테러와의

---

42) 『중앙일보』(2002년 2월 15일).

43) Policy Chairman Urges End to Nuclear Subsidies for N. Korea, Washington File, 13 February 2002, <http://www.usinfo.state.gov/>.

44) 볼튼 차관은 이 회의에서 핵 물질 및 기술의 확산이 국제안보의 심각한 위협이 되고 있다며, "북한과 이라크와 같은 국가들은 NPT를 위반하는 행위를 중지해야 하고 IAEA의 활동을 허용해야 한다"고 주장했다. 그는 이어 "이들 국가가 비밀리에 핵무기를 추구할 수 있다고 생각한다면, 미국과 미국의 동맹국들은 그것이 잘못된 것임을 입증시킬 것"이라고 경고했다.

전쟁을 확대시키는 명분으로 핵무기를 비롯한 '대량살상무기 위협 제거'를 내세우고 있기 때문에, 제네바 합의를 둘러싼 북·미 간의 갈등은 군사적인 충돌까지 배제할 수 없는 요인이 되고 있다. 1994년 한반도를 전쟁 위기로까지 내몰았던 북·미 간의 갈등은 제네바 합의를 통해 문제 해결의 길로 접어들었으나, 부시 행정부의 강한 대북 불신 및 일방주의적 태도와 경수로 완공 지연 불가피, 그리고 북한의 조기 핵사찰 수용 거부 등으로 한반도 문제의 '핵'으로 다시 등장하고 있는 것이다. 이러한 상황에서 양측의 인식 차이를 좁히지 못한 채, 미국이 계속 조기 핵 사찰 수용을 압박하고 여기서 한 걸음 더나가 중유 제공이나 경수로 사업을 중단함으로써 제네바 합의를 사실상 파기하고, 북한이 이에 맞서 핵 동결을 해제할 경우 상황은 파국으로 치닫게 될 것이었고, 이제 현실은 점차 그렇게 되어가고 있다. 이것은 한반도의 위기를 예방하고, 평화프로세스를 지속시키기 위해서는 위기에 빠진 제네바 합의를 정상화시키는 것이 급선무임을 말해준다.

그렇다면 94년 전쟁 위기를 해소하는 데 기여한 제네바 합의가 부시 행정부 출범 이후 위기의 불씨가 되고 있는 이유는 무엇일까? 부시 행정부가 북한이 핵확산금지조약(NPT)을 위반하고 있다고 주장하는 근거는 북한이 1994년 제네바 합의를 맺은 직후부터 NPT의 의무사항을 준수하지 않고 있다는 것에 있다. 즉, "북한은 IAEA가 북한의 핵 물질과 기술이 어느 정도 수준인지를 판단할 충분한 접근을 허용하지 않고 있다"는 것이다. 부시 행정부가 이러한 주장의 근거로 내세우는 것은 제네바 합의의 4조이다. 제네바 합의 4조[45])에 따라 북한은 경수

---

45) 제네바 합의문의 4조 3항의 전문은 이렇다. "경수로 사업의 상당 부분이 완료될 때, 그러나 주요 핵심부품의 인도 이전에, 북한은 북한 내 모든 핵 물질에 관한 최초 보고서

로의 주요 부품이 인도되기 전에 NPT의 준수 여부와 IAEA의 안전협정을 이행할 의무가 있고, 이를 확인하기 위해서는 IAEA의 사찰이 허용되어야 하지만, 북한이 이를 받아들이지 않고 있다는 것이다. 그러나 이러한 주장은 왜곡된 측면이 있다. 제네바 합의 4조는 북한이 사찰을 수용할 시점을 "경수로 주요 핵심부품 인도 이전"과 함께, "경수로 사업의 상당 부분이 완료될 때"라고 병기하고 있기 때문이다.[46] 경수로 사업이 당초 합의문에 명시된 2003년보다 5년 이상이 지연될 것이 확실한 상황에서 부시 행정부는 이 부분에 대한 언급을 회피하고 있는 것이다.

부시 행정부가 출범 이후 보여온, 그리고 2002년 1월 악의 축 발언 이후 한층 강화되고 있는 입장은, 북한이 먼저 사찰을 수용하지 않을 경우 경수로 사업의 차질은 물론 제네바 합의가 깨질 수도 있다는 것이었다. 이와 관련해서 존 볼튼은 2002년 2월 13일 "IAEA의 사찰활동

의 정확성과 완전성을 검증하는 것과 관련해 IAEA와의 협의를 거쳐 IAEA가 필요하다고 판단되는 모든 조치를 취하는 것을 포함하여 IAEA안전조치협정(INFCIRC/403)을 완전히 이행한다."

46) KEDO-북한 간의 경수로 공급협정에는 경수로 사업의 상당 부분의 완료에 대해 다음과 같이 기술되어 있다. (1)경수로 사업을 위한 계약의 체결, (2)부지 준비 완료, 굴착, 경수로 사업 건설지원에 필요한 시설의 완료, (3)선정된 부지에 대한 발전소 초기 설계의 완료, (4)사업계획과 일정에 규정된 바에 따라 경수로 발전소 1호기의 주요 원자로 기기의 사양서 작성 및 제작, (5)사업계획과 일정에 따른 터빈과 발전기를 포함한 경수로 1호기의 주요 비핵부품 인도, (6)사업계획과 일정에 규정된 단계에 부합되는 경수로 1호기 터빈용 건물과 기타 부속건물의 건설, (7)핵증기공급 계통의 기기를 설치할 수 있는 단계까지의 경수로 1호기 원자로 건물과 격납 구조물의 건설, (8)사업공정에 따른 경수로 2호기의 토목공사와 기기 제작 및 인도. 이에 따라 경수로 사업이 원활하게 진행된다 하더라도, 상당 부분 완료되는 시점은 2005년 중반에야 가능할 것으로 전망되고 있다. 참고로 원자력 핵심부품으로는 원자로용기, 원자로용기 내부구조물, 제어봉 집합체 및 구동장치, 중성자원, 증기발생기, 원자로 냉각제 펌프, 핵연료 집합체가 있다.

이 받아들여지지 않을 경우 경수로 사업은 제때 이뤄지지 않을 것"이
라며, "북한이 제네바 합의를 준수하면 우리도 준수하겠다"고 밝힌 바
있다.[47] 여기서 더 나아가 부시 대통령은 3월 17일, 94년 제네바 합의
체결 이후 처음으로 북한이 핵무기 개발을 동결하고 있다는 확인을
의회에 해주지 않기로 했다고 발표했다. 이것은 미국 대통령이 북한
의 핵무기 개발 동결을 확인해 주지 않을 경우, 미국이 북한의 핵 동
결 대가의 하나로 매년 50만 톤의 중유를 제공하기로 한 것이 중단될
수도 있다는 것을 의미한다는 점에서 부시 행정부가 제네바 합의 '무
시' 정책을 구체화하고 있다고 볼 수 있는 대단히 중요한 내용이었
다.[48] 중유 제공은 미국측 의무사항 가운데 핵심적인 것으로서, 이를
중단하는 것은 사실상 제네바 합의를 파기하겠다는 메시지를 북한에
보내는 것과 크게 다르지 않기 때문이다. 이러한 정치적 부담을 의식
한 부시 행정부는 일단 2002년까지는 중유 제공을 계속한다는 방침을
세웠다. 그러나 부시 행정부는 북한의 비밀 핵 개발을 이유로 2002년
11월부터 중유 제공을 중단했다.

부시 행정부는 이렇듯 북한이 조기 핵 사찰을 수용하지 않을 경우
제네바 합의를 사실상 파기할 뜻을 내비치면서, 북한의 책임도 물을
것이라고 경고해 왔다. 책임을 묻는 행동에는 미국의 독자적인 행동,
동맹국과의 공동 행동, 반테러 연합과의 공동 행동 등이 포함된다.

이와 관련해서 부시 행정부가 새로운 전략 지침으로 내세운 4가지
전략을 살펴볼 필요가 있다. 4가지 전략은 탈냉전 이후 미국이 계속

---

47) Policy Chairman Urges End to Nuclear Subsidies for N. Korea, Washington File, 13 February
2002, <http://www.usinfo.state.gov/>.

48) Judith Miller and David E. Sanger, U.S. to Report North Korea Is Not Meeting A-Pact Terms,
The New York Times, March 20, 2002.

추구해온 외교적 협상 및 국제 군비통제를 통해 핵무기를 비롯한 대량살상무기 확산을 억제하는 비확산 정책의 지속, 비확산 정책이 먹혀들지 않을 경우 대량살상무기 위협이 현실로 나타나기 전에 군사적 수단을 통해 이를 억제·파괴하는 한층 강력한 대확산 능력의 강화, 공격용 핵무기의 감축을 통해 핵 억지력에 대한 의존도를 줄여나가는 억지(deterence) 개념의 변화, 그리고 MD 구축 등으로 이루어져 있다. 이 가운데에서도 부시 행정부는 대확산 능력의 강화 및 MD 구축, 그리고 '실전용' 핵무기 개발 및 배치에 주안점을 주고 있다.

이러한 공세적인 전략 개념의 채택은 부시 행정부가 북한의 핵 문제를 푸는 데 제네바 합의와 같은 외교적인 방법, 즉 비확산 정책에 연연하지 않고, 정치적·군사적 압박을 높이는 동시에, 필요하다고 판단할 경우 선제공격을 통해 북한의 핵시설을 파괴할 수도 있다는 의미를 담고 있다. 부시 행정부는 실제로 대확산 전략의 일환으로 장거리 폭격 능력 및 지하시설 파괴무기 성능 향상에 몰두하는 등 공격 능력을 배가시키고 있고, 북한의 미사일을 무력화시키기 위해 공격 작전 수립 및 MD 조기 구축에 박차를 가하고 있다. 이는 1994년 때보다 미국이 적어도 '군사적인' 관점에서는 북폭에 훨씬 자신감을 가질 수 있는 근거가 마련되고 있다는 것을 의미한다. 여기에 북한의 핵 문제를 테러와의 전쟁의 일환으로 규정함으로써 정치적인 명분 역시 힘을 얻고 있는 추세라는 점도 간과해서는 안 될 것이다.

이러한 부시 행정부의 강공은 북한에게 심각한 고민을 안겨주고 있다. 제네바 합의를 통해 핵무기 개발을 포기하는 대신, 전력난을 비롯한 경제난의 해소, 미국으로부터의 체제 안전 보장, 미국과의 관계 개선 등을 기대했던 것이 물거품이 될 가능성이 높아지고 있는 것은 물론, 1994년과 유사한 미국의 공격 가능성을 걱정해야 하는 처지에 몰리고 있기 때문이다.

북한은 이에 따라 제네바 합의 준수의 필요성을 역설해 왔다. 북한은 미국의 조기 핵 사찰 요구에 대해 2002년 1월 30일 외무성 성명을 통해 "핵 문제의 본질은커녕 조·미 기본합의문의 내용에 대해서조차 전혀 모르는 자의 망발"이라고 비난하면서, "합의문에 명시된 공동 행동조치에 따라 우리는 일차적으로 자체의 핵 계획을 동결하고 IAEA의 감시를 허용하고 있는데, 미국측이 제공하기로 되어 있는 경수로는 7년이 지난 오늘에 와서도 이제 겨우 기초굴착 정도에 머물고 있다"며 전력 보상을 요구하고 있다. 또한 북한은 "우리에 대한 사찰 문제부터 들고 나오는 것은 또다른 불순한 목적을 추구하려 하고 있다는 것을 보여 줄 따름이다"며 부시 행정부의 의도를 경계하고 있다.[49] 그러나 이날 성명에서 북한은 미국측에 제네바 합의의 준수를 촉구하는 수준에서 마무리함으로써 북한이 먼저 제네바 합의를 파기할 의사가 없음을 분명히 했다. 이러한 북한의 반응은 2001년 11월 28일 성명에서 미국측의 사찰 요구에 강력히 반발하면서 "제반 사실은 이제는 대화를 통한 문제 해결의 전망이 사실상 요원해졌다는 것을 보여주고 있다"며, "이러한 상황에서 우리는 가만히 앉아 있을 수 없으며 부득불 해당한 대응책을 취해 나가지 않을 수 없게 될 것이다"며 제네바 합의에 연연하지 않겠다는 경고에 비해 한층 부드러워진 것이었다.[50]

요약하자면, 2002년 북핵 파문이 불거지기 전까지 제네바 합의에

---

49) 「미 국무부 차관의 사찰수용 촉구 발언을 규탄」, 조선외무성 대변인, 2002년 1월 30일, <http://www.kcna.co.jp>.

50) 『연합뉴스』(2001년 11월 29일).

대한 북한의 입장은 △북한은 핵 동결 약속을 성실히 지켜오고 있고 △오히려 미국이 불성실한 자세로 일관하고 있다고 보면서도, 북한이 △제네바 합의를 먼저 파기할 의사가 없으며, △경수로 사업 지연에 따른 전력 보상이 북·미 대화의 의제로 우선적으로 다뤄져야 하고 △조기 핵 사찰은 수용할 수 없다는 것 등으로 정리할 수 있다. 그러나 북한이 조기 핵 사찰 수용에 대해 절대 불가의 입장을 보이고 있는지는 불명확하다. 이는 미국측에서 조기 핵 사찰에 대한 대가로 전력 보상안을 마련해올 경우 핵 사찰을 수용할 수도 있다는 입장으로 해석할 수 있는 부분이기도 하다. 북한이 요구하는 전력 보상 수준은 경수로 완공 때까지 매년 경수로의 예상 발전량인 2,000MWe 정도가 될 것으로 보인다.

따라서 2002년 10월 새로운 북한 핵 파문이 터지기 전까지 문제의 핵심은 두 가지로 좁혀졌었다. 하나는 북·미 간에 '북한의 조기 핵 사찰 수용 대(對) 한·미·일의 대북 전력보상'안이 대화 의제로 상정될 수 있을지의 여부 및 타결 전망이고, 다른 하나는 북·미 간의 첨예한 입장 차이가 이와 같은 협상안으로 수렴되지 않을 경우 미국 정부의 대응이 어느 수준까지 나오고, 북한이 이에 대해 어떻게 대응할 것인지의 문제였다. 이러한 상황에서 북한의 고농축 우라늄을 이용한 비밀 핵 개발설이 제기되면서, 북·미 간의 갈등은 새로운 국면을 맞게 되었다. 곪아가던 제네바 합의의 상처가 북한 핵 파문을 거치면서 터지기 시작한 것이다. 이에 대한 설명은 제3부에서 다루기로 한다.

4. 기회와 위기 사이에서: 북한 미사일 문제

부시 대통령이 북한을 이란, 이라크와 함께 '악의 축'이라고 규정한 것에 대해 남북한은 물론 국제사회의 비난이 잇따르자, 부시 행정부는 그 근거를 쏟아냈다. "국민들을 굶기면서 대량살상무기 개발을 하고 있다" "우리들이 식량을 줄 때 미사일을 개발했다" "남침야욕을 버리고 있다는 근거를 어디에서도 찾아볼 수 없다." 그러나 이런 비난이 새로운 것은 아니다. 클린턴 행정부 때부터 공화당은 이런 비난을 일삼아 왔고, 집권 후에도 "북한 정권은 믿을 수 없다"며 거친 언사를 즐겨 왔다. 따라서 이런 '식상한' 근거를 가지고 북한을 '악의 축'으로 규정하는 것은 문제가 있다는 비판이 미국 안팎에서 제기된다.

이러한 비판에 대해 부시 행정부는 북한이 9·11 이후에 오히려 "미사일 수출을 늘려오고 있다"며, "이러한 미사일이 테러집단으로 흘러들어 갈 수도 있다"는 주장을 들고 나왔다. 특히 콘돌리자 라이스 백악관 안보보좌관은 "북한은 세계 1위의 미사일 수출 국가"라는 '근거 없는' 발언을 한 데 이어, 콜린 파월 미 국무장관은 2월 3일 CBS 방송 회견에서 "북한은 부시 대통령이 국정 연설을 하던 그날도 미사일 수출을 계속했으며, 수출이 가능한 미사일 시스템의 능력을 개선하는 데 주력했다는 사실을 공교롭게 알게 됐다"고 말했다. 그는 이어 "우리가 식량을 지원할 때 북한이 미사일을 개발·수출하는 것을 이해할 수 없다"며 노골적으로 북한에 불만을 나타냈다.[51]

미국은 또한 "북한의 미사일 수출이 계속되고 있을 뿐 아니라 확대

---

51) 『연합뉴스』(2002년 2월 4일).

되고 있다"는 정보를 남한측에도 전달한 것으로 알려졌다. 한승수 당시 외교통상부 장관은 2월 5일 이임식을 마친 뒤 기자들과 만나 "지난 1일 뉴욕에서 열린 한·미 외무장관회담에서 콜린 파월 미 국무장관이 '북한의 미사일 수출이 지난해 9·11 이후에 끝난 것이 아니라, 그 후 4~5개월간 계속 증가돼 우려된다'고 말했다"며 "북한이 여러 나라에 미사일을 수출했다는 등 미 중앙정보국이 의회에 제출한 보고서 내용과 비슷했다"고 전한 바 있다.[52] 양성철 주미대사 역시 MBC 라디오와의 인터뷰에서 미국의 파상적인 대북 공세와 관련해 "미국의 정보망에 이란, 이라크, 북한의 대량살상무기 제조·판매·배치, 특히 북한의 경우 판매 등의 활동이 지속되고 있다는 것이 포착됐기 때문에 그 같은 구체적인 발언이 나온 것이 아닌가 생각한다"고 말했다.[53]

즉, 북한이 미사일을 비롯해 대량살상무기를 개발·수출해오고 있기 때문에 '악의 축'에 들어갔고, 이것은 그럴 만한 이유가 된다는 것이다. 미국이 문제삼고 있는 것은 북한이 자체 개발에만 머물지 않고 테러와 직결된 중동 지역의 미사일 관련 '수출자'로 나섰으며, 9·11 테러 이후에 오히려 그 활동이 증가했다는 점이다. 또한 부시의 '악의 축' 발언에 김대중 정부가 반발하자, CIA 보고서 공개에 이어 파월을 비롯한 고위 인사들이 이 정보를 공개하기 시작한 것이다. 이러한 미국측 주장의 사실 여부를 확인할 수 없는 상황에서, 미국의 공세는 2002년 2월 중순 한·미 정상회담을 앞두고 부시 행정부가 기선을 제압하는 데 크게 작용하기도 했다.

부시 행정부가 북한의 미사일 문제에 대해 지대한 관심을 갖고 있

---

52) 『연합뉴스』(2002년 2월 6일).

53) 『연합뉴스』(2002년 2월 7일).

다는 것은 2002년 3월 19일 미 상원 청문회에 출석한 미 정보기관 수뇌부의 발언을 통해서도 확인된다. 조지 테닛 CIA 국장은 북한의 미사일을 비롯한 대량살상무기가 미국의 가장 큰 위협의 하나라고 재차 강조했고, 윌슨 국방정보국(DIA) 국장은 "우리는 북한 미사일을 모든 정보, 특히 군사정보 수집활동의 최우선 목표로 간주하고 이를 추적하고 있다"고 강조하기도 했다.[54] 이러한 부시 행정부 내의 분위기는 여전히 북한의 미사일 문제가 한반도는 물론 세계 전략 차원에서 중요하게 다뤄지고 있다는 것을 말해주고 있다. 이것은 특히 부시 행정부가 북한을 '악의 축' 국가로 지목한 가장 큰 이유가 미사일 문제이고, 이에 따라 북한의 미사일 문제를 '테러와의 전쟁'의 관점에서 다루겠다는 의미를 함축하고 있어, 북한 핵 문제와 함께 한반도는 물론 향후 세계 정세에 있어서 중요한 변수가 될 것임을 예고하고 있다.

북한 미사일 문제와 관련해서 클린턴 행정부 말기와 부시 행정부 때를 비교할 때 가장 두드러진 차이는, 클린턴 행정부 때는 북·미 미사일 협상이 급물살을 타면서 협상 타결에 임박했던 반면에, 부시 행정부 출범 이후에는 '협상'은 온데간데없이 사라지고 북한의 미사일 '위협'만 강조되고 있다는 것이다. 미국의 정권교체로 야기된 북한 미사일 문제의 반전이 가져온 파장은 대단히 크다. 클린턴 행정부 때 북·미간의 미사일 협상 타결이 임박하면서, 6·15 남북정상회담을 비롯한 남북 관계와 북·미 관계의 병행 발전이 순조롭게 진행됐고, 한반도 냉전구조가 본격적인 해체의 길로 접어들고 있다는 기대감을 갖게 했다. 그러나 이러한 기대감은 부시 행정부가 북·미 간의 유망한 요소를

---

54) 『동아일보』(2002년 3월 21일).

걷어차고 문제를 다시 원점으로 돌림으로써 물거품이 되었고, 이에 따라 남북 관계에도 혼란을 야기하고 있다.

이렇듯 2000년 말에 북·미 관계 개선의 기폭제가 되었던 미사일 협상이 부시 정부 출범 후에는 갈등의 핵으로 등장하면서 북한을 비판하는 목소리도 커지고 있다. '북한이 클린턴 정부와의 협상을 질질 끌면서 기회를 놓쳤다'는 것이다. 그러나 이런 평가에는 좀더 신중해질 필요가 있다. 북한이 클린턴 행정부와의 미사일 협상에 소극적이었는지, 미사일 협상이 지연된 이유는 무엇인지, 당시 북·미 간 갈등 요인은 무엇인지 검토한 뒤에 북한을 비판해도 늦지 않기 때문이다.

북한과 미국이 미사일 문제를 해결하기 위해 처음 만난 때는 1996년 4월 20일이었다. 탐색전의 성격을 띤 1차 회의에서 미국측은 테러지원국 해제 검토 및 추가적인 경제제재 완화를 협상안으로 북한의 미사일 수출을 중단시키고 미사일기술통제(MTCR)에 묶어 두려고 했고, 북한은 경제제재 해제는 제네바 합의의 약속 사항이므로 미사일 포기의 대가가 될 수 없다고 맞섰다. 특히 북한은 미사일 개발과 생산, 배치는 자위권에 속하는 문제라며, 북·미 간의 포괄적인 타결을 선호했다. 이러한 입장 차이는 2차 회담에서도 좁혀지지 않았고, 협상 타결의 전망이 불투명한 상황에서 최대의 변수를 만나게 됐다. 1998년 8월 31일 북한의 인공위성(대포동 1호) 발사가 그것이다.

북한의 3단계 미사일 발사는 미국 정부가 북한의 미사일 전력을 재평가하게 된 중요한 계기가 되었으며, 미국을 협상 테이블로 끌어내는 데 큰 역할을 했다. 이는 동시에 클린턴 행정부가 공화당의 MD 구축 요구를 놓고 정파적인 논쟁을 벌일 때 이뤄졌다는 점에서 북한의 미사일 문제가 미국의 MD 구상과 밀접하게 연관되는 분수령이 된 계기이기도 했다. 클린턴 행정부가 북한의 미사일 수출 문제보다 미사일 '개발' 문제에 더 큰 비중을 두기 시작한 때도 이때부터이다.

제2차 회담 이후 1년 반의 공백기를 거쳐 1998년 10월 초에 재개된 미사일 협상에서 북한은 중요한 제안을 했다. 미국이 3년간 매년 10억 달러씩 총 30억 달러를 보상하면, 미사일 수출을 중단하겠다는 것이 그것이다. 또한 1999년 2월에는 유엔 주재 이근 차석대사가 북한의 인공위성 발사는 전적으로 주권국가의 권리라며 추가적인 인공위성 발사 가능성을 내비치면서도, 북한은 미국과 미사일 협상에 임할 준비가 되어 있고, 북·미 평화협정 체결 등 미국의 대북한 정치적, 경제적 관계가 정상화될 경우 미사일 문제가 순조롭게 풀릴 수 있다는 점을 강조하기도 했다. 이러한 북한의 입장은 1999년 3월 말 4차 회담에서도 재확인되었다. 그러나 미국은 현금 보상 불가 방침을 고수했고, 북한과의 포괄적인 타결에 주저했다. 이는 북한의 요구안, 특히 현금 보상 요구를 미국이 수용하기 힘든 측면도 있었으나, 미국 국내에서 MD 구상을 놓고 정파적인 논쟁이 거세지면서, 강경파들이 북한 미사일 위협론을 전면으로 부각시키면서 '협상'에 제동을 걸고자 했던 것도 크게 작용했다.

1994년 핵 위기에 버금가는 거친 언사가 오가던 위기 국면은, 미사일과 함께 1998~99년 한반도 위기의 진원으로 작용했던 금창리 핵 의혹시설이 '텅빈 동굴'로 판명 나고, 북한이 추가적인 미사일 발사를 자제하면서 대화 국면으로 전환되기 시작했다. 이 과정에서 윌리엄 페리 당시 대북정책조정관이 99년 5월 하순 평양을 다녀와서 북한의 미사일은 기본적으로 '억지력'의 성격을 갖고 있다는 발상의 전환에 기초해, 그 해 9월 15일 이른바 '페리 보고서'를 의회에 제출한 것도 대화 분위기 조성에 큰 역할을 했다. 당초 강경한 내용을 담고 있었던 페리 보고서는 페리 자신의 대북관의 변화와 김대중 정부의 적극적인 개입으로 온건한 내용으로 바뀌었고, 클린턴 행정부는 페리 프로세스를 중심으로 대북 협상에 임했던 것이다.

이러한 분위기 속에서 1999년 9월 12일에는 북·미 미사일 협상의 큰 진전이라고 할 수 있는 베를린 합의가 도출되었다. 이 합의에서 북한은 미사일 협상이 진행되는 동안 미사일의 추가 발사 실험을 유예하기로 했고, 미국은 경제제재를 일부 해제하고 북·미 고위급회담을 개최하기로 했다. 북한이 강하게 요구해온 경제제재 완화와 관련해 미국은 1999년 9월 17일에 실무 작업에 착수한 지 9개월이 지난 2000년 6월 19일이 되어서야 공식적으로 완수할 수 있었고, 그 내용에 있어서도 북한의 경제난 해소에 실질적 도움을 주지 못하는 '상징적인 수준'에 머물고 말았다. 이에 따라 북·미 간의 협상은 미사일 문제와 함께 미국이 KAL기 폭파 사건 이듬해인 1988년부터 적용한 북한의 테러지원국 해제 문제가 중요한 현안으로 떠오르게 되었다. 미국이 실질적으로 경제제재를 완화·해제하기 위해서는 북한을 테러지원국에서 해제하는 선행 조치가 이뤄져야 하기 때문이다.

베를린 합의를 비롯해 이후 북·미 간의 협상은 이른바 'K-K 라인'이라고 불리는, 북한의 김계관 외무성 부상과 미국의 찰스 카트먼 한반도평화회담 특사 간의 접촉을 통해 주로 이뤄졌다. 이들은 2000년 들어 1월 22~28일(베를린), 3월 7~15일(뉴욕), 5월 24~30일(로마), 9월 27~10월 2일(뉴욕) 등에서 연쇄적인 회담을 갖고, 북한의 미사일 수출 및 개발 포기와 이에 대한 미국의 보상 방안, 북한의 테러방지 국제협약 가입, 북한의 아세안지역안보포럼(ARF) 가입, 제네바 합의 이행 방안, 대북 지원과 경제제재 해제, 북·미 최고위급회담 및 관계 정상화 방안 등을 협의했다. 이 과정에서 6월 남북정상회담과 7월 푸틴의 평양 방문, 북한의 ARF 가입 및 한국·미국·일본 외무장관과의 연쇄 회담 등이 북·미 간의 협상 분위기에 긍정적인 영향을 미치기도 했다. 특히, 7월 푸틴 러시아 대통령의 평양 방문 때에는 김정일 국방위원장이 미국이 인공위성을 대신 발사해줄 경우 장거리 미사일을 포기할 수도 있다는 협상안을 내비치기도 해, 북·미 간의 미사일 협상이 진전되는 계기가 만들어지기도 했다.

그러나 전반적인 대화 분위기에도 불구하고 북·미 간의 입장 차이는 쉽게 줄어들지 않았다. 2000년 7월 10~12일 콸라룸푸르에서 열린 5차 미사일 회담은 양국 간의 시각 차이를 잘 보여주었다. 당시 북한은 미사일 실험발사 유예를 재확인하고 미국은 5만 톤의 식량을 북한에 지원하기로 함으로써, 적어도 북한의 미사일 '수출' 문제에 있어서는 타결이 유력한 것으로 전망되었으나, 보상 수준을 놓고 큰 이견을 보였다. 북한은 이전까지 고집해온 현금 보상 요구를 현금에 상응하는 현물로도 보상이 가능하다고 양보안을 제시했으나, 미국이 북한의 현물 보상 규모가 터무니없이 큰 것으로 간주하고 이것을 거부했던 것이다. 당시 양측이 제시한 보상 수준은 정확히 알려지지 않고 있으나, 북한은 30억 달러 규모의 식량 및 에너지를, 미국은 수백~수천만 달러 수준이었던 것으로 보인다. 미국은 미사일 문제가 포괄적으로, 즉 수출과 개발 문제가 모두 타결될 경우 북한의 대외교류가 확대되면서 자연스럽게 정치, 경제적으로 혜택을 받을 수 있다는 점을 강조하면서 북한을 설득하려고 했지만, 북한은 직접적인 보상 및 북·미 간의 포괄적인 타결을 고수했던 것이다.

그러나 이 회담은 두 가지 측면에서 중요한 의미를 갖는다. 하나는 양측이 큰 시각 차이에도 불구하고 미사일 협상의 타결 의지를 강하게 내비쳤다는 것이고, 다른 하나는 결국 미사일 문제를 포함한 주요 현안을 해결하기 위해서는 최고위급 회담의 필요성이 제기되었다는 점이다. 이에 따라 7월 27일에는 백남순 북한 외무상과 매들린 올브라이트 미국 국무장관이 최초로 북·미 외무장관 회담을 갖고 미사일 문제를 중심으로, 테러지원국 해제 문제, 양국 관계의 정상화 방안 등을 논의하기도 했다. 또한 북한 정권 서열 2위인 조명록 특사 일행이 10월 9일부터 나흘간 워싱턴을 방문해 클린턴 대통령, 올브라이트 국무장관, 윌리엄 코언 국방장관 등과 연쇄회담을 갖고, 1994년 제네바 합의에 버금가는 중요성을 갖는 북·미 공동성명을 발표했다. 이 공동성명에는 정전체제를 평화체제로 전환하는 데 있어서 4자 회담의 중요성 인식,[55] 자주권 존중과 내정 불간섭, 경제 교류·협력의 확대, 제네바 합의 이행 의지 재확인, 반테러 입장, 북한에 대한 인도주의적 지원, 클린턴 대통령의 방북 등과 함께 최대 현안인 미사일 문제 해결 노력 등이 담겨져 있다. 또한 북한은 주한미군이 대북 적대적인 성격에서 중립적인 성격으로 바뀔 경우 주한미군 주둔을 용인할 수 있다는 입장을 재확인했고, 미국과의 적대 관계가 완전히 종식될 경우 재래식 군사력까지 감축할 수 있다는 의견을 내비치기도 했다. 결과적으로 때늦은 감이 있었지만, 북·미 간의 관계가 얼마나 '정상화' 단계

---

55) 북한이 공동성명에서 "쌍방은 조선반도에서 긴장상태를 완화하고 1953년의 정전협정을 공고한 평화보장체계로 바꾸어 조선전쟁을 공식 종식시키는 데서 4자 회담 등 여러 가지 방도들이 있다는 데 대하여 견해를 같이 하였다"고 합의한 것은 중대한 의미를 갖는다. 북한이 이전까지 평화체제의 당사자는 북한과 미국이라는 입장을 고수하며 북·미 평화협정 체결을 주장했었기 때문이다.

로 접어들고 있었는지를 보여주는 사례라 할 수 있다.

조명록 특사 일행의 워싱턴 방문에 대한 답방 및 클린턴 대통령의 방북 문제를 논의하기 위해 올브라이트 국무장관은 10월 23~25일 평양을 방문하고 김정일 위원장과 회담을 가졌다. 올브라이트의 방북은 미국의 외교 수장이 북한의 최고 지도자를 만나 진의을 파악하고, 뒤이어 북·미 정상회담의 의제 및 타결안을 조율한다는 점에서 대단히 중요한 의미를 지니고 있었다. 이 회담에서 김정일 위원장은 2003년까지 미사일을 발사하지 않겠다는 약속을 거듭 확인하면서, 미국이 인공위성을 대리발사하고 현물 보상을 할 경우 480km(300마일) 이상의 미사일 개발을 포기하고 수출도 중단하겠다는 제안을 하기도 했다. 이것은 북한이 미국으로부터의 적절한 정치적, 경제적 보상이 있을 경우, 미사일을 기꺼이 포기할 의사가 있음을 최고지도자가 직접 밝혔다는 점에서 큰 의미가 있다.

북한과 미국은 총론에서 대체적인 합의를 보고, 구체적인 문제를 논의하기 위해 2000년 11월 1일부터 사흘간 콸라룸푸르에서 6차 미사일 회담을 개최했다. 양측은 최대 현안이었던 북한의 중장거리 미사일 개발 포기와 미국의 위성 대리발사 문제에 대해 원칙적인 합의를 이뤘고, 미국은 북·미 정상회담에서 서명할 기본협정 초안과 세부적인 의무사항을 명기한 비공개서한을 북한에 전달해 클린턴 방북의 길을 닦기도 했다. 그러나 인공위성의 발사 횟수 및 기술이전, 북한의 미사일 수출 중단에 따른 보상 방법, 북한의 MTCR 가입 문제, 북한의 미사일 포기를 검증하는 방법 등에서 이견을 보이기도 했다.56) 이런

---

56) Michael R. Gordon, How Politics Sank Accord on Missiles With North Korea, *The New York Times*, March 6, 2001.

와중에 공화당의 조지 W 부시 후보가 대통령에 당선됨으로써 북·미 간의 미사일 대타협 및 클린턴의 방북에 먹구름이 드리워지기 시작했다. 클린턴 대통령은 임기 막바지까지 방북을 고려했으나, 공화당 및 미국의 주류 언론의 반대로 무산되었다. 결국 미국의 정권 교체와 미국 국내 정치의 혼란 속에서 북·미 간의 대타협은 부시 행정부로 넘겨지게 되었고, MD 구축을 전면에 내세운 부시 행정부는 전임 정부 때의 유망한 협상 타결 요소를 무시하고 미사일 협상에 미온적인 태도로 일관하고 있는 것이다.

현재에 대한 안타까움은 종종 지나간 과거에 대한 '반사실적' 가정을 통해 더욱 절실하게 와닿곤 한다. 만약 클린턴 대통령이 용기를 내서 평양을 방문, 김정일 위원장을 만나 미사일 문제를 비롯한 여러 현안을 놓고 대타협을 이뤘다면? 북한이 진작에 미사일 협상에 적극적으로 임해, 미국 대통령 선거전에 타협을 이끌어냈다면? 플로리다의 팜비치의 개표 혼란이 한반도에 미친 역사적 시련을 생각할 때, 이러한 아쉬움은 더욱 커질 수밖에 없다. 그리고 응당 강자의 해석이 그렇듯이, 약자인 북한이 기회를 놓친 것이 오늘날의 화를 불러온 이유라고 성급한 진단을 하기도 한다.

그러나 지나간 역사만을 탓할 수는 없다. 당시 미사일 협상이 클린턴의 임기 안에 마무리되지 못한 이유는 무엇인지, 콜린 파월 미 국무장관도 2001년 3월 한·미 정상회담 직전에 말한 바 있는 미사일 협상 타결의 '유망한 요소'(some promising elements)는 무엇이었는지, 그리고 부시 행정부가 북한 미사일 문제에 갖고 있는 입장은 무엇인지를 냉정하게 분석·평가하면서 문제 해결의 실마리를 찾기에도 시간이 부족하기 때문이다.

사실 미사일 문제에 대한 북·미간의 인식에는 근본적인 차이가 있었다. 미국은 북한의 미사일 문제를 대량살상무기 확산 금지라는 전략적 차원에서 접근했으나, 북한은 미국으로부터의 체제 안전 보장 및 북·미 관계 개선의 관점에서 바라봤던 것이다. 이에 따라 미사일 회담의 미국측 대표는 주로 비확산 및 군축 문제 전문가인 로버트 아인혼 국무부 부차관보가 맡은 반면, 북한측 대표는 대미 외교 전문가인 리형철 외교부 미주국장이 맡았다.[57] 이것은 1990년대 초 한반도 위기의 진원으로 작용했던 북한 핵 문제를 놓고 갈등했던 북·미 간의 입장 차이와도 대단히 흡사한 성격을 갖고 있는 것이다. 미국이 줄곧 북한을 MTCR에 가입시키는 것을 협상의 목표로 삼으면서 북한의 미사일 포기에 대한 대가 지불에 인색했던 것이나, 북한이 MTCR 가입을 거부하면서 미사일 포기에 따른 체제 안전 보장과 경제적 보상 및 외교 관계 정상화를 요구해온 것은 이러한 시각 차이의 반영이라고 할 수 있다. 이러한 시각 및 접근 방식의 차이는 미국이 북한의 입장을 부분적으로 이해하고, 북한이 미사일 개발은 전적으로 주권사항이라는 기존의 입장에서 후퇴함으로써 비로소 좁혀지기 시작한 것이다. 1999년 베를린 합의를 통해 좁혀지기 시작한 양측의 시각 차이는 2000년 후반 들어 미국이 미사일 문제를 '북한과의 정치 협상의 성격'으로 받아들이면서 급물살을 타기 시작했다.

이때에 북·미 간의 회담 의제가 미사일 문제를 중심으로 하면서도, 대북 테러지원국 해제 문제 및 경제제재 해제, 제네바 합의의 원활한 이행 문제, 정전체제의 평화체제로의 이행 문제, 주한미군 문제,

---

57) 박종철, 『북·미 미사일 협상과 한국의 대책』(통일연구원, 2001년), 29쪽.

미국의 대북 체제 안전 보장 문제, 북·미 외교 관계 정상화 문제 등으로 확대되고, 협상 당사자도 차관(보)급에서 장관급, 이후에는 (비록 무산되었지만) 최정상급으로 점차 높여진 것은 북·미 미사일 협상이 기본적으로 정치적 문제라는 것을 보여주고 있다. 이는 곧 북한측의 입장과 요구를, 대단히 더디었지만 미국이 수용하기 시작했다는 것을 의미하며, 미사일 협상이 지연된 이유도 기본적으로는 미국의 뒤늦은 깨달음, 즉 미국이 원하는 북한이 아닌, 있는 그대로의 북한과 협상해야 한다는 페리 프로세스의 발상의 전환이 클린턴 행정부의 임기 마지막 해인 2000년에 들어서야 비로소 작동되었기 때문이라는 것을 암시한다.

결과적으로 봤을 때, 클린턴의 임기 때 미사일 협상이 타결되지 못함으로써 가장 큰 손실을 입은 국가는 북한이고, 그 다음은 남한이라고 할 수 있다. 미사일 비확산 전략에 있어서 대단히 중요한 진전을 이룰 수 있었던 미국은, 역설적으로 부시 행정부 출범 이후 가장 큰 수혜 국가가 되고 있다. 북한과 협상을 벌인다는 것 자체에 대해 불만족스러워하는 부시 행정부로서는 전임 정부 때 북한 미사일 문제가 타결되지 않음으로써 공화당의 오랜 숙원 사업인 MD 구축을 비롯해 대규모의 군비 증강을 합리화할 수 있는 중요한 근거를 갖게 되었기 때문이다. 이것은 곧 부시 행정부 임기 동안 북한의 미사일 문제가 정치외교적인 협상을 통해 다뤄지기보다는 MD를 비롯한 최첨단 무기 체계의 대상물이 될 것이라는 점을 보여주고 있다.

5. 새로운 불씨 : 북한의 생화학무기 문제

9·11 직후 탄저균 공포가 미국을 비롯한 친서방 국가들을 강타하면서, 생화학무기 위협에 대한 관심이 높아지고 있다. 생물무기 위협에 대한 부시 행정부의 인식은 생물무기협약(BWC) 회의에서 미국측 대표의 발언을 통해 잘 드러나고 있다. 미국 국무부 차관인 존 볼튼은 제네바에서 열린 생물무기협약(BWC) 제5차 평가회의 기조연설에서 생물무기 위협이 확산되고 있다며, 한층 강력한 억제장치 마련을 주문하기도 했다. 그는 2001년 11월 19일 연설에서 알 카에다를 비롯한 테러 조직이 생물무기를 비롯한 대량살상무기 획득 가능성이 높아지고 있다고 우려를 표명하면서, BWC는 이를 막을 수 있는 효과적인 장치가 아니었다고 주장했다. 특히 이라크와 북한이 이 조약을 위반하고 있다고 강한 비난을 퍼부었다. 그는 "이라크가 가장 심각한 우려의 대상"이라고 못박고, "미국은 이라크가 현장 무기사찰이 중단된 1998년 12월 이후 공격적인 생물무기 개발을 위해 모든 방안을 강구해 왔다고 확신하고 있으며, 이라크가 생물무기 프로그램을 갖고 있고, BWC를 철저하게 위반하고 있다는 것은 재론할 여지도 없다"고 못박았다. 북한에 대해서는 "북한의 생물무기 개발 프로그램은 극도로 위험한 것"이라며, "국가적 차원에서 생물무기 개발을 헌신적으로 추진하고 있고, 몇 가지 무기는 이미 무기화했을 가능성이 있으며, 결정을 내리면 수주 내에 군사적 용도를 쓸 수 있는 다량의 생물무기를 생산할 수 있다"고 주장했다.[58] 미국이 북한이 BWC를 위반하고 있다

---

58) "Bolton Says Iraq, North Korea Violate Biological Weapons Pact", *Washington File*, 19 November 2001. <http://www.usinfo.state.gov/products/washfile/>

고 공개적으로 비난한 것은 이때가 처음이었다. 미국은 이라크와 북한을 최대 생물무기 위협국가로 명시하면서, 이란, 시리아, 리비아는 개발 및 보유를 시도하는 있는 국가로, 수단은 개발이 우려되는 국가로 분류했다.

이에 대해 BWC 5차 평가회의에 참석한 이라크, 이란, 리비아 대표는 미국의 의혹 제기가 근거 없는 것이라고 강하게 반발했다. 특히 이라크는 자국의 생물무기 프로그램은 유엔특별위원회(UNSCOM)의 무기 사찰로 완전히 종식되었고, 미국이 이라크의 생물무기 의혹을 강하게 제기하는 것은 생물무기 확산 방지를 이유로 이라크를 공격하려는 의도라고 강하게 비난했다. 이들 국가는 미국이 BWC 회의를 "무책임한 의혹 발사대"로 활용하고 있다고 비난하면서, 미국의 이러한 무책임한 선전이 계속될 경우 BWC 회의에서 합의를 이루기는 힘들 것이라고 말하기도 했다.[59]

이들 국가와 함께 BWC 위반 국가로 미국에 의해 공개 지목된 북한은 미국의 생물무기 위협 제기에 대해, "미국이 우리에게 생화학무기와 같은 대량살상무기를 생산한다는 모자를 씌워 국제적으로 고립시키기 위한 또 하나의 정치적인 모략책동"이라며 강하게 반발하고 있다.[60] 북한은 공식적으로 생물무기의 개발·보유를 부인하고 있고, 미국의 비난에 대해 "미국이 지금까지 자신들의 범행은 문제시하지 않으면서 북의 생물무기만 문제삼고 있다"며 "저들에게 쏠리는 국제사회의 눈초리를 북으로 돌리고, 그 연막 뒤에서 생화학전 준비를 강

---

59) Jenni Rissanen, "Acrimonious Opening for BWC Review Conference", *BWC Review Conference Bulletin*, November 19, 2001. <http://www.acronym.org.uk/bwc/revcon1.htm>

60) 『연합뉴스』(2001년 12월 7일).

화하려 했다"고 대응해 왔다.[61] 이 같은 북한의 부인과 반발에도 불구하고, 한·미 당국과 연구기관 그리고 국내·외의 대다수 언론은 북한의 생물무기 위협을 기정사실화하고 있다. 북한의 생물무기 개발 및 보유에 대한 평가는 다음의 글에서 잘 나타난다.

> 1987년 생물무기금지협약(BWC)에 가입한 북한은 지구상에서 가장 폐쇄적이고 중무장한 국가이다. 북한은 1960년대 초부터 공격용 생물전 프로그램을 시작했고, 현재에도 대학, 의약 연구소 등에서 군사적으로 사용할 수 있는 생물무기를 개발하고 있다. 이러한 연구소에서 진행되고 있는 개발 프로그램에는 악성 탄저균, 콜레라균, 임파선종 등이 포함되어 있고, 북한 내 섬에서 이러한 무기를 실험하고 있는 것으로 보인다.[62]

이런 평가는 한·미 당국의 인식과 대체로 일치한다. 2000년 국방백서는 북한이 "탄저균 등 생물무기를 배양 및 생산할 수 있는 능력을 보유하고 있는 것으로 추정된다"고 보고 있고, 클린턴 행정부 막바지 때인 2001년 1월 미 국방부가 작성한 「대량살상무기 확산과 대응」[63]이라는 보고서에서도 북한이 1960년대부터 생물학무기를 연구·개발해 오고 있는 것으로 보인다며, "현재는 생물학무기 능력을 보유하고 있을 가능성이 있다"고 평가하고 있다. 부시 행정부는 여기서 한 걸음

---

61) 『연합뉴스』(2001년 10월 13일).

62) Henry L. Stimson Center, Chemical & Biological Weapons Project, <http://www.stimson.org/cwc/bwprolif.htm#Sources>

63) U.S. Department of Defense, Proliferation Threat and Response, January 2001, <http://www.defenselink.mil/pubs/ptr20010110.pdf>

더 나아가, 북한의 생물무기 프로그램은 '국가적 수준'에서 이뤄지고 있고, 마음만 먹으면 수주일 내에 대량살상이 가능한 다량의 생물무기 생산이 가능하다고 평가하고 있다.

또한 화학무기에 대해서도 "북한은 현재 2,500~5,000여 톤의 화학무기를 보유한 것으로 추정하고 있으며, 질식, 수포, 혈액, 신경작용제 등 다양한 종류를 보유한 것으로 알려져 있다"고 평가하고 있다.[64]

북한의 생화학무기 개발이 '국가적인' 차원에서 이뤄지고 있다는 평가의 근거는 일차적으로 김일성의 교시를 염두에 둔 것으로 보인다. "북한은 1961년 말에 화학전의 중요성을 인식하여 김일성의 '화학화 선언'에 따라 연구 및 생산시설을 설치하는 등 무기 개발을 시작했다. 그 후 1980년대부터 '독가스 및 세균무기를 생산하여 전투에 사용하는 것이 효과적'이라는 김일성 교시에 따라 화생무기 개발에 주력했다"[65]는 언급은 북한의 생화학무기가 국가적 차원에서 이뤄지고 있다는 평가의 기초를 이루고 있다.

한·미 당국이 북한의 생화학무기 프로그램이 '국가적' 차원에서 이뤄지고 있다고 평가하는 것은 중요한 함의를 갖는다. 일반적으로 많은 생물무기 전문가들은 생물무기 개발 및 생산이 핵무기와 비교할 때 상대적으로 쉽고 저렴한 것이 사실이지만, '무기급' 생물을 개발·배양·보관·저장하는 것은 고도의 기술과 전문가, 많은 비용 및 시설이 필요하기 때문에 테러조직을 비롯한 비국가 행위자(non-state actor)가 생물무기를 개발·생산하는 데는 한계가 있다고 보고 있다. 따라서 생물무기 프로그램도 국가적 차원에서 이뤄질 때만, '대량살상'이 가

---

64) 『대량살상무기 문답백과』, 32쪽.
65) 『국방백서』(2000), 44쪽.

능한 생물무기 제조가 가능한 것으로 평가하고 있다.

북한의 생화학무기가 더욱 위협적인 것은 박격포, 야포, FROG, 스커드, 노동, 대포동 미사일, 전투기, 폭격기, AN-2기 등 다양한 운반체를 갖고 있기 때문이라고 주장되고 있다. 미국 정부도 북한을 가장 임박한 위협 국가라고 묘사하면서, 이에 대한 중요한 근거를 북한이 장거리 미사일에 생화학무기를 탑재하여 미국 본토를 공격할 수 있는 능력을 머지 않아 갖게 될 것이라고 점에서 찾고 있다. 미국 정보기관의 북한 위협 평가 보고서에서는 북한이 2015년까지 '핵탄두'를 장착한 대륙간탄도미사일(ICBM) 개발은 어려울 것으로 보면서도 생화학무기가 장착된 ICBM 개발은 가능할 것으로 보고 있다.[66] 또한 CIA가 9·11 테러 이후 작성한 보고서에서도 "우리는 북한이 광범위한 종류의 화학 요소와 일부 생물학 요소들을 생산, 미사일 탄두 또는 기타 탄약을 이용해 운반할 수 있는 능력을 갖고 있는 것으로 평가하고 있다"고 적고 있다.[67]

부시 행정부가 북한의 생화학무기 위협을 강조하고 나오자, 국내의 일부 언론과 전문가들이 이를 확대·과장 해석하면서 북한의 생화학무기 위협론이 국내에서도 확대 재생산되고 있다. 전통적으로 반북·친미 성향을 보여온 『조선일보』는 북한 생물무기 위협에 대한 부시 행정부측의 발언을 상세히 소개하면서 사설, 칼럼 등을 통해 북한의 생물무기 위협을 한층 강조하고 있다. 『조선일보』가 이 위협을 얼마

---

66) National Intelligence Council, "Foreign Missile Development and the Ballistic Missile Threat to the United States Through 2015", September, 1999. <http://www.cia.gov>

67) Unclassified Report to Congress on the Acquisition of Technology Relating to Weapons of Mass Destruction and Advanced Conventional Munitions, 1 January Through 30 June 2001. <http://www.cia.gov/cia/publications/bian/bian_jan_2002.htm#14>

나 강조하고 있는지는 존 볼튼의 발언 이후(2001년 11월 19일) 사설의 빈도를 통해 잘 알 수 있다. 「북 세균무기 남의 일인가」(11월 21일), 「對테러 지원의 현명한 선택」(11월 27일), 「北 생화학무기 세계가 주목」(11월 28일), 「北, 세계 3위 안보위협 국가」(12월 6일) 등 거의 일주일 단위로 사설을 계속 내보낸 바 있다.

특히 논조에 있어서도 "유엔 사무총장의 결정에 의해 의심스러운 질병이 발생한 지역과 생물무기 사용의혹 지역에 대해 국제사찰을 실시하도록 하자는 미국의 제안은 좋은 방법 가운데 하나다"(11월 21일 사설), "북한의 생화학무기는 우리에게 '죽고사는 문제'인데도 지금껏 정부 당국이 그 문제를 북한에 정식으로 제기한 적도 없으며 국제사회에 대해 여론을 환기한 적도 없다"(11월 28일 사설), "미국 국방부가 북한을 이란·이라크와 함께 러시아·중국에 이은 세계 3위의 '안보위협 국가'로 분류한 것은 북한이 세계평화에 얼마나 위협적인 존재이며, 동시에 북한과 대치하고 있는 우리의 안보가 얼마나 위중한가를 단적으로 말해준다"(12월 6일 사설) 등 선정적인 문구로 채워지고 있다. 더구나 11월 27일자 사설에서는 아프간 파병의 필요성을 강조하면서, "우리는 아직 '테러 지원국'의 낙인을 벗지 못하고 세계 3~4위의 생화학전 능력을 보유하고 있는 집단과 대치하고 있다. 이런 반인류적 반문명적 테러를 근절하는 데 힘을 보태야 하는 것은 당연한 일이다"며 '테러와의 전쟁'을 북한으로까지 확대시켜야 한다는 대담한 논조를 보이고 있다.

『조선일보』의 극단적인 여론몰이는 칼럼을 통해서도 잘 나타난다. 국방대의 한용섭 교수는 "재래식 군사력 면에서 한·미 연합전력에 뒤질 수밖에 없다고 판단한 북한은 상대적으로 적은 돈이 드는 대량살상무기 개발에 박차를 가해 비대칭 위협으로 군사적 승리를 거두겠다는 전략의 전환을 시도한 것이다"고 북한의 생화학무기 개발 의도를 대단히 '공격적인 성격'으로 설명하고 있다.[68] 이상우(서강대 정치학) 교수는 9·11 테러 이후 세계질서가 "문명세계와 문명질서 도전세력 집단으로 양분"되고 있다며, "북한이 변신하여 미국 주도의 반테러 국제연대에 동참한다면 우리도 북한을 포용해나가면 되지만, 북한이 테러 지원국으로 잔류한다면 우리도 대북 응징연대에 동참할 수밖에 없다"고 주장하고 있다.[69]

『동아일보』도 『조선일보』에 비해 사설의 빈도나 논조가 상대적으로 덜한 것은 사실이지만, 북한의 생화학무기 위협을 과장하는 점, 이 문제를 김대중 정부의 대북정책을 비난하는 수단으로 활용하고 있다는 점, 미국측의 시각에 일방적으로 동조하고 있다는 점 등에서는 유사하다. 「세계가 주목하는 北 생화학무기」(11월 21일) 사설에서 "제주도까지를 사거리로 하는 북한의 스커드미사일 수백 기에 생화학무기가 장착되는 일은 상상만 해도 끔찍하다"거나, 「다시 부각된 북의 핵·생화학 무기」(11월 27일) 제하의 사설에서 "시종일관 '남북 화해협력이 우선'이라는 방침을 고수해 온 우리 정부도 이제는 달라져야 한다"는 주장 등은 북한 생물무기 문제에 『동아일보』가 어떻게 접근하고 있는지 잘 보여준다.

이와 같은 북한 생화학무기 위협에 대한 평가에도 불구하고, 그 신뢰성에 대한 의문은 여전히 가시지 않고 있다. 북한의 대량살상무기에 대한 최고의 권위자 가운데 한 사람인 조셉 버뮤데즈는 북한의

---

68) 한용섭, 「북한 化生무기 폐기해야」, 『조선일보』(2001년 12월 8일).
69) 이상우, 「세계정치 룰이 바뀌었다」, 『조선일보』(2001년 12월 7일).

생물무기 보유 현황에 대한 믿을 만한 추정은 아직 존재하지 않는다고 말한다.[70] 한·미 당국도 북한의 생물전 능력을 객관적으로 입증할 만한 근거를 아직 제시하지 못하고 있고, 대체로 탈북자들의 증언에만 의존하고 있는 것이 현실이다.[71]

이렇듯 9·11 테러 이후 생화학무기 위협이 강조되고 있는 추세에서, 이 위협에 대한 평가에는 보다 신중해질 필요가 있다는 지적도 제기되고 있다. 생화학무기를 핵무기와 함께 대량살상무기로 묶는 것은 적어도 군사적 효용성에서는 근거가 없다는 것이다. 이에 따라 "생화학무기는 대량살상무기(Weapons of mass destruction)라기보다는 민간인에게는 공포를 안겨주는 '공포의 무기'(Weapons of terror), 전투원에게는 '위협의 무기'(Weapons of intimidation)로 부르는 것이 정확하다"는 것이다.[72] 생화학무기가 공포를 조성하고 위협적인 무기인 것은 사실이지만, 핵무기와 함께 대량살상무기라는 특별한 지위를 부여하는 것은 문제가 있다는 것이다. 예를 들어 화학무기는 1차 대전 때 총 124,000톤이 사용된 바 있으나, 사망자 수는 약 5만 명으로 전체 사망자 중 3%를 차지했고, 생물무기는 대규모로 사용된 예가 없기 때문에 핵무기와 동급에 올려놓은 것은 문제가 있다는 지적이다.[73]

---

70) N. Korea accused of stockpiling germ weapons, November 20, 2001, CNN.

71) 이와 관련하여 국방부의 한 관계자는 탈북자의 증언 외에 북한의 생화학무기 능력을 입증할 만한 자료는 별로 없는 것으로 알고 있다고, 2001년 3월 필자와의 전화 인터뷰를 통해 밝혔다. 또한 2001년 11월 21일 북한 생화학무기 위협 평가 근거를 요청하는 정보공개 청구에 대해 "공공기관의 정보공개에 관한 법률 제7조(비공개 대상정보) 제1항에 해당되는 비공개 대상이며, 군사기밀보호법 제2, 3, 5조 및 동법 시행령 제7, 8조에 의거 보호조치가 필요한 군사비밀 사항으로 공개할 수 없다"고 답변해 왔다.

72) Gert G. Harigel, Chemical and Biological Weapons : Use in Warfare, Impact on Society and Environment, <http://www.ceip.org>.

73) M. Meselson, The Myth of Chemical Superweapons, *The Bulletin of Atomic Scientists*, April 1991.

이를 구체적으로 살펴보면, 우선 살상력에 있어서 화학무기는 말할 것도 없고 생물무기 역시 핵무기와 적지 않은 차이가 있다. 유엔의 연구결과에 따르면, 1메가톤급 핵폭탄은 300평방킬로미터 내의 인구 90%를 살상하는 반면에, 15톤의 화학무기는 60평방킬로미터 내 인구의 50%를 살상할 수 있다. 생물무기의 경우에는 10톤이 사용될 경우 10만 평방킬로미터 내 인구의 25%를 살상할 수 있는 것으로 나타났다. 이러한 연구에 따르면 살상력에 있어서 핵무기와 생물무기가 대단히 높은 반면, 화학무기는 여기에 훨씬 못 미친다는 것을 알 수 있다.[74] 그러나 이 연구에 있어서 하나의 전제조건은 생화학무기가 광범위한 지역에 최대한 퍼져나간다는 것으로, 최악의 시나리오를 적용했을 경우이다.[75] 일례로 1990년대 생화학 테러로 악명을 떨친 일본의 옴진리교는 1995년 도쿄 지하철역에서 화학무기인 사린가스 살포전에 여러 차례에 걸쳐 식중독을 일으키는 보틀린누스균과 탄저균 포자를 공기 중에 뿌렸지만, 어떠한 효과도 가져오지 못한 것으로 알려지고 있다. 또한 사린가스 살포 때도 당초 5천 명 정도를 살상할 것으로 예상했으나, 실제 사망자 수는 12명이었다.

군사 분야 연구에서 세계적인 권위를 인정받고 있는 스톡홀름 국제평화연구소에서는 1979년 구소련의 스베르로브스크의 군사용 생화학 시설로부터 흡입 가능한 탄저균 유출사고[76] 때와 유사한 탄저균 유형과 양이 도쿄의 중심가에 살포될 경우의 살상력을 가상 실험한

---

74) 이에 따라 화학무기는 대량살상무기가 아닌 재래식 무기로 봐야 한다는 주장도 있다.

75) Gert G. Harigel, 3쪽에서 재인용.

76) 이 사고에서 약 40억의 호흡 가능한 포자가 공기로 운반되었고, 약 65명의 사람들이 죽은 것으로 알려지고 있다.

적이 있다. 이 시나리오는 옴진리교와 같은 테러조직이 생물무기 제조 및 살포의 기술적 장애를 극복하고, 40억의 호흡 가능한 탄저균 포자(일반적으로 살포된 탄저균 포자의 5% 정도가 흡입되므로 약 800억 개의 탄저균 포자가 살포되어야 한다)가 지상 15m에서 15분 간격으로 살포되며, 남서풍이 초당 약 4.5m 속도로 부는 도쿄 중심부의 대규모 쇼핑몰에서 탄저균 살포가 이뤄진 것으로 가정한다. 정교한 컴퓨터 실험 결과, 수십~수백만 명의 사망자가 발생할 것이라는 일반적인 평가와는 달리 2~3만 명이 탄저균 포자에 노출되고, 이 가운데 실제 감염자 수는 300명 정도가 될 것으로 평가하고 있다.[77] 물론 감염자들의 사망 여부는 의료 처치에 달려 있다.

 '무기급' 생물무기를 제조하는 데에도 고도의 기술과 많은 비용이 필요하다는 주장도 제기되고 있다. 생물무기 가운데 비교적 제조 및 사용이 용이하다는 탄저균의 경우에, 이를 무기화하기 위해서는 △건조 분말 상태로 가공해 탄저균 홀씨를 공기 중에 흩뿌릴 수 있어야 하고 △이를 위해서는 원심분리기 안에서 수차례 세척해야 하며 △건조를 위해 액체 상태의 탄저균을 진공이 된 공간 안으로 분사하는 등의 기술과 시설이 필요하다. 이 작업을 위해서는 고도의 기술에 수억 달러의 비용까지 필요하다고 한다.

 이처럼 실제 살상 효과와 군사적 효용성에 엄청난 차이를 갖고 있는 생화학무기를 핵무기와 함께 대량살상무기의 범주에 포함시킴으로써 미국은 정치적 효과를 톡톡히 보고 있다. 우선, 기존의 핵무기 보유는 합법화한 반면에, 상대적으로 적은 비용으로 개발할 수 있는

---

77) 이 시나리오에 대한 상세한 내용은 "SIPRI Yearbook 2001: Armaments, Disarmament and International Security", 아태평화재단 역, 문원출판 2001, 614~619쪽 참조.

생화학무기는 불법화함으로써 핵 보유국으로서의 군사적 우위를 확고히 하고 있다는 점이다. 미국이 공격적인 생물무기 프로그램을 중단하고 생물무기를 금지하는 BWC 창설을 주도한 중요한 배경은 약소국가들이 생물무기를 보유함으로써 핵무기에 대한 '이퀼라이저'를 갖는 것을 막기 위함이었다. 둘째, 핵 비보유국이면서 생화학무기 보유 의혹이 있는 국가들에게 핵 공격을 할 수 있는 근거를 확보하고 있다는 점이다. 미국은 핵확산금지조약(NPT)를 성실히 이행하는 핵 비보유국가에게는 핵무기 사용 및 사용 위협을 하지 않겠다는 소극적 안전보장(NSA)을 하고 있으나, 이를 생화학무기 보유국에게까지 확대 적용하는 문제는 전략적 모호성으로 일관해 왔다. 그러나 이마저도 부시 행정부는 생화학무기 공격에 대해 핵 보복을 한다는 방침으로 확실한 전략 방향을 제시하고 있는 실정이다. 셋째, 대량살상무기 비확산을 명분으로 이라크, 북한 등에 가하는 경제제재로 인한 인도주의적 참사에 국제사회가 무관심하게 만드는 데 성공하고 있다. 이에 따라 "다른 대량살상무기와 비교할 때, 경제제재는 약소국이 아닌 강대국에 의해 자행되어 왔고, 역사상 모든 대량살상무기에 의해 살상된 사람보다도 탈냉전 이후 경제제재에 의해 더 많은 인명이 희생되었다는 점을 주목"[78]하기가 힘들어지는 것이다. 넷째, 냉전시대의 핵무기 공포를 생화학무기 공포로 대체함으로써 냉전시대에 버금가는 군비 증강을 합리화하는 중요한 근거로 삼고 있다. 부시 행정부가 생화학무기 등의 비대칭 위협을 강조하면서, MD를 비롯한 첨단무기 개발을 추진하고 있는 것이 이를 잘 입증한다. 마지막으로 '테러와의 전

---

78) John Muller & Karl Muller, "Sacntions of Mass Destruction", *Foreign Affairs*, May/June 1999.

쟁'을 대량살상무기, 특히 생화학무기 문제까지 확대시킴으로써 지속
적이고 광범위한 군사행동의 명분을 찾고 있다.

물론 위와 같은 평가가 생화학무기가 위협적이지 않다는 것을 주
장하기 위한 것은 아니다. 그러나 생화학무기가 위협적인 것과 그 위
협을 과장하면서 과도한 대응을 정당화하는 것은 별개의 문제이다.
특히 남북한이 여전히 군사적으로 대치하고 있고, 미국의 대북정책이
강성 기조를 벗어나지 못하고 있는 현실에서 북한의 생화학무기 위협
에 대한 평가는 객관적인 근거에 기초해 신중해져야만 한다. 지난 반
세기 동안 한반도 군사적 긴장 구조의 핵심에는 어느 일방이 상대방
의 군사력과 그 의도를 과대평가하고 이에 과도하게 대응함으로써 상
대방의 과도한 반작용을 가져오는, '작용과 반작용'의 악순환이 있어
왔다. 남북 화해협력 및 긴장완화가 강조되고 있는 현 추세에서 과거
의 오류를 되풀이 할 경우, 한반도 문제를 푸는 길은 더욱 요원해질
수밖에 없는 것이다.

우선 한·미 당국이 북한의 생물무기 위협을 기정 사실화하고 있는
반면에, BWC에 가입한 북한은 이를 부인하고 있다는 '주장의 비대칭
성'이 존재한다는 점을 인식할 필요가 있다. 일반적으로 북한의 주장
이 거짓으로 받아들여지는 만큼, 한·미 당국의 평가 역시 북한에 대한
'악마적 이미지'에 의존하고 있는 것 또한 현실이다. 또한 한·미 당국
은 재래식 군사력의 열세에 놓인 북한이 상대적으로 비용이 적게 드
는 핵, 미사일, 생화학무기 등 대량살상무기 보유를 통해 비대칭적인
우위를 달성하려고 하고 있다고 평가하고 있지만, 이것이 곧 북한이
생화학무기 프로그램에 우선적으로 투자하고 있다고 '단정'할 만한
근거가 될 수는 없다. 극심한 경제난으로 현대전에서 강조되는 제공

권 장악을 위한 비행훈련조차 제대로 못하고 있는 북한이,[79] 검증되지 않은 생화학무기에 군사비를 우선적으로 투자하고 있다고 단정하기는 어려운 것이다.

둘째, 설령 북한이 생화학무기 개발 및 보유를 시도하고 있더라도, 그 의도를 지나치게 과대 해석하는 것은 문제가 있다. 그 의도가 미국 정부가 말하는 것처럼 국제질서의 파괴에 있다거나 미국을 위협해 개입을 차단하고 한반도를 공산화하려는 것에 있다는 해석은 객관적이지도 합리적이지도 않다. 북한이 이와 같은 의도를 갖고 있다면, 국제 체제를 주도하고 있는 미국과의 관계 개선을 최고의 체제생존 수단으로 삼고 있는 것이나, 생화학무기보다 훨씬 파괴력이 강하고 군사적으로도 검증된 핵무기 개발을 동결하려 한 것이나, 미국으로부터 정치적, 경제적 보상이 있을 경우 미사일을 포기할 수 있다는 '중대 결단' 의사를 거듭 밝히고 있는 현실을 설명하기가 힘들다. 북한이 생화학무기의 개발 및 보유를 시도하고 있다면, 그 의도는 억지력의 관점에서 바라보는 것이 타당하다. 즉, 적대 국가인 한·미·일에 비해 갈수록 군사력이 약해지고 있고, 미국으로부터의 안보 위협이 해소되지 않은 상황에서 '네가 나를 공격하면 너도 무사하지 못할 것'이라는 '고슴도치 전략'의 연장선상에서 이해할 필요가 있는 것이다. 또한 "북한 재래식 무기의 지속적인 쇠퇴를 고려할 때, 탄도미사일 계획은 정치적 토론에 포함될 수 있는 협상 도구가 될 수 있을 것이다. 미사일 계획이 없다면, 그리고 생화학무기와 관련된 계획이 없다면, 다른 국가들은 북한과 인도주의적인 지원 이외에 토론할 만한 것이 없을

---

79) 필자가 만난 남한의 공군 고위 인사는 경제난 이후 북한의 비행훈련이 남한의 5분의 1 수준으로 떨어졌다고 확인해 준 바 있다.

것이다"[80]라는 지적처럼, 북한의 생화학무기 역시 대외 협상용의 성격이 강하다고 할 수 있다.

셋째, 한·미 당국이 강조하는 북한 생화학무기 위협의 성격 역시 과장된 측면이 있다. 북한의 생화학무기가 더욱 위협적이라는 주장은, 미사일을 비롯한 다양한 투발 수단을 보유하고 있기 때문이라는 평가에 기초하고 있다. 그러나 대부분의 생화학무기 전문가들은 미사일이나 폭발물에 내장된 생화학무기가 살상효과를 가져오기 위해서는 낮은 고도에서 분무기로 뿌리듯이 퍼져야 하지만, 이것은 대단히 어려운 기술이라고 강조한다. 특히 살상력이 높은 생물무기의 경우, 폭발과 동시에 탄두나 폭탄에 포함된 유기체도 죽고, 탄저균을 제외한 치명적인 유기체는 수명이 짧아 폭탄이나 탄두에 오래 살아남을 수 없기 때문에 군사적인 효율성이 극히 떨어지는 것으로 평가하고 있다.[81] 따라서 군사 전문가들은 미사일이나 폭탄에 탑재하는 것보다 공중에서 생화학무기를 뿌리는 것이 훨씬 효과적이라고 말하고 있다. 북한이 항공기를 통해 서울 등 대도시에 생화학무기 살포를 시도하더라도, 휴전선을 넘은 직후 한·미 연합사의 대공포나 전투기의 요격을 피한다는 것은 불가능하다. 공중에서 살포하는 생화학무기가 위력을 발휘하기 위해서는 낮은 고도에서 느린 속도로 항공기가 비행해야 하는데, 이를 포착·요격하는 것은 그리 어려운 일이 아니다.

북한 생화학무기 위협의 또 하나의 근거로 제시되고 있는 주장은 "북한군은 연대급까지 화학소대를 편성하여 화생방(화학, 생물, 방사능전을 통칭한 것임) 작전훈련을 강화"하고 있다는 것이다. 그러나 화

---

80) SIPRI Yearbook 2000, 720쪽.

81) John Muller & Karl Muller, "Sacntions of Mass Destruction", *Foreign Affairs*, May/June 1999.

생방전에 대비해 부대를 편성하는 것은 '특수한' 것이 아니라 '일반적'인 것이며, 남한 역시 '화생방 방호사령부'를 설치해 주한미군과 함께 훈련하고 있다. 역사적으로 만주에서 일본의 세균전으로 피해를 당한 뒤 한국전쟁 당시 미국이 세균전을 벌였다고 알려져 있으며, 세계 최대의 핵무기 및 세계 2위의 화학무기 보유국가이자 생물무기 개발을 '완전히' 포기하지 않은 미국[82] 및 생화학무기 제조 '능력'을 보유하고 있는 한국[83]과 군사적으로 대치하고 있는 북한이 화생방전에 대비하는 것은 군사전략상 어쩌면 당연한 것이다. 따라서 북한이 화학부대를 편성해 화생방전에 대비한다는 사실 그 자체가 곧 생화학무기 위협의 근거가 된다는 것은 논리적인 비약이라 할 수 있다.

넷째, 북한이 생화학무기를 사용할 경우, 한국군이나 주한미군에 못지 않게 자군에게도 피해를 입힐 수 있다는 점 역시 북한이 모를 리 없다. 많은 군사전문가들은 좁은 지역에서 생화학무기가 살포될 경우 상대방은 물론 자신에게도 피해를 입힐 수 있다는 점에서 효과적인 공격 무기가 되기 어렵다고 평가하고 있다. 또한 일분일초를 다

---

82) 미국은 1990년대 말까지 약 3만 톤의 화학무기를 보유하고 있는 것으로 알려져 있고, 생물무기 역시 '방어용' 프로그램 개발을 포기하지 않고 있다. 미국의 화학무기 보유량에 대한 자세한 내용은 Gert G. Harigel, "Chemical and Biological Weapons : Use in Warfare, Impact on Society and Environment", Carnegie Endowment for International Peace, 2001, <http://www.ceip.org/files/Publications/> 참조.

83) 남한 역시 상당량의 화학무기를 보유하고 있는 것으로 추정된다. 2002년 3월 5일 슈워츠 주한미군 사령관의 미 상원 군사위원회 증언에 따르면, 남한은 "2002년 봄까지 화학무기 폐기를 재개하고, 올해 5%, 2~3년 후에는 45%를 폐기할 예정"이라고 말해 상당량의 화학무기를 보유하고 있다는 것을 암시한 바 있다. 한편 이와 관련해 "남한의 화학무기 보유량 및 폐기 계획과 시한을 밝혀 달라"는 정보공개 청구에 대해, 국방부는 2002년 3월 19일 "현재 우리 정부는 화학무기 관련 사항에 대해서는 일절 NCND (Neither Confirm Nor Deny) 정책을 유지하고 있는 바, 질의하신 내용에 대해 답해 드릴 수 없다"고 답변해 왔다.

투는 현대전에서 사용효과가 나타나기까지 며칠이 걸리는 생화학무기 사용은 공포심 유발 효과는 강할지 모르지만, 전투효과는 떨어진다고 봐야 할 것이다. 더구나 북한의 의약 기반이 극히 취약한 상태에서 자국군의 생화학무기 감염에 따른 치사율이 한국군이나 주한미군보다 훨씬 높을 수밖에 없다는 점 역시 고려하지 않을 수 없을 것이다. 2차 대전 중에 일본군이 만주에 전염병을 유발하는 생물무기를 사용해서 수천 명의 중국인을 살상하였으나 일본군 역시 수천 명의 인명 손실을 입기도 했다.

문제는 '가난한 자의 핵무기'라고 불리는 생화학무기의 경우 은폐하기 쉬운 만큼, 이를 알아내기도 대단히 어렵다는 점에 있다. 외관상으로 생화학'무기' 시설을 민간 시설과 구분하는 것이 불가능하고, '방어용'과 '공격용'을 구분하는 것도 쉬운 문제가 아니다. 맥주를 만드는 양조장도, 백신을 만드는 의약 회사도, 유전공학을 연구하는 시설도 '생화학무기 시설'로 의심할 수 있는 것이다. 인류역사상 최대의 생물무기 프로젝트로 알려진 구소련의 생물무기 프로그램은 이 프로젝트에 참여한 케네스 알리벡이 1992년 미국으로 망명하면서 비로소 알려졌다. 또한 2차 대전 직후 영국이 스코틀랜드 북부 해안에서 탄저균 배양 및 실험을 한 것이나, 미국이 1950년대에 'Project St. Jo'란 이름으로 탄저균 배양 및 운반체 개발을 추진한 것 등도 오랜 시간이 지난 뒤에야 밝혀진 사실이다. 미국이 1998년 케냐와 탄자니아 미 대사관 폭탄 테러에 대한 보복으로 수단의 화학무기 공장 두 곳을 미사일 공격했으나, 이 시설이 화학무기와는 아무런 관계없는 의약품 제조 회사로 밝혀진 것도 시사하는 바가 크다.

이처럼 생화학무기가 갖는 본질적인 '모호성'은 한편으로는 문제 해결 자체를 대단히 어렵게 할 뿐만 아니라, 이에 대한 필요 이상의 과도한 대응을 낳을 수 있다는 문제를 안고 있다. '의혹 받는 국가'는 '의혹을 제기한 국가'의 의도를 경계하지 않을 수 없고, 반대로 '의혹을 제기한 국가'는 '의혹 받는 국가'의 부인과 반발을 강한 긍정으로 해석하는 '불신의 정치'를 내포하고 있는 것이다. 9·11 테러 이후 부시 행정부가 북한, 이라크 등 일부 생화학무기 개발 '의혹' 국가들의 위협을 '기정사실화'하면서 이러한 대량살상무기 위협을 제거하는 데 향후 전략적인 초점을 맞추겠다고 공언하고, 북한, 이라크 등이 이러한 미국의 태도를 강하게 비난하고 있는 모습은 생화학무기를 둘러싼 '불신의 정치'를 잘 보여주고 있다.

그렇다면, 스스로가 '정치화'시킨 북한 생물무기 문제에 대해 부시 행정부는 어떻게 대응할 것인가? 사실 존 볼튼의 발언이나 『뉴욕 타임스』의 보도 이전부터 부시 행정부가 북한의 생화학무기 문제를 제기할 것이라는 점은 예상할 수 있었다. '국가 안보'를 전면에 들고 나온 상황에서 전혀 예상하지 못한 테러 공격을 당한 부시 행정부로서는 미국 국민들에게 납득할 만한 테러 방지 및 안보 강화 방안을 제시해야 하고, 특히 반미 성향의 일부 국가들과 테러 조직의 생화학무기 위협이 강조되는 추세임을 감안할 때, 미국 정부에 의해 '테러지원국'이자 '대량살상무기 확산 주범'으로 묘사되어온 북한에게 압력을 높여 나갈 것이라는 점은, 어찌 보면 당연한 수순이기 때문이다.

미국이 이라크와 함께 대표적인 생화학무기 위협 국가로 북한을 지목함으로써, 생물무기 문제가 북·미 관계를 더욱 불안하게 만들 것이라는 점은 확실해 보인다. 이미 부시 행정부가 대북 대화의제로 내세운 북한의 과거 핵 활동 사찰을 비롯한 제네바 합의의 이행 개선,

북한의 미사일 개발 사업에 대한 검증 가능한 규제 및 수출 금지, 그리고 재래식 군사 위협의 감소 등에 대해 북한은 미국이 북한을 무장해제시키려는 의도라고 강하게 반발해 왔다. 이러한 문제에 대해 진전이 없는 상태에서 미국이 생화학무기 문제를 새롭게 제기할 경우 북한의 반발은 더욱 강해질 수밖에 없다.

생화학무기에 대한 북·미 간의 타협을 더욱 어렵게 하는 것은 핵이나 미사일 문제와는 달리 생화학무기의 개발 및 보유에 대해 사찰·검증이 대단히 까다롭다는 점이다. 핵무기나 중장거리 미사일 개발 및 실험은 위성 등 첨단 장비를 통해 탐지·감시가 가능하지만, 생화학무기는 현장 사찰 외에는 마땅한 대안이 없다. 따라서 북한이 대규모의 강력한 사찰을 수용하지 않는 한, 북한의 생화학무기 개발 여부를 알 길이 없을 것이며, 이에 따라 북한 생화학무기 보유 논란은 쉽게 해결될 수 없는 문제로 남을 가능성이 높다.

6. 공약(空約)으로 끝난 약속: 한국의 MD[84] 참여

2003년 한반도 위기 문제를 논할 때, 일반인들에게 가장 생소한 문제이지만 가장 중요한 문제는 한반도의 군사력 상황이라고 할 수 있다. 위에서 자세히 설명한 북한의 대량살상무기 문제를 놓고 북·미 간에 대화와 협상을 통해 문제가 풀리지 않을 경우, 결국 마지막으로 의존

---

84) 여기서 MD는 클린턴 행정부 때 분리되어 추진됐던 국가미사일방어체제(NMD)와 전역미사일방어체제(TMD)를 통칭하는 개념이다. 이는 부시 행정부가 NMD와 TMD를 통합하여 미사일방어체제(MD)를 추진하겠다고 밝힘으로써 이 둘을 개념상으로 구분하는 것은 별 의미가 없기 때문이다.

하게 되는 것은 군사력이기 때문이다. 이는 이미 1부에서 설명한 것처럼, 94년 위기 때 미국이 북한을 선뜻 공격하지 못한 가장 큰 이유 가운데 하나가 전쟁이 벌어질 경우의 피해 규모 때문이었다는 점에서, 향후 위기 상황의 도래시 한반도의 군사력 균형 문제는 전쟁으로 가느냐의 여부를 결정할 가장 중요한 변수 가운데 하나가 된다는 점을 의미하기도 한다.

앞에서 이미 간략히 소개한 바 있고 4부에서 상세하게 살펴보겠지만, 한반도의 군사력 균형 상태는 94년보다 훨씬 많이 한·미, 미·일 동맹으로 기울어진 상태이고 그 격차는 앞으로 더욱 벌어질 것이 확실하다. 북한은 거듭된 경제위기 및 국제사회에서의 고립으로 군비지출 규모가 90년대 초반의 절반 가량으로 줄어든 반면, 남한과 미국, 그리고 잠재적인 동맹국인 일본의 군비지출 및 전력증강은 빠른 속도로 늘어나고 있다. 특히 부시 행정부의 대북 군사전략의 초점이 북한의 미사일은 MD 전략으로, 장사정포는 대포병 전력으로, 지하요새는 지하시설 파괴무기로 무력화하는 방향으로 초점이 맞춰지면서, 북한이 94년 당시 미국의 폭격을 막을 수 있었던 유력한 전쟁 억지력이 약화되고 있는 현실이다. 향후 위기 상황을 94년과 비교할 때 가장 두드러진 차이점은 94년 제네바 합의에 불만을 품어온 공화당 정부의 등장과 함께 공화당 정부가 94년보다 훨씬 강력한 공격력과 방어력을 보유하고 있다는 것이다.

이 과정에서 더욱 큰 문제는 남한이 '은밀히' 부시 행정부의 군사주의 노선에 동참하고 있다는 점이다. 사실 군사적 측면에서 볼 때 '상호주의'를 무시하고 있는 쪽은 오히려 한국과 미국 정부이다. 북한 측에 휴전선 인근에 배치된 군사력을 뒤로 빼라고 요구하면서, 한·미

연합전력, 즉 주한미군 및 남한군의 전력은 오히려 강화되어 왔다. 북한에게 미사일 '수출'을 포기하라고 압박하면서 미국은 한국에 1조7천억 원 규모의 에이템크스 지대지미사일 및 2조4천억 원 규모의 최신형 패트리어트 수출을 기정사실화하고 있다. 그리고 많은 국민들의 반대에도 불구하고 차기전투기 기종으로 미 보잉사의 F-15K를 결정했다. 한·미 군사동맹을 '지역동맹' 차원으로 끌어올리는 조치로 주한미군의 전력 강화 및 재편을 추진하고 있기도 하다.

이 과정에서 가장 은밀한, 그러나 가장 큰 문제는 한국 정부가 당초 약속과는 달리 미국이 주도하는 MD에 참여하고 있다는 점이다. 한국이 MD에 참여한다는 것은 북한의 미사일 문제를 비롯한 대량살상무기 문제를 대화와 협상을 통해 풀기보다는 MD 구축의 '명분'으로 삼고 군사력을 통해 무력화시킨다는 부시 행정부의 군사주의 노선에 편승한다는 것을 의미한다. 2002년 들어 북한이 남한의 MD 참여 징후가 나타나자 "(남한이 MD에 참여할 경우) 사태는 매우 복잡하고 엄중해질 것이며 민족의 장래가 위태롭게 될 것"이라고 경고한 것도 이러한 맥락에서 이해할 수 있다.

좀 지루한 설명이 될 수도 있으나, 한국 정부가 당초의 약속을 뒤엎고 사실상 MD 참여의 길로 접어들고 있다는 의혹을 규명해보면 다음과 같다.

(1) 김대중 정부의 거듭된 '후퇴'

"한국은 전역미사일방어체제(TMD)에 참여할 계획이 없다."
김대중 대통령이 1999년 5월 5일 CNN과의 회견에서 밝힌 내용이다. 당시 미 국방부는 아시아-태평양 TMD 구축 계획 보고서를 의회에 제출하고, 한국, 일본, 대만 등에 참여를 요청했다. 일본은 이미 98년 12월에 해상미사일방어체제를 중심으로 미·일 TMD 공동기구를 만들어 TMD 연구·개발에 박차를 가하고 있었고, 대만 역시 중국의 중단거리 미사일 위협에 대처하기 위해 TMD 참여를 긍정적으로 검토하고 있었다. 이러한 상황에서 미국과 군사동맹 관계를 맺고 있는 한국의 최고 지도자가 'TMD 불참'을 선언한 것은 안팎의 주목을 받기에 충분한 '사건'이었다.

이에 앞서 천용택 당시 국방장관은 1999년 3월 5일 외신기자들과의 간담회에서 "TMD 전력화는 북한 미사일에 대한 효과적인 대응수단이 아니며, 주변국의 우려를 불러일으킬 수 있다"며 "한국은 TMD에 참여할 경제력과 기술능력이 없다"고 최초로 공식적인 'TMD 불참 의사'를 천명한 바 있다. 당시 천장관의 발언은 TMD 참여가 안보에도, 외교 관계에도, 경제에도 도움이 안 된다는 점을 담백하면서도 명쾌하게 밝힌 것이었다.

정부는 이후에도 TMD 불참 의사를 거듭 밝혔다. 김대중 정부의 두 번째 국방장관인 조성태 전 장관은 2001년 2월 20일 국회 국방위원회 답변에서 "우리나라의 지역적 특성을 고려해 현 단계에서 TMD에 참여하는 것을 고려하지 않고 있다"며, "미래 전장 환경을 고려해 우리 실정에 맞는 미사일방어체제를 구축하는 것이 필요하다고 보고 대안을 검토하고 있다"고 말했다. 뒤에서 설명하겠지만, 'TMD 불참'이라는 기존입장을 재확인하면서도, 뭔가 석연치 않은 말로 끝마무리를 하고 있는 것이다.

한·미 관계를 최우선으로 삼아온 남한의 정치 현실에서, 김대중 정부의 TMD 불참 선언은 미국이 21세기 핵심적인 군사안보 전략으로 삼는 미사일방어체제(MD)와 일정 정도 거리를 두겠다는 의지를 밝혔다는 점에서 적지 않은 의미가 있었다. 그렇다면, 미국과의 불편한 관계를 예상할 수 있었음에도 불구하고 TMD에 불참을 선언한 이유는 무엇일까?

첫째, 남한의 안보에 별 도움이 안 된다는 점 때문이다. 이것은 △ 북한의 위협이 미사일보다는 휴전선 인근에 배치된 1만 문에 달하는 사정거리 40~70km의 장사정포에 있다는 점 △전장이 좁고 산악지형이 많으며 북한 미사일의 비행시간이 3~5분에 지나지 않아 미사일을 탐지, 추적, 요격하는 것이 대단히 어렵다는 점 △북한 이외의 미사일 위협 국가를 상정하는 것이 비합리적이며, 북한은 물론 중국, 러시아를 자극해 군비 경쟁을 야기할 수 있다는 점 등으로 정리할 수 있다.

둘째, TMD 참여시 천문학적인 돈이 들어가기 때문이다. 미국과 함께 TMD를 공동 연구·개발하고 있는 일본은 TMD를 본격적으로 생산·배치할 경우 약 20조 원 안팎의 예산이 들어갈 것으로 보고 있고, 1999년 TMD에 제한적인 참여를 검토했던 대만은 미국에 지불하는 비용만도 11조 원이 넘을 것으로 추산한 바 있다. 한국의 경우에도 논란이 되고 있는 PAC-3의 경우 8포대에 48개의 미사일을 도입하는 것만도 2조4천억 원 가량이 소요된다. 여기에 이 시스템의 운영·유지, 해상 요격시스템을 비롯한 추가적인 시스템의 도입·배치, 레이더 기지의 건설 등이 포함될 경우 MD 참여에 따른 직·간접적인 비용은 수십조 원이 될 것이다. 이러한 막대한 비용은 한편으로는 국민들의 세금 부담을 가중시키고, 또 한편으로는 다른 전력증강 사업에 차질을 가져올 것이다.

셋째, 북한은 물론 중국, 러시아와의 관계를 고려하지 않을 수 없기 때문이다. 김대중 정부의 대북정책의 골격은 적극적인 화해협력을 통해 한반도의 냉전구조를 청산하는 것인데, 미사일방어체제(MD)는 기본적으로 북한의 미사일을 무력화시키기 위한 것이다. 북한이 미국의 MD 구상에 강력 반발하고 있는 상황에서 한국이 이 구상에 참여할 경우 남북 관계가 악화되리라는 점은 어렵지 않게 예상할 수 있다. 또한 9·11 테러 이후 비판의 수위는 낮아지고 있지만, 러시아와 중국의 반발 역시 고려하지 않을 수 없다. 따라서 남한 정부가 MD에 참여하지 않는 것은 대북 포용정책에 대한 북한의 수용과 중국 및 러시아의 지지를 확보하는 데 일종의 '전제조건'이었던 것이다.

김대중 정부는 TMD에 대한 불참을 공식화한 것과 함께 적어도 부시 행정부가 2001년 5월 1일 NMD와 TMD를 통합해 MD를 구축하겠다고 선언하기 전까지 NMD에 대해서도 최소한 '전략적인 모호성'을 유지하는 방향으로 입장을 정리했었다. 김대중 대통령은 2001년 1월 6일 『인터내셔널 헤럴드 트리뷴』과의 인터뷰에서 NMD에 대한 입장 표명을 피하면서 북한 미사일 문제에 대한 중재 의사를 강력히 밝힌 바 있다. 이정빈 당시 외교통상부 장관 역시 "NMD 추진에 앞서 원인 제거를 하는 것이 순서"라고 말해, 우회적으로 NMD에 부정적인 입장을 밝힌 바 있다. 또한 민주당을 중심으로 정치권 일각에서 NMD 비판성명을 채택하는 등 우려의 목소리를 높인 것도 정부 여당의 NMD에 대한 부정적인 인식의 단면을 보여준 것이라 할 수 있다.

문제는 한국 정부가 2001년 3월 초 미국 방문 전까지 견지해온 'TMD 불참, NMD 중립' 입장을 '왜 비밀리에 번복하고 있느냐'에 있다. 김대중 대통령이 '절망'을 느끼게 된 결정적인 계기는 부시 행정부 출범 이후 처음으로 미국을 방문한 2001년 3월 초순이라고 할 수 있다. 앞에서 언급했듯이, 부시의 취임 이후 김대중 대통령의 미국 방문 전까지 한국 정부는 미국의 미사일 방어 구상에 대해 '독자적인' 목소리를 내왔다.

미국 방문 직전인 2001년 2월 말에는 한·러 정상회담에서 "탄도미사일방어(ABM) 조약의 보존과 강화를 지지한다"는 공동성명을 채택하기도 했다. 이러한 ABM 조약 지지 입장을 비롯한 우리 정부의 MD에 대한 비판적 입장은 MD 구축에 사활을 걸고 있는 부시 행정부의 강력한 반발을 사고 말았다. 사태가 예상보다 심각하게 돌아가자 우리 정부는 미국 방문 과정에서 여러 차례에 걸쳐 미국에 사실상의 사과를 했다. 이정빈 외교통상부 장관은 "한국 입장은 NMD 반대가 아니다"라고 표명했고, 김하중 청와대 외교안보수석은 콘돌리자 라이스 백악관 외교안보보좌관을 만나 2차 해명 및 유감 표명을 했으며, 김대통령 역시 부시 대통령과의 회담에서 "한·러 정상회담 이후 NMD 체제에 대한 문제가 제기된 것을 유감스럽게 생각한다"며 "한·러 공동성명에 ABM 조약에 대한 내용이 들어가지 말았어야 했다"고 해명했다. 대북정책에 대한 한·미 공조를 논의하고자 방문했던 미국길이 'MD 괘씸죄'로 홍역을 치르고 돌아오는 가시밭길이 되고 만 것이다.

미국의 저명한 한반도 문제 전문가인 셀리그 해리슨이 표현했듯이, 미국에서 '뺨맞고 돌아온' 김대중 대통령은 외교안보팀은 물론 MD에 대해 비판적인 발언을 해온 민주당 의원들을 강하게 질책했다. 반면에 김대중 대통령의 미국 방문을 전후해 부시 행정부의 압력은 더욱 노골적으로 나타나기 시작한다.

2001년 2월 말 ABM 조약 파동이 불거지자 부시 행정부는 이를 빌미로 김대중 정부에게 MD 지지 및 참여에 대한 압력을 본격화하기 시작했다. 당시 토켈 패터슨 미 국가안보회의 선임 보좌관은 주미 한국 대사관 유명환 공사를 만나, 한국이 MD를 지지하고 참여하면 3월 8일 한·미 정상회담이 더 좋은 분위기에서 진행될 수 있을 것이라며 노골적인 압력을 행사했다. 부시 행정부의 오만은 여기서 그치지 않았다. 한국 정부의 MD에 대한 공식 입장을 아래와 같이 밝히라고 요구안까지 전달한 것이다.

오늘날의 세계는 냉전시대와는 근본적으로 다르다. 억제와 방어에 대한 우리의 접근법도 변화가 필요하다. 부시 대통령은 대량살상무기와 운반 수단으로서의 미사일 위협이 점증하고 있다고 강력하게 주장해 왔으며, 우리는 이 문제에 대한 부시 대통령의 리더십을 신뢰하고 있다. 미사일 방어는 이런 반응의 중요한 요소이다. 우리는 미국이 이 점에 대해 합당한 태도를 취하고 있는 점을 인정하며, **특히 우리 군과 영토 방위를 위해 효과적인 (미사일) 방어망을 배치할 필요를 인정한다**(강조는 필자).[85]

이 미국측 문안에 대해 김대중 정부는 미국 방문 직전인 2001년 3월 2일 세 문장으로 정리해 공식입장을 발표했다. 특히 첫 번째와 두 번째 문장은 거의 받아쓰기에 가까울 정도로 미국의 요구안을 따라 썼다. 그러나 세 번째 문장은 "미사일 방어망을 배치할 필요를 인정한다"는 미국측 요구를 그대로 받아들이는 대신 "우리는 미국 정부가 국제평화와 안전을 증진하는 방향으로 동맹국 및 관련 국가들과 충분한 협의를 통해 이 문제에 대처해 나가기를 바란다"고 썼다. 가장 중

---

85) 『한국일보』(2001년 6월 14일).

요한 부분에 대해 김대중 정부가 미국측의 요구를 사실상 거부한 것이다. 이에 대해 부시 행정부는 김대중 대통령의 워싱턴 방문 때 철저히 '푸대접'으로 보복한 것이다.

제1차 DJ-부시 회담은 한·미 대북정책 공조와 군사동맹 관계에도 심대한 영향을 미쳤다. 부시 대통령은 북·미 관계 개선을 비롯한 대북 포용정책을 지지하고 참여해 달라는 우리 정부의 요구를 사실상 묵살하고, 북한과의 관계 개선에 부정적인 태도로 일관해 왔다. 이것은 MD와 관련해 한국 정부에 패씸죄를 적용한 측면도 있으나, 근본적으로 북·미 관계가 풀릴 경우 MD 구상에 막대한 차질이 생기는 것을 두려워하고 있기 때문이다.[86]

또 하나 주목할 점은 미국이 제공하는 대북 군사정보가 급격히 줄어들고 있다는 점이다. 한 군 관계자는 "부시 행정부 출범 이후 미국의 군사정보 제공은 이전의 3분의 1 수준으로 줄었고, 국가정보원과 CIA와의 협력도 눈에 띄게 줄었다"고 확인해 주었다.[87] 부시 행정부는 김대중 정부에게 대북 군사정보를 주지 않는 대신, 북한의 군사적 위협을 더욱 적극적으로 제기하기 시작했다. 이러한 전략은 한편으로는 MD를 비롯한 대북 강경책을 합리화시키고, 다른 한편으로는 김대중 정부가 한나라당과 보수언론의 공격에 대단히 취약해지게 만드는 결과를 낳았다.

---

86) 이와 관련해서 필자가 2001년 9월 11일 한국을 방문한 미국의 MD 설명단과 간담회를 가졌을 때, "MD가 중국을 겨냥한 것이 아니라 당신들이 주장하는 (북한 등의) 깡패국가들의 미사일에 대응하기 위한 것이라면, 북한이 중장거리 미사일을 포기할 경우 미국은 적어도 동아시아에 MD를 구축하겠다는 계획을 철회할 수 있느냐?"는 질문에 설명단 대표들은 얼굴을 붉히고 답변하지 못한 바 있다.
87) 국방부 관계자와의 전화 통화(2002년 1월 4일).

이런 와중에서 김대중 정부는 사실상 부시 행정부에게 일방적으로 끌려 다니는 구조로 빠져들고, 특히 우리 정부의 의사와 상관없이 MD에 편입되는 길을 걷게 된 것이다. 김대중 대통령 스스로도 MD 참여 문제는 자신의 권한 밖의 일이라고 인식하기에 이르렀다. 일부 군 관계자들이 "미국이 기어코 MD를 한다면, 우리도 어쩔 수 없이 따라갈 수밖에 없는 것 아니냐"며 체념 섞인 승복을 하고 있는 것이 이것을 잘 보여주고 있다.

(2) 한국이 이미 MD 참여 초기 단계에 있다고 보는 근거들

위에서 서술한 정부의 MD에 대한 '정치적' 입장 변화를 보면, 점차 수세적이고 소극적인 태도로 변화하고 있다는 것을 알 수 있다. 그러나 더욱 중요한 것은 이러한 정치적인 입장의 후퇴가 아니라, 한국이 이미 은밀히 MD에 참여하고 있다는 증거가 곳곳에서 포착되고 있다는 점이다. 이것은 크게 미국의 한반도 MD 무기 배치 계획 및 한국의 MD 관련 무기체계의 도입 계획, 그리고 2001년 12월 20일 그 실체가 밝혀진 한·미 연합전력 차원의 MD 기구 창설 등으로 접근할 수 있다.

부시 행정부는 이미 우리의 의사와 상관없이 한국을 비롯한 동맹국들을 MD에 포함시킬 것이라고 밝힌 바 있고, 이와 관련된 무기체계의 한국 내 배치도 추진하고 있는 실정이다. 이것은 현재까지도 "MD 참여를 고려하지 않고 있다"는 한국 정부의 입장과 정면으로 충돌한다는 점에서 우선적인 주목이 필요한 문제이다.

부시 행정부는 본격적인 MD 배치에 앞서 북한의 중단거리 탄도미사일을 요격하기 위해 2003년까지 동해에 2척의 이지스함을 배치할 예정이다.[88] 또한 미 육군은 2001년 9월 26일 MD체제에서 중단거리 미사일 요격을 담당하는 PAC-3의 실험평가가 사실상 완료됨으로써, 2002년 하반기부터 본격적인 생산 및 배치에 들어간 상황이다.[89] 따라서 부시 행정부는 이르면 2003년 상반기 중에 오산을 비롯한 주한 미군 기지에 PAC-3를 배치할 예정이다.[90] 특히 미 국방부는 생산과정에서 PAC-3의 문제점이 드러났음에도 불구하고 오히려 주문을 늘리고 있는 상황이다. 미 국방부는 당초 2003년 79기, 2004년 100기를 구매하기로 한 계획을 바꿔, 각각 100기와 108기를 구매하겠다고 록히드마틴사에 통보해 놓고 있다.

미국의 한반도 MD 배치 계획은 여기서 끝나지 않는다. 위에서 언급한 MD 무기체계는 '단기적으로' 북한의 중장거리 미사일을 무력화시킨다는 계획하에 주로 스커드, 노동, 대포동 1호 등 중단거리 미사일 요격용으로 배치되는 것이다. '중장기적으로는' 미국을 사정권에 두는 북한의 대륙간탄도미사일(ICBM) 개발 가능성을 염두에 두는 동시에 중국 미사일의 견제를 위한 전역고고도미사일방어체제(THAAD), 상대방의 미사일을 상승단계에서 요격할 수 있는 항공기탑재 레이저(ABL) 등을 배치할 계획도 갖고 있다. 이와 같은 요격 미사일과 함께 상대방 미사일의 발사 감지 및 추적·식별 등 기능을 담당하는 고성능 레이더 건설 후보 지역의 하나로 한국이 거론되고 있는 점도 대단히

---

88) 이와 관련해서 미 국방부 고위 당국자는 "미국은 필요하면 언제든지 동해의 공해상에 이지스함을 배치할 수 있다"고 밝힌 바 있다. 『연합뉴스』(2001년 6월 1일).

89) PAC-3 Ready for Action, News Briefs, *Arms Control Today*, November 2001.

90) 이러한 내용은 2001년 9월 11일 미국의 MD 설명단 대표들과의 면담을 통해서도 확인된 것이다. Dave Kiefer 미 국방부 탄도미사일방어기구(BMDO) 국제문제 소장과 Kerry M. Kartchner 미 국무부 상비협력위원회(SCC) 대표로 구성된 대표단은 MD 무기체계의 한반도 배치계획을 묻는 질문에 확인해주면서 "한국의 MD 배치는 투명하게 진행될 것이다"라고 답변했다.

중요하다.91)

이와 관련해서, 부시 행정부의 ABM 조약 탈퇴는 MD 관련 무기체계의 한국 내 배치를 막을 수 있는 국제법적인 근거가 없어졌다는 것을 의미한다. ABM 조약에서는 탄도미사일요격(ABM, ABM은 MD와 동일어로 봐도 무방하다) 체계 및 그 구성요소를 다른 나라에서 이전하거나 국외에 배치하는 것을 금지하고 있기 때문이다. 또한 한미상호방위조약에서도 "상호합의에 의하여 결정된 바에 따라 미합중국의 육·해·공군을 대한민국의 영토 내와 그 주변에 배치하는 권리를 대한민국은 허여하고 미합중국은 수락한다"92)고 명시하고 있어, 미국이 MD 무기체계의 배치를 한국 내에 추진할 경우 이것을 거절하기가 대단히 어려운 현실이다.

국방부 관계자들은 "한국 내 MD 무기체계 배치와 관련해서 미국으로부터 협의 요청을 받은 적이 없다"고 말하고 있는데, 이것이 사실이라면 문제는 더욱 심각하다고 할 수 있다. 미국의 필요에 따라 배치하면 그만이지, 이것을 한국 정부와 협의할 필요가 없다는 것을 간접적으로 확인할 수 있는 대목이기 때문이다.

그렇다면 미국이 한국에 MD 무기를 배치하는 것을 '한국의 MD 참여'로 보는 것은 무리일까? 이러한 해석에 대한 반론으로 '미국이 주한미군을 보호하기 위해 MD를 배치하는 것을 가지고 한국이 참여한다고 해석하는 것은 억지'라는 주장이 제기될 수 있다. 그러나 미국이 한국에 MD 무기를 배치하는 것은 한미상호방위조약에 따라 결과

---

91) 클린턴 행정부는 고성능 레이더인 X-밴드 레이더의 해외 건설 후보지역 중에 하나로 한국을 고려한 바 있다. *The New York Times*, June 30th, 2000.
92) 한미상호방위조약 제4조.

적으로 "상호합의에 의하여 결정된 바에" 따른 것이 되고, 결정적으로는 국민적 합의도 없이 주권국가의 육·해·공에 MD 무기가 배치된다는 점에서 한국의 MD 참여의 '첫 단계'로 봐도 무방할 것이다.

더욱 중요하게는, 근본적으로 미국의 MD 구상은 '연합' 교리 차원에서 추진되고 있고, 이에 따라 한국이 여기에 포섭되고 있는 징후가 나타나고 있다는 점이다. 다음의 두 가지 근거는 이러한 해석을 뒷받침하고 있다.

먼저, 한국 국방부의 MD 관련 무기체계의 도입 문제이다. 국방부는 지금까지 전력증강 사업의 일환으로 도입을 추진하고 있는 PAC-3와 이지스함이 "미국이 주도하는 MD와는 무관한 것"이라고 강변해 왔다. "독자적으로 미사일 방어망을 갖는 것과 미국의 MD에 참여하는 것은 별개의 문제"라는 것이다.[93] 국방부의 설명대로라면, PAC-3와 이지스함 도입은 한국의 독자적인 미사일 방어체제 구축 프로그램과 관련이 있다는 말이 된다.

그러나 한·미 군사동맹의 성격과 한국의 경제력 및 기술력을 감안할 때, 독자적인 MD를 보유한다는 것은 비현실적인 발상이다. 한국이 이지스함이나 PAC-3를 통해 '요격'미사일을 보유하더라도, 효과적인 탄도미사일방어체제를 구축하기 위해서는 요격미사일과 함께 고성능 레이더, 고성능 위성, 전투지휘통제통신본부(BM/C3) 등 최첨단 정보자산을 갖춰야 한다. MD를 추진하고 있는 미국조차 이것들을 만들 수 있는 기술력과 예산이 부족한 처지에 있다는 점을 고려할 때, 한국이 자체적으로 이를 생산하거나 천문학적인 돈을 들여 수입한다는 것은

---

93) 이러한 사실은 필자가 국방부 관리들을 통해 여러 차례 확인한 것이며, 『한겨레』(2001년 5월 14일)도 이와 같은 사실을 확인·보도했다.

불가능하다고 할 수 있다.

아래에서 상술하겠지만, 근본적으로 미사일 방어는 한·미 연합방위체계에서 추진될 수밖에 없다는 점에 주목해야 한다. 이에 따라 PAC-3와 이지스함을 도입해 한국의 독자적인 MD 구축하겠다는 계획은 결국 미국의 MD 체계에 포함되는 결과로 이어질 수밖에 없다. 독자적으로 보유하기 힘든 고성능 레이더, 고성능 위성, 전투지휘통제통신본부(BM/C3) 등을 미국이 배치·운용하고, 미군 기지에 배치된 요격미사일과 한국이 도입한 요격미사일 모두 한·미 연합방위체계의 일환으로 MD를 운영하게 되는 것이다. 이것이 바로 한·미 양측 군 당국이 그토록 강조하는 '연합방위정신'이 아니고 무엇이겠는가?

여기서 잠시, 국방부가 도입을 추진하고 있는 PAC-3와 이지스함이 기술적으로 MD와 어떤 관계가 있는지 살펴보는 것도 중요하다. 우선 차기 방공망 사업(SAM-X)으로 도입을 추진하고 있는 방공 미사일은 패트리어트 최신형인 'PAC-3 Configuration-3'인 것으로 국방부에 확인한 결과 드러났다. 미국의 탄도미사일방어체제 개발 및 배치를 담당하고 있는 국방부 산하 탄도미사일방어기구(BMDO, 현재는 미사일방어국으로 승격됨)에 따르면, "PAC-3의 임무는 탄도미사일방어체제에서 저층 방어의 일부분"이다. PAC-3는 미 국방부가 강조하고 있는 것처럼 현재 유일하게 개발이 완료된 TMD 무기인 것이다. 물론 PAC-3는 탄도미사일 요격과 함께 항공기와 크루즈 미사일 격추 임무도 동시에 수행할 수 있다. 문제는 국방부가 도입을 추진하고 있는 PAC-3 Configuration-3는 기본적으로 탄도미사일 요격 능력을 증대시키기 위해 개량된 요격체제라는 점에 있다. Configuration 1, 2는 미군에 이미 실전 배치된 반면, Configuration-3는 2001년 하반기부터 배치를 추진하고 있다. 이 시스템에서 사용되는 요격미사일도 대륙간탄도미사일 요격용으로 개발되고 있는 NMD 요격미사일과 같은 원리를 채택하고 있다. 즉, 이전 요격미사일이 폭발물을 내장해 적의 항공기나 미사일을 폭파시키는 방식을 채택한 것에 반해, PAC-3 미사일은 맞춰서 요격하는 'hit-to-kill' 방식을 도입하고 있다. 이것은 초고속으로 날아오는 적의 탄도미사일을 효과적으로 요격하기 위해 고안된 시스템이다. PAC-3 Configuration-3의 또 하나의 중요한 특성은 자체적으로 고성능 레이더 시설과 목표물의 확인·식별 장치, 원거리 발사·통신 시스템을 보유하고 있다는 점이다. 여기서 중요한 점은 이러한 시스템에 사용될 소프트웨어를 획기적으로 향상시켜 다른 TMD 시스템과 상호운용이 가능하게 설계되었다는 사실이다. 즉, TMD 체계에서 저층 방어를 담당하는 PAC-3는 이보다 높은 고도와 넓은 지역에서 요격이 가능한 전역고고도미사일방어체제(THAAD) 및 해상 방어체제와 관련 정보를 공유하게 설계된 것이다. 미국은 우선 PAC-3를 실전 배치한 다음 2003~7년에 걸쳐 TMD 무기 체계를 동아시아에 집중 배치할 계획을 가지고 있다.[94] 이러한 사실은 미국 국방부가 패트리어트 시스템을 향상시키고 있는 주된 이유가 탄도미사일방어 능력 강화에 초점을 맞추고 있다는 점을 말해준다.

　　미래 한국군 전력 증강의 핵심사업의 하나이자 해군의 숙원사업인 이지스급 구축함 도입(KDX-Ⅲ, 사업 예산 약 3조 원 규모) 문제 역시 마찬가지다. 이지스함의 주된 기능은 적의 항공기나 미사일로부터 이지스함을 비롯한 아군의 군사 자산을 보호하는 함대공 방어 능력에

---

94) 미 국방부의 PAC-3 이용 계획에 대한 상세한 설명은 http://www.dote.osd.mil 참조.

초점이 맞춰져 왔다. 그러나 미국과 TMD에 참여하는 일본 및 유럽의 NATO 국가들은 이지스함이 탄도미사일 요격 능력을 갖출 수 있도록 '용도 변경'을 추진하고 있다. 이지스함에 장착되는 스탠더드 미사일을 개량해 탄도미사일에 대응토록 하고 이지스함 장착 레이더인 SPY-1, 우주에 설치되는 방위지원위성(DSP) 및 적외선 위성, 지상 고성능 레이더, 그리고 미사일 요격체계에서 '브레인' 역할을 하는 전투지휘통제통신본부(BM/C3) 사이의 상호 운용성을 높이는 방식으로 이지스함의 임무를 확대하고 있는 것이다. 이지스함에 장착되는 탄도미사일 요격용 미사일은 SM-2 Block Ⅳ 개량형과 SM-3 등이 있다. 미국은 SM-2 Block-Ⅳ 개량형을 이지스함에 장착해 중단거리 미사일 요격용으로 사용할 수 있는 해군지역방어(NAD)를 실험하고 있고, SM-2의 개량형인 SM-3를 개발하여 대륙간탄도미사일(ICBM) 요격용으로 사용할 예정이다.[95] 해군전역확대(NTW)라고 불리는 이 요격시스템은 부시 행정부가 밝히고 있는 전지구적 미사일방어체제의 골자를 이루는 것으로서 현재 동아시아에서는 일본과 공동으로 개발하고 있다.[96]

필자가 군 당국이 이미 사실상 MD 참여를 결정해 놓고도 계속 발뺌을 하고 있다고 보는 이유는, 위와 같은 특성을 갖고 있는 무기체계에 대해 투명하지도 않을 뿐더러 일관되지도 못한 입장을 보여오고 있기 때문이다.

국방부는 2001년 초에는 PAC-3의 도입 목적이 "노후한 나이키 미

---

95) http://www.dote.osd.mil.

96) 미·일이 공동 기술 개발하고 있는 구체적인 항목은 적외선 탐색기, KKV 탄두(요격미사일의 탄두를 운동 에너지로 직격하요 파괴), 2단계 로켓체(전체 3단계의 미사일 중 제2단계 로켓체), 노즈콘(대기중을 비행시 공력 가열로부터 적외선 탐색기를 보호) 등 네 가지다.

사일을 대체하는 것"이며, "탄도미사일 요격용과는 무관하다"고 주장했다. 그러나 미국이 기존의 패트리어트를 향상시켜 PAC-3를 개발한 목적이 탄도미사일 요격이라는 증거를 가지고 국방부에 거듭 해명을 요구하자, 지난 5월에는 "독자적으로 미사일 방어망을 갖는 것과 미국의 MD에 참여하는 것은 별개의 문제"라며, PAC-3의 도입 목적 가운데 하나가 독자적인 탄도미사일 방어 능력을 보유하는 것이라고 주장했다. 이 부분은 조성태 전 장관이 2001년 2월 국회 답변에서 TMD 불참 의사를 재확인하면서 "미래 전장 환경을 고려해 우리 실정에 맞는 미사일방어체제를 구축하는 것이 필요하다고 보고 대안을 검토하고 있다"고 말한 것과 맥락이 닿아 있다.

그러나 이것 또한 '눈 가리고 아웅하는 식'이다. 앞서 언급했듯이, 기본적으로 미사일 방어는 '한·미 연합' 차원에서 이뤄지는 것이고 한국군 독자적으로 MD 정보자산을 갖출 수 없기 때문이다.

이지스급 구축함 도입과 관련해서도 "MD와는 무관한 사업이다"라고 주장하면서 그 근거로 몇 가지를 대고 있다. 첫째, 이지스함은 하층 방어(대기권 이내)만 할 뿐이지, 상층방어는 하지 못한다. 둘째, 이지스함 도입 사업은 미국이 해상 MD를 추진하기 훨씬 전인 1985년부터 추진돼 왔다. 셋째, 탄도탄 요격미사일도 MD용이 아니라, 함정 방어용이다 등이 그것이다. 그러나 군의 해명은 한마디로 '손바닥으로 하늘을 가리는 격'이라고 할 수 있다. 먼저 이지스함은 하층 방어를 할 뿐, 대기권 밖에서 미사일을 요격하는 상층 방어는 하지 못하기 때문에 MD와 무관하다는 주장은 한마디로 MD에 대한 무지를 드러내는 것이다. MD는 기본적으로 다층–다각도로 구성되는 체제이다. 여기에는 물론 대기권 안에서 요격하는 하층 방어와 대기권 밖에서 요격하는 상층 방어가 포함돼 있다. 이지스함의 경우 요격미사일로 SM-2 BlockⅣ 개량형을 사용할 경우 하층방어가 되고, 미국과 일본이 공동 개발하고 있는 SM-3를 사용하면 상층 방어가 되는 것이다. 따라서 예정대로 KDX-Ⅲ 요격미사일로 SM-2 BlockⅣ 개량형을 장착하면 이는 명백히 MD 체계의 일부를 이루는 것이다.

이지스함 도입 사업이 미국의 해상 MD 추진보다 앞서 추진되었기 때문에 MD와 무관하다는 주장 역시 말이 되지 않는다. 이지스함 도입 사업이 1985년부터 추진되었다고 하더라도, 이 사업의 작전요구 성능에 탄도미사일 요격 능력이 포함된 시점은 1999년 6월 합참회의를 통해서이다. 군은 98년 8월 말 북한의 대포동미사일 실험 발사로 미사일 위협이 증대됨에 따라 작전요구성능에 탄도미사일 요격 능력을 포함시켰다고 설명하고 있는 것이다. 85년에 처음 소요제기 및 연구가 되었다고 해서, '초안'이 그대로 적용된 것이 아니라 군의 설명처럼 "안보 위협의 변화에 따라 탄도미사일 방어 능력을 새롭게 추가"한 것이다.

마지막으로 "탄도탄 요격 미사일도 MD용이 아니라, 함정 방어용이다"는 주장 역시 설득력이 없다. 명칭에서도 알 수 있듯이 '탄도탄' 요격미사일은 '탄도' 미사일을 요격하는 것이 주임무이다. 물론 이 요격미사일로도 전투기나 '크루즈' 미사일 등을 요격하는 것이 가능하다. 군 설명대로 MD용이 아닌 함정 방어용으로 요격미사일이 필요하다면, 탄도탄 요격미사일이 아닌 대공 미사일을 도입·장착하면 된다. 그런데 왜 비싼 돈을 주고 개발도 되지 않은, 그리고 개발될지도 불확실한 탄도탄 요격 미사일을 도입하기로 한 것인가?

미국의 MD 무기체계 배치 계획 및 한국의 관련 무기 도입과 더불어 한국이 이미 MD 참여 초기단계에 있다고 볼 수 있는 결정적인 근거는 이미 한·미 군사동맹 차원에서 MD 기구가 만들어진 것이 확인됐다는 점이다.

데일 C. 에이크마이어 한미연합사 방공 및 미사일방어과 과장(2001년 가을에 미국으로 돌아감)이 지난 2001년 1월 3일 작성하고, 미 공군 계간지인 『에어로스페이스 파워 저널』(2001년 가을호)에 게재한 글에 따르면, 한미연합사령부와 주한미군은 "점증하는 탄도미사일 위협에 대처하기 위해 전역미사일방어체제(TMD) 조직 구상을 완료"하고 한미연합사 차원에서 이 조직을 실험하고 있는 것으로 밝혀졌다.97) 이러한 내용은 2001년 12월 20일 평화네트워크가 공개한 이후 연합뉴스의 확인 취재를 통해 확인됐다.98)

「한국에서의 미사일방어체제: 성공을 위한 조직화」라는 제목을 달고 있는 이 문서는 얼마 전까지 연합사 작전 참모부의 미사일방어과 과장이었던 에이크마이어 대령이 책임 작성했고, 미7공군, 한미연합사, 주한미군의 고위 관료들의 검토를 거친 것이다. 특히 2001년 10월까지 미7공군 및 연합공군구성 사령관이자 주한미군 부사령관으로 재직한 찰스 헤플바워 중장이 MD 전담기구 창설을 주도한 것으로 알려지고 있다. 이 문서에서 나타난 미국의 한국 내 MD 구축 계획의 두드러진 특징은, 탄도미사일 위협 대처가 한미연합사의 중요한 연합교리로 부각되고 있다는 점, 한국에서의 MD 구축을 다른 지역의 모델로 삼고 있다는 점, 한국군을 MD 기구에 참여시키고 MD에 있어서 한국

---

97) 원문과 번역문은 평화네트워크 홈페이지(www.peacekorea.org)에서 볼 수 있다.

98) 『연합뉴스』는 평화네트워크의 보도자료 배포 직후, 주한미군 고위 관계자의 말을 인용해 "이 기구는 오산 미 7공군사령부에 위치해 있다"면서 "탄도미사일 대응 훈련시 한·미 합동으로 훈련에 임하고 있다"고 보도했다. 『연합뉴스』(2001년 12월 20일).

의 기여분을 높이고 있다는 점, 그리고 일반적으로 알려진 것보다 한국에서의 MD 구축 계획이 상당히 구체화되고 있다는 점 등이다.

이것은 미국 정부가 한국을 MD 구축의 최우선적인 지역으로 삼고 있다는 것이 다시 한번 확인되는 대목이며, 한국 정부가 공식적으로는 MD 불참을 밝히면서도 비밀리에 이미 MD에 참여하고 있다는 의혹이 설득력을 갖게 하는 부분이다.

연합사와 주한미군이 만든 MD 전담 기구의 명칭은 '연합·합동전역미사일작전기구(Combined and Joint Theater Missile Operations Cell, 이하 CJTMOC)'이다. 여기서 '연합'은 미군과 한국군이 이 기구에 함께 참여한다는 것을 의미하고, '합동'은 공군을 중심으로 하되, 육군과 해군도 이 기구에 참여한다는 것을 뜻한다. 그리고 '전역'은 미국의 군사작전 지역을 의미하는 것으로 여기서는 한반도 및 그 주변을 뜻한다고 할 수 있다.

이 기구의 창설 배경은 기존의 미사일 방어 담당 조직이 세 개로 분산되어 있고, 이들 조직이 전문성과 효율성이 떨어짐으로써, 점증하는 미사일 위협에 대처하기가 어렵다는 판단에서이다. 기존의 미사일 방어 임무를 담당하는 조직으로는 한미연합사 산하의 '방공 및 미사일방어과', 미 공군 산하의 공군구성참모, 그리고 미국 텍사스 소재의 '제32 육·공군 방공 및 MD 사령부(32d AAMDC)'가 있었다. 그러나 실질적으로 TMD 역할을 수행할 수 있는 32d AAMDC는 미국 본토에 있고, 한국 내에 있는 다른 두 조직은 전문성이 떨어질 뿐만 아니라 서로 경쟁적인 관계에 있어 통합된 TMD 임무를 수행할 수 없다고 미군 지휘부는 판단한 것이다. 이에 따라 1999년 11월 당시 주한미군 부사령관이자, 미7공군 사령관인 헤플바워 중장은 공군, 연합, 합참 참모들의 야전 경험과 32d AAMDC의 전문적인 기술 및 탄탄한 조직력을 통합할 경우, 이상적인 TMD 임무를 수행할 수 있는 조직을 만들수 있다는 판단하에 TMD 통합 기구의 창설을 지시했다. 이 기구의 창설을 구상하기 위해 워킹 그룹이 조직됐고, 이 그룹의 연구를 토대로 2000년 초에 앞서 언급한 세 개의 조직을 통합해 CJTMOC를 창설한 것이다. 이 기구가 단순히 '구상' 단계가 아님이 분명히 밝혀진 것이다. 또한 명칭에서도 알 수 있듯이, 이 기구가 작전 대상, 즉 파괴 대상을 '전역미사일'로 명확히 함으로써, 한·미 군사동맹 차원에서 MD '전담'기구가 만들어진 것으로 해석해도 무리가 없을 것이다.

CJTMOC의 개념 및 조직화에 깊숙이 참여해온 아이크마이어 대령이 작성한 문서에는 한국군의 상당수가 이 조직에 참여하고 있다는 사실이 분명히 적혀 있다. 이 문서에서는 "이 조직의 자리에 한국 공군 장교들을 배치함으로써 한국군의 TMD 기여도를 높여 왔다"며 "특히 한국 공군의 임무는 공격 작전과 소극적 방어에서 두드러지게 나타난다"며 명시되어 있다. 이에 따라 CJTMOC 조직은 미국 텍사스 소재 32d AAMDC 사령관이 최고 책임자를 맡고, 한국군의 경우 부보좌관으로 공군 중령이 임명된 것으로 비롯해 4개 분과에 1명씩의 영관급 군인이 배치되어 있다. 또한 공격작전을 수행할 전투비행사, 소극적 방어를 담당하는 방공 부대원도 포함되어 있다. 이러한 조직 편성을 통해 아이크마이어는 "한국군과 함께 진정으로 합동·연합 수준의 TMD 기구를 만들어 냈다"며 평가하고 있다. 이는 이 기구에서의 한국군의 역할이 단순히 '연락장교' 수준이 아니다는 것을 강하게 암시하고 있다.

여기서 주목할 점은 미국이 한국을 MD에 포섭시키고자 하는 계획은 오래 전부터 세워져 있었다는 것이다. 미국이 한반도를 중심으로 한 동아시아 전역미사일방어체제(TMD)를 본격적으로 추진하기 시작한 때는 1990년대 중반부터다. 여기에는 1991년 걸프전 당시 이라크의 스커드 미사일 공격에 의한 미군의 피해, 핵, 생화학무기 등 대량살상무기 및 이를 운반할 수 있는 탄도미사일의 확산, 북한 및 중국 위협론의 부상, 아시아-태평양 지역의 전략적 중요성 부각 등이 반영되어 있다. 주한미군을 비롯한 해외 주둔 미군을 계속 유지시키기 위해서는 미군의 안전 확보가 우선되어야 한다는 인식이 미국 정책결정자들 사이에 팽배했던 것이다.

이러한 인식을 바탕으로 미 합참은 1996년 2월 「TMD 합동 교리」(Doctrine for Joint Theater Missile Defense)라는 전략보고서를 내놓았다.[99] 이 보고서는 합참의장의 주도하에 육·해·공군 및 군 관련 정부기관, 그리고 해외 주둔 미군 및 동맹국들을 유기적으로 통합해 미국의 전쟁 작전 지역에서 미군을 어떻게 보호할 수 있는지에 대한 상세한 계획이 담겨져 있다. 특히 이 보고서는 미사일 공격을 당했을 경우 피해를 최소화할 수 있는 소극적 방어, 적의 미사일을 요격하는 것을 의미하는 적극적 방어, 적의 미사일 발사 전에 미사일 시설을 선제공격을 통해 파괴하는 공격 작전, 그리고 이들 요소를 전자정보기술로 통합하는 지휘·통제·통신·컴퓨터·정보(C4I) 등을 TMD의 네 가지 핵심적인 요소로 삼고, 이를 위한 지휘통제 체계의 정비 및 동맹국과의 공조 방안을 제시했다.

그리고 이 보고서에서 제시한 교리는 1999년 10월 발표된 「항공

---

99) Doctrine for Joint Theater Missile Defense, Joint Pub 3-01.5, 22 February 1996.

및 미사일 위협 대응을 위한 합동 교리」(Joint Doctrine for Countering Air and Missile Threats)를 통해 더욱 구체화되었다.100) 이 보고서에서 주목할 점은 적의 미사일 위협을 사전에 무력화시킬 수 있는 공격 작전의 강조이다. 미국의 미사일 방어 구상이 기본적으로 방어적인 성격보다는 사전에 공격을 통해 적의 미사일을 무력화시키는 전략에 기초하고 있다는 것을 확인할 수 있는 대목이다.

미국 정부는 이 같은 군 당국의 요구에 따라 1999년 초 「국방관계 허가법」(National Authorization Act)을 의회에서 통과시키고 한국, 일본, 대만 등 동아시아에서 미국의 사활적 이해가 걸려 있는 국가들에서의 TMD 배치 계획을 구체화하기 시작했다. 그리고 미 의회에 요구에 따라 미 국방부는 1999년 4월 「아시아-태평양 지역을 위한 TMD 구축 보고서」(Report to Congress on Theater Missile Defence Architecture Options for the Asia-Pacific Region)를 의회에 제출했다.101) 이 보고서에서는 한국, 일본, 대만 등 동아시아 국가들이 직면한 미사일의 위협 수준 및 사거리, 지형적 특성, TMD 배치 시기, TMD를 통합적으로 운용할 전투관리 및 지휘통제통신(BM/C3) 시스템간의 상호운용성 등을 종합적으로 고려하여 TMD의 무기체계를 결정하겠다고 밝혔다.

이 보고서를 의회에 제출하기에 앞서 존 틸러리 당시 주한미군 사령관은 빌 클린턴 대통령과 윌리엄 코언 국방장관 등이 참여한 주요 지휘관회의에서 "북한은 한반도에서 전쟁이 발발할 경우 한국을 공격할 수 있는 약 600기의 전역미사일을 보유하고 있다"며 TMD의 조속

---

100) Joint Doctrine for Countering Air and Missile Threats, Joint Publication 3-01, 19 October 1999.

101) 이 보고서는 <http://www.fas.org/spp/starwars/program/tmd050499.htm>에서 볼 수 있다.

한 추진 필요성을 강조했다. 틸러리의 발언 직후에는 레스터 라일즈 공군중장이 상원 세출위원회 국방소위원회에 출석해 의회에 TMD 관련 예산의 증액을 요청하기도 했다. MD 관련 주요 법안이나 예산편성, 그리고 주요 보고서 발표에 앞서 '북한 위협론'을 강조하는 미국 내의 분위기와 한국을 미국의 MD 구상의 최우선적인 포섭 대상으로 삼고 있음을 확인할 수 있는 대목이다.

미국은 이러한 계획하에 앞서 소개한 CJTMOC에 MD 교리를 '그대로' 적용하고 있다. '합동(Joint)' 교리의 개념으로 육·해·공군 및 우주군이 참여하고, '연합' 작전 원칙에 따라 한국군의 기여도를 높이고 있으며, 최고 책임자를 미 본토의 '제32 육·공군 방공 및 MD 사령부(32d AAMDC)' 사령관이 맡음으로써 원격조정이 가능한 조직으로 만들어낸 것이다. 특히 미 합참 보고서에서 네 가지 핵심적인 구성 요소로 삼은 소극적 방어, 적극적 방어, 공격 작전, C4I 등을 CJTMOC에서는 하위 부서로 만들어 운영하고 있다. 미 국방부에서 운영하는 MD 사이트(http://www.defenselink.mil/specials/missiledefense)에서도 "미국은 한미연합사와 함께 미사일 방어 능력을 향상시키기 위해 협력하고 있다"며, "한국은 낡은 방공 무기를 대체하기 위해 PAC-3 도입을 결정할 것"이라고 말해 한반도 및 동아시아에서의 MD가 '한·미 연합' 차원에서 이뤄지고 있다는 점을 분명히 하고 있다. 미국이 한·미 군사동맹 차원에서 만들어진 CJTMOC를 두고 "다른 지역의 TMD 모델이 될 수 있다"고 강조한 맥락을 이해할 법도 하다.

CJTMOC의 실체가 드러나면서 기자들을 비롯한 많은 사람들은 "이 기구가 TMD를 위한 것이므로 MD와는 상관없는 것이 아니냐"는 반문을 하고 있다. 그러나 TMD는 MD의 일부라는 점에서, 또한 부시 행정부가 NMD와 TMD를 통합해 추진하고 있다는 점에서 TMD 참여를 MD 참여로 봐도 무방할 것이다.

또 한 가지, 일본과 비교해 봄으로써 나타나는 문제가 있다. 일본의 경우 TMD와 관련된 예산을 분담하고 미쓰비시를 비롯한 일본 기업들이 미국 기업과 함께 공동 연구·개발하고 있는 반면, 한국은 그렇지 않다는 것이다. 그러나 MD에 참여하는 방법은 여러 가지가 있다. 일본처럼 돈과 기술을 대는 방법이 있고, 한국처럼(TMD를 감당할 경제력과 기술력이 없다는 점에서) 기지와 병력을 제공하고, PAC-3와 이지스함 같은 완제품을 도입하는 방법도 있는 것이다. 오히려 일본의 경우에는 집단적 자위권 금지에 묶여 현재까지는 '공동 연구·개발' 단계에 있는 반면에, 한국은 연합작전 차원에서 이뤄지고 있다는 점에서 한국이 일본보다 미국의 MD 계획에 더 적극적으로 참여하고 있다고 보는 것이 설득력이 있을 것이다.

III

북한 핵 파문과 2003년 한반도 위기

1. 2002년 10월 북한 핵 파문, 어떻게 볼 것인가

2002년 부시의 '악의 축' 발언이 있은 뒤 봄과 겨울을 오갔던 한반도 정세는 2002년 하반기 들어 화해협력과 평화라는 큰 방향으로 나아갈 듯했다. 북한이 2002년 6월 29일 발생한 서해교전 사태에 대해 유감을 표명하고 대남, 대일, 대미 외교에 적극적으로 나설 것임을 천명한 이후 한반도 정세는 숨가쁘게 움직였다. 부시 행정부 출범 이후 교착 상태를 벗어나지 못한 남북 관계가 8월 말 2차 남북경제협력추진위원회를 통해 정상화의 길로 접어들었고, 경평 축구 대회, 부산 아시안게임, 태권도 시범단 교류 등 민간 교류협력도 어느 때보다 활발하게 전개되었다. 특히 9월 들어 남북한이 경의선, 동해선 철도와 도로 연결 공사를 동시에 착공하고, 이를 전후해 한반도와 중국, 러시아를 잇는 철의 실크로드 사업 구상이 본격적으로 추진되면서 한반도가 동북아의 중심 국가로 부상할 것이라는 낙관적인 기대감도 일기 시작했다.

또한 2차 대전 이후 미국의 외교 그늘에서 좀처럼 벗어나지 못했던 일본이 고이즈미 총리의 평양 방문을 통해 북·일 정상회담을 갖고 납치자 문제와 전후 보상 문제 해결의 큰 틀을 잡으면서, 남북 관계에 이어 동북아 냉전구조의 또 다른 한 축인 북·일 간의 대립 관계도 해소될 것으로 기대되었다. 일반적인 예상을 깨고 김정일 국방위원장이 일본인 납치를 시인·사과하며 재발방지를 비롯한 일본의 요구를 대폭 수용함으로써 북·일 관계 개선의 큰 물꼬를 튼 것이다.

이러한 북한의 적극적인 대외 행보는 내부적인 경제개혁 조치와 맞물려 진행된 것이기에, 북한의 변화와 한반도 및 동북아에 새로운 시대의 개막에 대한 기대감이 커진 것도 사실이다. 북한이 신의주를 경제특구로 지정해 '북한 내의 홍콩을 만들겠다'는 야심찬 프로젝트를 추진하고 있는 것은 전 세계에 걸쳐 북한의 개혁개방 의지를 천명한 것으로 평가받고 있기도 하다. 이 과정에서 일본인 납치 문제로 인한 일본 내의 반북 감정 고조, 2000년 6월 남북정상회담을 전후한 4억 달러 대북 비밀 지원설, 중국 당국의 양빈 총리 연행 및 구속 등 뜻하지 않는 돌출 사건이 터지기도 했으나, 한반도의 화해와 협력이라는 역사의 큰 물줄기는 가닥이 잡히는 듯했다. 더구나 북한과의 대화 재개에 미온적인 태도로 일관했던 부시 행정부가 북·일 정상회담 이후 평양에 특사를 파견하기로 함으로써, 한반도 냉전구조의 핵심이면서도 가장 더디게 진행되었던 북·미 관계도 개선의 물꼬를 트는 것이 아니냐는 기대감이 생기기도 했다.

그러나 북·미 관계 돌파구를 마련할 것으로 기대되었던 미국의 대북 특사 파견은 전혀 예상하지 못한 파문을 몰고 왔다. 부시 행정부가 북한의 비밀 핵 개발 계획을 포착하고, 10월 3~5일간의 제임스 켈리 국무부 차관보의 평양 특사 방문 때, 이런 계획에 대해 북한이 시인했다고 주장하고 나서 한반도 정세가 94년 위기 이후 최대의 변수를 만나게 된 것이다.

미국이 대북 특사 파견 12일 이후인 10월 17일 발표한 내용은 세 가지로 요약될 수 있는데, 북한의 비밀 핵 개발 시도 확인 및 이것에 대한 북한의 시인, 이에 따른 제네바 합의의 사실상 사문화, 북한 핵 문제의 평화적인 해결이 그것이다. 특히 미국은 북한의 핵 개발 포기를 유도하기 위해 한국, 일본 등 동맹국들과 러시아, 중국 등 주요 국가들에게 대북한 압박 외교에 함께 나설 것을 요구하기로 했다.[102]

그러나 북한이 핵무기 개발을 시인했다는 미국측의 주장에는 몇 가지 석연치 않은 부분이 있었다. 우선 과거 미국이 영변이나 금창리와 같이 북한의 핵무기 개발 의혹을 제기할 때 강력한 근거로 제시해 왔던 핵무기 개발 '지역'에 대한 언급이 전혀 없었다. 그렇다고 미국 정부가 북한이 파키스탄에서 고농축 우라늄 시설을 밀수입했다는 일부 언론의 보도에 대해서 '공식적으로' 확인해준 것도 아니다. 이것은 북한의 핵 개발 의혹에 대한 가장 기초적인 정보조차 제공되지 않고 있다는 것을 의미한다.

또한 북한이 핵무기 개발을 시인했다고 기정사실화하고 있지만, 이 부분 역시 석연치 않다. 10월 17일 CNN 등 미국 언론에 보도된 내용에 따르면, 제임스 켈리 미 국무부 차관보가 강석주 외무성 제1부상을 '근거자료'를 가지고 몰아붙이자, 강석주 부상이 신경질적인 반응을 보이며, "그래, 우리는 핵 프로그램을 갖고 있다"고 말했다는 것이다. 이것을 가지고 북한이 핵무기 개발을 시인했다고 '단정'하는 것은 성급한 측면이 있다. 북한은 핵 파문 발생 8일 만인 10월 25일 외무성 대편인 담화를 통해 "미국 특사는 아무런 근거자료도 없이 우리가 핵무기 제조를 목적으로 농축 우라늄계획을 추진하여 조·미 기본합의문을 위반하고 있다고 걸고들었다"고 주장하고 나섰다.

---

102) North Korean Nuclear Program, U.S. Department of State Press Statement, 17 October 2002.

따라서, 북한이 발뺌할 수 없는 근거자료를 가지고 미국이 북한에게 '자백'을 받은 것인지, 아니면 험악한 대화 분위기에서 터져 나온 북한측의 발언을 미국이 자의적으로 해석하고 있는 것인지, 그도 아니면 북한이 원칙적인 수준에서 미국의 적대정책이 계속될 경우 핵무기를 보유할 권리를 갖고 있다는 경고성 발언을 한 것인지는 여전히 불투명한 상태로 남아 있다. 이와 관련해 북한 핵 파문의 당사자인 제임스 켈리 차관보의 2002년 11월 19일 기자회견 내용을 주목할 필요가 있다. 그는 "북한측에 제시한 근거가 북한-파키스탄 간의 핵 프로그램 거래 내용을 담은 것이냐?"는 한 기자의 질문에 대해 "북한 관리들과 대화할 때, 파키스탄이라는 나라는 언급되지 않았다"고 말한 바 있다. 이것은 켈리가 북측에 제시한 근거는 북한과 파키스탄의 핵 거래 내용을 담은 무역 신용장이었다는, 핵 파문 후의 언론 보도 대부분이 오보였음을 켈리 스스로가 시인한 것이다. 그는 증거 제시 여부에 대해 명확한 답변을 회피하면서, "여러 차례 발제(presentation)를 했다"고 말한 바 있어, 미국이 증거를 제시하고 북한이 결국 이를 시인했다는 통설에 의문을 던져주고 있다.[103]

또한 미국측 주장에 따라 북한이 인정했다는 것은 '핵무기 프로그램'이 아니라, '핵 프로그램'이다. 이것은 분명한 차이가 있다. 제네바 합의에 따라 북한이 '동결'해야 할 핵 프로그램은 무기급 플루토늄 추출이 용이한 흑연감속로와 관련 시설들이다. 여기에는 우라늄 시설이 포함되어 있지 않다. 또한 북한이 우라늄 시설을 보유하고 있다는 것은 이미 알려진 바이기 때문에 북한이 우라늄 시설을 갖고 있다고 해

---

103) 켈리의 기자회견 전문은 <http://fpc.state.gov/15308.htm>에서 볼 수 있다.

서 이를 북한이 핵무기 개발 증거로 단정하거나, 제네바 합의 등 반핵 협정을 위반했다고 비난할 수 있는 근거가 될 수는 없다. 물론 북한이 외국에서 고농축 우라늄이나 제조 시설을 수입했다거나, 자체적으로 고농축 우라늄 시설을 보유하고 있다면 문제는 달라진다. 이는 핵확 산금지조약(NPT)은 물론, 한반도 비핵화선언과 경수로 공급협정 등을 위반한 것이기 때문이다.

이렇듯 미국측의 발표 내용은 물론이고, 발표 시점과 방식도 의구 심을 갖게 한다. 왜 미국의 대북 특사가 돌아온 지 12일이나 지나서, 그것도 일과시간이 끝난 후에 서둘러 발표를 했는가의 문제이다. 이 와 관련해, 북한의 핵 개발 의혹 문제를 두고 부시 대통령 등이 참석 한 국가안전보장회의(NSC)에서 해결 방안을 두고 미적거리자, 행정부 내 강경파가 의도적으로 일부 언론에 정보를 흘리고, 이를 포착한 백 악관이 서둘러 발표했다는 미국 언론들의 보도에 주목할 필요가 있 다. 어렵지 않게 추측할 수 있는 것은 NSC 회의에서 '테러와의 전쟁' 다음 목표물을 이라크와 북한 중 어느 나라를 삼아야 할지 논란이 벌 어졌을 것이라는 점이다. 일부 관리들은 북한의 핵 개발 증거가 확실 해진 만큼 북한에 대한 강력한 응징을 주문했을 것이고, 대이라크 전 쟁에 공을 들여온 대다수 관리들은 동북아에서 긴장이 고조되면 대이 라크 전쟁에 차질을 빚을 수 있다며, 문제를 키우지 말자는 주장을 폈 을 것이다. 당초 북한의 비밀 핵 개발 문제는 10월 26일로 예정되었던 APEC 한·미·일 정상회담에서 논의한 이후 발표하기로 했으나, 부시 행정부 내 대북 강경파들이 일부 언론에 흘림으로써 미국 정부가 엠 바고(embargo)를 깨고 밤늦게 서둘러 발표한 것이다.

또 한 가지 문제는, 부시 행정부의 관리들이 10월 3~5일 사이의 북·미 간의 대화 내용 전반을 밝히지 않고, 구미에 맞는 말만 짜깁기 식으로 북한의 핵무기 개발 시인과 반핵 협정 파기 의사 등만을 흘렸다는 점이다. 특히 "북한이 제네바 합의 파기 의사를 밝혔다"고 주장한 부분은, 이를 전후한 북한의 태도를 볼 때 전혀 설득력이 없는 것으로써, 미국이 제네바 합의 파기 책임을 북한에게 떠넘기기 위한 전형적인 선전전이라고 할 수 있다. 마치 94년 3월 판문점 남북회담 때, 북측 대표의 발언을 거두절미하고 '서울 불바다 발언'만 한·미 정부가 공개함으로써 북한에 대한 공세의 빌미를 마련했던 사례를 떠올리게 한다. 2002년 10월 3일 미국의 특사 파견으로 이뤄진 북·미 대화에서 북한이 원하는 것은 '협상'이었다. 그러나 미국 특사단은 미국측의 '우려 사안'만 늘어놓고 북한측의 협상안에 귀를 기울이지 않았다. 이것은 북한이 특사 회담 이후 "켈리측이 오만하고 고압적인 태도를 보였다"며 강한 불만을 나타낸 중요한 배경이기도 하다.

미국은 의도했던 그렇지 않던, 이번 북한 핵 파문을 통해 한반도와 동북아 문제의 주도권을 회복하는 성과를 거두고 있다. 출범 이후 북한에 대해 노골적인 불신과 '악의 축' 발언 등 강경책 일변도로 나왔던 부시 행정부는, 예상치 못한 일본의 독자적인 대북 외교를 기점으로 한·미·일 대북 공조체계에서 뒤로 밀리는 것이 아니냐는 우려를 갖고 있었다. 특히 남북 관계에 이어 북·일 관계가 정상화될 경우, 동북아에서의 영향력 감소 및 한반도의 분단과 적대 관계에 의존해 추구해온 군비증강 및 동북아 전략에 적지 않은 차질이 생길 것을 우려하지 않을 수 없었다. 이에 따라 미국은 북한은 물론, 한국과 일본도 강하게 요구해온 북·미 대화 재개를 특사 파견이라는 형태를 통해 추진했던 것이다.

문제는 미국의 특사 파견 의도이다. 북·미 관계의 돌파구를 열 것이라는 일부의 기대는 있었지만, 대체로 '탐색전'이 될 것이라는 전망이 지배적이었음에도 불구하고, 미국은 북한의 핵 개발 카드를 들고 평양을 찾았다. 특사 파견에 앞서 핵 개발 정보를 한국과 일본에도 전달한 미국의 당초 의도는, 핵 개발 증거를 들이밀면 북한이 이것을 부인할 것이고, 북한의 부인을 북·미 대화 중단의 근거로 삼고자 했다고 한다. 그러나 기대와는 달리 북한이 핵 개발을 시인함으로써, 불가피하게 그 내용을 12일이 지나서 공개하게 되었다는 것이다.[104] 따라서 미국의 특사 파견의 일차적인 목적은 북한과의 본격적인 대화와 협상을 개시하기보다는 대북정책의 주도권을 회복해 미국보다 앞서나가고 있었던 한국과 일본을 통제 가능한 범위로 다시 묶어두고, 한국의 대선과 이라크 공격 계획 등 중요 변수 이후에 '북한을 어떻게 다룰 것인지'에 집중하고자 하는 것에 있었다고 할 수 있다. 미국은 애초부터 특사 파견에 '다른 목적'이 있었던 것이다. 시간은 미국편이라는 것을 부시 행정부는 잘 알고 있었고, 또 시간을 자기편으로 만들 필요성도 커지고 있었던 것이다.

이러한 설명은 북한 핵 파문 이후 부시 행정부의 태도를 통해 그 근거를 확보할 수 있다. 북한이 비밀리에 핵 개발을 하고 있다면, 이것은 미국에게도 시급하고 엄중한 사태이다. 탈냉전 이후 미국으로부터 깡패국가로, 부시 행정부 출범 이후에는 '악의 축'으로 지목된 북한이 핵무기를 보유한다는 것은, 핵무기비확산체제(NPT) 체제의 근본을 뒤흔들 수 있는 사건이다. 또한 탈냉전 이후 오히려 군비경쟁이 강

---

104) By Doug Struck and Glenn Kessler, Hints on N. Korea Surfaced in 2000, *Washington Post*, October 19, 2002.

화되고 있는 동북아에서 북한이 핵무기를 보유할 경우, 이것은 바로 일본과 남한의 핵 보유론 득세로 이어짐으로써 동북아에 핵 군비경쟁을 야기할 수 있는 위험성까지 있다. 북한의 핵 보유는 이처럼 단순히 한반도 차원에서 머무는 것이 아니라, 전 세계에 걸친 비확산체제 및 일본의 비핵 3원칙에도 엄청난 영향을 미칠 수밖에 없는 '당구공 효과'를 갖고 있는 것이다.

그러나 부시 행정부는 정치적 수사 차원에서는 이 문제를 긴급한 중대 사안이라고 얘기하면서, 정책적으로는 '시간 끌기'로 일관했다. 적어도 핵무기를 비롯한 대량살상무기의 관점에서 이라크보다 북한이 더 심각한 문제를 야기하고 있음에도 불구하고 '평화적 해결'을 강조하고, '평화적 해결'을 강조하면서도 북한과의 대화와 협상은 임하지 않겠다는 정책적 방향은 부시 행정부가 북한 핵 파문을 어떻게 대하고 있는지 잘 보여주고 있다. 또한 취임 초기부터 제네바 합의에 대해 회의감을 나타내며 제네바 합의 파기의 명분을 찾아 왔던 부시 행정부가, 정작 북한의 비밀 핵 개발을 강하게 제기한 이후에는 제네바 합의 파기를 공식화하지 않는 것도 북한 문제를 서둘러 다루지 않겠다는 간접적인 의사 표명으로 해석할 수 있다. 이는 결국 대화와 협상보다는 정치·외교적, 군사적 압박을 통해 북한을 굴복시키겠다는 기존의 입장을 유지하면서도, 군사적 대응이나 제네바 합의 파기와 같은 초강경수를 둘 경우, 대이라크 공격 계획에 차질을 가져올 수 있다는 점을 우려해, 많은 시간을 필요로 하는 '외교적 압박'을 채택하는 방향으로 '단기적인' 정책을 세운 것으로 풀이할 수 있다

2. 북한, '협상'과 '억제력' 사이에서

2002년 10월 불거진 북한 핵 파문은 94년 위기를 수습하고 북·미 관계 개선의 방향성을 제시한 제네바 합의가 파기 국면을 맞이하고 있다는 것을 의미한다. 출범 전부터 부시 대통령을 비롯한 미 행정부 관리 대부분이 제네바 합의를 못마땅하게 여기고 있었다는 것은 이미 널리 알려진 사실이다. 그러나 제네바 합의를 먼저 파기하기에는 정치적 부담이 만만치 않아, 제네바 합의를 성실히 이행하지도, 그렇다고 먼저 파기하지도 않는 어정쩡한 태도를 보여왔다. 이런 상황에서 북한이 비밀리에 핵 프로그램을 갖고 있다는 것을 시인하고 반핵 협정에 더 이상 얽매이지 않겠다고 '해석'할 수 있는 소지를 제공하자, 부시 행정부는 '울고 싶은 아이 뺨 때린 격'이라며 이를 제네바 합의 파기의 절호의 기회로 삼고자 하는 것이다. 이제 남은 것은 '시간 조절'이라고 해도 과언이 아니다.

이미 부시 행정부는 제네바 합의 파기 가능성을 여러 차례 내비쳐 왔다. 부시 대통령이 2002년 3월 북한이 제네바 합의를 준수하고 있다는 것을 미 의회에 확인해 주는 것을 최초로 거부한 것은 부시 행정부가 제네바 합의 파기 수순을 밟고 있다는 신호탄으로 해석되기도 했다. 북한과 미국 양측은 상대방이 먼저 제네바 합의를 파기하지 않는 한 성실히 준수하겠다는 입장을 밝혀왔으나, 양측 모두 큰 불만을 갖고 있었다. 북한은 미국측에서 약속한 경수로 사업이 5~6년 이상 지체됨에 따라 막대한 전력 손실이 불가피하고, 정치적, 경제적 관계 정상화 약속도 거의 지켜지지 않았다고 보고 있다. 또한 부시 행정부가 북한을 핵 선제공격 대상으로 삼고 있는 것도 큰 불만 요인이다. 반면 미국은 앞서 언급한 것처럼, 제네바 합의 자체를 싫어할 뿐더러 북한이 핵 사찰을 받을 시기가 되었는데 받지 않고 있다며, 제네바 합의 파기 가능성을 내비쳐온 것이다. 이러한 팽팽한 줄다리기 속에서 불안한 균형을 유지해 왔던 제네바 합의는 이번 북한 핵 파문을 통해 줄이 끊어질 위기를 맞고 있다. 그리고 이것은 부시 행정부 내 강경파가 바라던 바이기도 하다.

북한 핵 파문이 터지기 전까지 북한과 미국의 제네바 합의 이행 성적을 비교해 보면, 북한이 할 말이 더 많은 것은 사실이다. 94년 10월 북·미 간에 체결된 제네바 합의에 대한 일반적인 설명은 북한이 핵 개발을 동결하고 미국 등 국제사회는 그 대가로 100만KW 경수로 2기를 제공하는 것이다. 그러나 이것은 제네바 합의의 '일면'만 본 것이다. 북한의 핵 카드가 기본적으로 안보적 동기에서 비롯된 만큼, 북한은 일관되게 미국으로부터 영변 핵시설 포기에 따른 전력 보상과 더불어 핵무기 개발 포기에 따른 체제안전 보장을 요구했고, 제네바 합의에는 실제 이러한 북한측의 요구 사항이 상당 부분 반영되어 있기도 하다. 이것은 오늘날의 북한 핵 문제를 이해하고 대응책을 마련하는 데도 중요한 의미를 갖는다.

먼저 북한의 의무사항 이행을 보자. 제네바 합의에 따라 북한은 △1개월 이내에 흑연감속로 및 관련시설 완전 동결 △경수로 사업 완료와 함께 흑연감속로 및 관련시설 해체 △국제원자력기구(IAEA)의 흑연감속로 및 관련시설 동결 감시 허용 및 이에 대한 북한의 전적인 협력 △북한의 한반도 비핵화 공동선언 이행 △남북 대화 착수 △경수로 사업의 상당 부분이 완료될 때, 그러나 주요 핵심부품이 인도되기 이전에 IAEA 사찰 수용 등의 의무사항을 이행하게 되어 있다.

북한은 제네바 합의에서 규정한 흑연감속로 및 관련 시설을 동결하고, 이에 대한 IAEA의 감시 활동을 보장해 왔다. 따라서 가장 핵심적인 부분인 핵시설 동결을 성실히 준수해 왔다고 볼 수 있으며, 이것은 2001년까지 미국 정부도 인정한 바이다. 가장 문제가 되어온 것은 북한이 핵 사찰을 수용할 시점이다. 미국은 "경수로의 핵심부품이 인도되기 전"이라는 문구를, 북한은 "경수로 사업의 상당부분이 완료될 때"라는 문구를 자신들 주장의 근거로 삼아 왔다. 이에 따라 미국은 핵심부품이 예상 인도 시점이 2005년 하반기이고 핵 사찰을 완료하는 데 3년 정도 시간이 소요되므로, 지금 당장 핵 사찰을 받아야 한다고 북한을 압박해 왔다.

반면에 북한은 경수로의 현재(2002년 10월) 공정률이 24% 정도에 불과하고 경수로 사업의 상당부분이 완료되는 시점은 2005년 상반기로 예상되므로 지금 핵 사찰을 받아야 할 이유가 없다고 맞서 왔다. 따라서 핵 사찰 시점과 관련해서 누구의 주장이 옳다고 말하기는 힘들다. 이것은 제네바 합의문에 핵 사찰 수용 시점이 '구체적으로' 명기되지 않았다는 점에서 비롯되며, 따라서 북한과 미국 간 정치적 타협의 사안이 될 수밖에 없다는 것을 의미한다.

그러나 북한이 농축 우라늄을 이용한 비밀 핵 개발을 시도하고 있다는 것이 사실이라면, 북한이 제네바 합의를 심각하게 위반한 것은 분명하다. 엄밀히 말해서 제네바 합의에서는 농축 우라늄에 대한 언급이 없기 때문에, 기술적으로 북한이 제네바 합의를 위반하지 않았다고 주장할 수 있지만, 근본적으로 제네바 합의 및 한반도 비핵화 공동선언은 북한의 핵무기 개발 자체를 포기시키는 것을 목적으로 한다는 점에서 북한의 핵무기 개발이 사실이라면, 이것은 분명 제네바 합의를 위반한 것이다.

반면에 미국의 의무사항 이행은 지지부진하다고 할 수 있고, 일부 조항, 특히 안보 관련 조항은 이미 위반했다는 해석까지 가능하다. 미국은 △2003년까지 북한 경수로 제공에 있어서 주도적 역할 수행 △경수로 1기 완공 때까지 매년 중유 50만 톤 제공 △북한에 대한 핵무기 사용 및 사용 위협을 하지 않겠다는 소극적 안전보장(NSA) 공식 보장 △정치적, 경제적 관계 정상화 등을 준수할 것을 약속했다.

그러나 이 가운데, 중유 제공을 제외하고는 성실히 이행되어온 것이 없다고 해도 과언이 아니다. 부분적으로 북한의 책임이 있는 것은 사실이지만, 경수로 완공 시점은 적어도 5년 이상의 지체가 불가피해졌고 경제제재 완화 약속도 지켜지지 않았다. 무엇보다도 북한이 핵개발 포기의 전제조건으로 내세워온 소극적 안전보장 문제와 관련해, 미국이 핵태세검토(NPR) 보고서에서 북한을 핵 선제공격 대상에 포함시킴으로써 북한을 크게 자극한 바 있다. 따라서 북한이 줄곧 "미국은 제네바 합의 조항의 하나도 제대로 지키지 않았다"고 항변하는 것을 무작정 떼쓰기만으로 볼 수는 없는 것이다.

북한이 핵 파문 발생 8일 만인 10월 25일 외무성 대변인 담화를 통해 첫 공식 입장을 발표한 것은 북한측의 고민과 딜레마를 잘 보여주고 있다. 북한은 이 담화에서 남-북, 북-러, 북-중, 북-일 관계 등이 급진전되고 있는데, 미국의 적대 정책으로 북·미 관계만 악화되고 있다고 지적했다. 특히 북·미 관계 정상화에 대한 기대를 가지고 미국 특사를 받아들였으나 미국 특사의 일방적이고 오만한 태도에 크게 실망했다는 점을 강조하기도 했다.

북한은 또한 제네바 합의문을 조목조목 지적하면서 미국이 제대로 이행한 것은 하나도 없다는 점을 강조하고, "애초에 미국이 합의문을 채택할 때 이행 의사를 가지고 있었는지, 아니면 우리가 조만간에 붕괴되리라는 타산을 가지고 거짓 수표했는지는 미국만이 알 일이다"며 미국측에 강한 불만을 거듭 토로했다. 그러나 제네바 합의 파기에 대해서는 공식적으로 언급하지 않음으로써 북한측이 먼저 제네바 합의를 파기할 의사가 없다는 점을 간접적으로 보여주기도 했다.

관심을 모았던 북한의 비밀 핵 개발 시인과 관련해 "미국 특사는 아무런 근거자료도 없이 우리가 핵무기 제조를 목적으로 농축 우라늄 계획을 추진하여 조·미 기본합의문을 위반하고 있다고 걸고들었다"고 주장해, 미국이 증거자료를 제시하고 북한이 이것을 인정했다는 미국측의 주장을 부인했다. 그러나 핵 개발 여부에 대해서는 확인도 부인도 하지 않았다. 이는 기본적으로 미국으로부터 체제안전 보장을 받지 않는 한, 핵 개발 옵션을 포기하지 않겠다는 의지의 피력이라고 할 수 있다. "우리는 미국 대통령 특사에게 미국의 가중되는 핵 압살 위협에 대처하여 우리가 자주권과 생존권을 지키기 위해 핵무기는 물론 그보다 더한 것도 가지게 되어 있다는 것을 명백히 말해 주었다"고 강조한 대목이 이것을 잘 보여준다.

사실, 북한의 핵 파문을 단순히 북한이 미국 및 국제사회와의 약속을 어기고 비밀리에 핵무기를 개발하고 있다는 단선적인 관점에서 이해해서는 안 된다. 동시에, 북한이 핵 카드를 가지고 벼랑끝 전술을 쓰고 있다는 주장도 문제의 객관적인 접근이나 해결방안 마련과는 거리가 먼 것이라 할 수 있다. 북한이 핵 재개발 카드를 꺼내든 것은 근본적으로 미국의 제네바 합의 불이행 및 부시 행정부 출범 이후 가중되는 체제 위협에 대한 '반작용'이기 때문이다. 즉, 북한의 핵 카드는 제네바 합의에 대한 배신감 및 부시 행정부의 적대 정책에 대한 불안 감에 대한 약소국으로서의 '절망의 표현'이자 '최후의 보루'로서의 성격이 강한 것이다.

북한이 느끼는 조바심은 대단히 클 수밖에 없다. '이라크 다음에는 자신이 될 것이다'라는 불안감을 떨쳐버릴 수 있는 근거를 눈을 씻고 찾아봐도 없기 때문이다. 이에 따라 북한은 두 가지 목적 아래 '핵 개발 옵션'을 부활시킨 것으로 볼 수 있다. 하나는 어떻게 해서든지 미국의 대이라크 전쟁이 시작되기 전에, 최소한 미국으로부터 체제안전 보장을 받아야 한다는 절박함이다. 이러한 절박함은 핵 개발 포기 조건으로 미국과의 불가침조약 체결을 요구한 것에서 잘 나타난다. 이것은 기본적으로 북한이 원하는 것은 '최후의 보루'로서의 핵무기라는 대미 전쟁 억제력의 추구에 있다기보다, '협상'을 통해 체제안전 보장을 받으려하는 동기가 우선한다는 것을 말해준다. 체제안보 수단으로 "협상의 방법도 있을 수 있고 억제력의 방법도 있을 수 있으나 우리는 될수록 전자를 바라고 있다"고 10월 25일 담화를 비롯해 일관되게 입장을 밝히는 것도 이 때문이다.

이런 북한의 요구는 부시 행정부로부터 '일축'당하고 있다. 부시 행정부는 "악행을 보상하는 시대는 갔다"며 신속하면서 검증 가능한 방법으로의 핵 개발 포기를 북한에 요구하고 있다. 그러나 부시 행정부의 입장은 굳이 북한의 주장을 옹호하지 않더라도 객관성과 도덕성이 결여된 것이다. 세계에서 가장 많은, 그리고 가장 강력한 핵무기를 보유한 국가가 비핵국가에게 핵무기 개발 포기를 요구하기 위해서는 핵무기 사용 및 사용 위협을 하지 않겠다는 것을 약속해줘야 하기 때문이다. 부시 행정부는 이런 당연한 요구를 거부하고 있는 것이다.

바로 이 지점에서 북한의 딜레마가 생길 수밖에 없다. 핵 개발 포기 조건으로 요구하고 있는 소극적 안전보장을 비롯한 불가침조약이 미국에게 거부당하고 있는 현실에서 북한이 취할 수 있는 다음 조치는 극히 제한되어 있고, 어떤 조치를 취하더라도 북한으로서는 엄청난 위험 부담이 따르기 때문이다. 미국이 요구하고 있는 것처럼 북한이 먼저 핵 개발을 포기할 경우에, 북한이 요구하는 체제안전 보장을 '검증 가능한 방법'으로 미국이 제공할 가능성이 극히 낮다는 것을 북한은 잘 알고 있다. 이는 제네바 합의의 '학습 효과'이기도 하다. 반대로 북한이 대미 억제력 차원에서 핵무기 개발을 공식화하고 이를 추진할 경우, 국제사회에서의 고립 및 제재가 가속화됨으로써 엄청난 체제 불안에 직면할 수밖에 없다.

　　이런 북한의 딜레마는 향후 한반도 정세에서 대단히 중요한 의미를 가질 수밖에 없다. 미국으로부터 체제 위협이 가중되고 있는 현실에서, 또한 미국의 선제공격을 억제할 수 있는 강력한 군사적 수단이 부족한 상황에서, 더 중요하게는 이라크 다음에 북한이 될 것이라는 강한 불안감을 갖고 있는 현실에서 최후의 보루로서의 '핵 카드'는 북한으로서 쉽게 양보할 수 없는 사안이다. 북한이 핵무기를 보유하고 있다는 믿음을 미국에게 줄 때와 그렇지 못할 때, 미국의 대북한 군사행동을 막을 수 있는 억제력에는 근본적인 차이가 있기 때문이다.

　　핵 문제를 둘러싼 북·미 간의 갈등과 관련해, 2002년 11월 15일 조지 W 부시 미국 대통령이 대북한 성명을 발표한 이후, "이제 공은 완전히 북한으로 넘어갔다"는 시각에 대해서도 비판적으로 검토해볼 필요가 있다. 특히 대다수 국내 언론이 부시의 성명을 북한이 요구한 '불가침 조약 체결'에 대한 화답처럼 보도하면서, 이제 북한이 이에 호응하고 나올 때라는 논조를 보인 바 있다. 『한겨레』(11월 19일)는 사설인 「북, '부시 성명' 적극 활용하기를」에서 "북한이 핵 개발 계획을 먼저 포기하면, 미국은 북한 인민의 생활을 크게 개선시킬 수 있는 중요한 조치들을 취할 준비가 되어 있다고 밝혔다"고 서술했다. 그러나 부시 성명을 아무리 읽어봐도 이러한 내용은 없다.

『한겨레』가 오독한 부분은 부시의 성명 가운데 다음과 같은 구절로 보인다.

> 우리는 2001년 6월 북한과 포괄적인 대화를 추구하겠다고 제의했다. 우리는 과감한 접근을 전개했으며, 그것은 북한이 우리의 오랜 우려에 대해 조치를 취한다면 미국은 북한주민의 생활을 상당히 향상시키는 중요한 조치들을 취할 준비가 돼 있다는 것이었다. 북한의 은밀한 핵무기 프로그램이 드러난 지금 우리는 이 접근을 추구할 수 없다.

이 부분을 유심히 읽어보면, 부시 행정부가 "북한주민의 생활을 상당히 향상시키는 중요한 조치들을 취"하기 위해서는 북한이 먼저 미국의 오랜 우려에 대해 조치를 취했어야 한다는 것이다. 부시 행정부가 2001년 6월 북한에게 제시한 미국의 우려 사안은 핵 문제뿐만 아니라, 미사일 수출 및 개발 포기와 재래식 군사력의 후방 배치(감축)도 포함되어 있다. 특히 부시 대통령이 이 부분을 '과거형'으로 처리함으로써, 북한이 실기(失機)했다는 점을 부각시키고 있다. 따라서 "북한이 핵 개발을 먼저 포기하면, 미국은 북한 인민의 생활을 크게 개선시킬 수 있는 중요한 조처들을 취할 준비가 되어 있다고 밝혔다"는 『한겨레』의 주장은 부시의 성명을 '과잉 해석'한 것으로 보는 것이 타당하다. 오히려 아무리 부시의 성명을 긍정적으로 해석해도, 북한이 가시적이고 즉각적인 핵 개발을 폐기하는 것은 부시 대통령이 말하는 북한 주민 생활 개선을 위한 '중요한 조치'를 취할 한 가지 조건을 충족시키는 것에 불과하다고 보는 것이 정확할 것이다.

『한겨레』는 위와 같은 오독에 기초해, "우리는 이런 내용이 담긴 부시 성명을 북한이 적극 '활용'할 것을 권고한다"며, "불가침 '조약'은 아니지만 미국의 대통령이 '약속'한 것을 전향적으로 받아들이고, 나아가 '북한 인민의 생활을 크게 개선시킬 수 있는 조처들'을 적극 추구하는 쪽으로 문제를 풀어나가야 한다고 믿는다"고 말하고 있다.

신문마다 차이는 있지만, 부시의 성명에서 "북한을 침공할 의사가 없다"는 부분에 지나친 의미를 부여하는 현상만큼은 흡사하게 나타나고 있다. 『동아일보』(11월 18일)는 사설에서 "부시 대통령은 과거에도 북한을 공격할 의사가 없음을 두 차례나 천명했지만 대통령 특별성명 형식으로 나온 이번 발언은 사실상 불가침조약에 준하는 것으로 이해할 수 있다"며, "미국 대통령이 국제사회 앞에서 자발적으로 말한 약속인 만큼 그 구속력은 절대적일 수 있다"며 부시의 발언을 절대적인 것으로 간주하고 있다. 『중앙일보』 역시 18일자 사설에서, "조지 W 부시 미 대통령의 대북 성명은 미국의 침공을 우려하는 북한 지도부에 안도감을 주는 메시지다"라고 평가하면서, "미국의 메시지는 북한이 비켜갈 수 없는 마지노선을 제시했다"고 주장했다.

이들 신문이 부시 성명에서 주목한 부분은 아래와 같다.

미국은 북한과 다른 미래를 갖기를 희망한다. 내가 지난 2월 한국을 방문했을 때 분명히 밝힌 것처럼, 미국은 북한을 침공할 의사가 없다.

이것은 오늘도 마찬가지다. 미국은 북한 주민들과 우호를 추구한다.

이 발언에서 주목할 점은 "오늘도(today) 마찬가지다"라는 표현을 쓴 것이다. 이는 해석하기에 따라 앞으로는 달라질 수도 있다는 의미로도 들릴 수 있다. 부시 대통령이 지난 7일 "우리는 북한에 대해 '초기에는'(initially) 이라크와 다른 전략을 취하고 있다"는 맥락과도 닿아 있다고 볼 수 있기 때문이다. 특히 북한이 가장 우려하고 있는 것이 "이라크 다음에 자신이 될 것"이라는 판단이라는 점에서, 미국의 불가침 약속을 현재 시점으로 처리한 것을 '시간 벌기용'으로 해석할 수 있는 소지가 충분히 있는 것이다.

또 하나 문제는 미국의 정치적 수사와 안보전략 사이의 불일치다. 부시 대통령 스스로도 지난 2월에 북한을 침공할 의사가 없다고 밝혔지만, 부시의 방한 직후 미국의 언론에 유출된 핵태세 검토(NPR) 보고서에서 북한을 핵 선제공격 대상에 포함시킨 것이 확인된 바 있다. 또한 2002년 여름 초 북한의 대량살상무기 시설에 대한 선제공격을 검토한 적도 있었다. 더욱 중요하게는 지난 9월에 공개된 새로운 국가안보전략 보고서에서 북한을 이라크와 함께 대표적인 깡패국가로 묘사하면서, 미국이 필요하다고 판단할 경우 선제 공격을 할 수 있다는 점을 공식화한 것이다. 침공할 의사가 없다면서, 선제공격 가능성을 공식적으로 국가의 최고위 문서에 명시한 것이다. 이와 같은 내용은 『워싱턴포스트』(12월 10일)가 1급 비밀문서를 인용해 보도한 것에서도 재확인된 바 있다. 이 신문에 따르면, 미국은 이라크 외에도 북한, 이란, 시리아, 리비아 등을 미국이 필요하다고 판단되면 선제공격을 할 수 있는 직접적인 대상으로 적시해 놓고 있는 실정이다.[105) 따라서 현재 시점으로 처리된 불침공 약속과, 정치적 수사와 채택된 안보전략 사이의 불일치 문제를 종합적으로 고려할 때, 앞으로는 달라질 수 있는 소지가 충분히 있는 것이다. 여기에는 물론 대이라크 전쟁 문제 및 북한의 핵 개발 포기 여부라는 중대 변수가 중요하게 작용할 것이다.

『한겨레』를 포함한 한국의 대다수 언론이 위와 같이 오독한 것에서도 알 수 있듯이, 부시 행정부는 2002년 11월 5일의 대통령 성명을 통해 정치적 효과를 극대화하고 있다. 부시 성명을 유심히 보면, 모호성과 구체적인 정책 수단의 은폐를 통해 정치적 효과를 극대화하고 있다는 것을 알 수 있다. 북한을 안심시킬 수 있는 내용이 포함된 듯 하면서도 북한의 불가침 조약 체결 요구를 거부하고, 유화적인 메시지를 전달하는 것처럼 보이면서도 본격적인 대북한 고립·제재를 추진하겠다는 경고를 담고 있기 때문이다. 이러한 정치적 효과의 극대화는 위에서 설명한 것처럼, 국내 언론의 확대 해석과 오독을 통해서 확대 재생산되고 있다.

부시 대통령은 성명에서 "미국은 북한과 다른 미래를 갖기를 희망한다," "미국은 북한 주민들과 우호를 추구한다"고 강조했다. 특히 북한이 미국의 대담한 접근, 즉 북한이 사실상 무장해제하면 반대급부를 고려하겠다는 2001년 6월의 대화 제의를 거부함으로써 북한 주민들의 생활을 획기적으로 개선할 수 있는 기회를 놓쳤다는 점을 강조하고 있다. 이는 대단히 유화적인 표현처럼 보이지만, "김정일 정권은 주민들을 굶기면서 대량살상무기 개발에 몰두하고 있다"는 '악의 축' 발언의 연장선상에 있는 것이다.

---

105) Mike Allen and Barton Gellman, Preemptive Strikes Part Of U.S. Strategic Doctrine, *Washington Post*, December 11, 2002.

그러나 미국과 다른 미래를 갖기를 희망한 북한을 거부한 쪽은 부시 행정부이다. 북한 주민들의 생활을 획기적으로 개선할 수 있는 기회를 저버린 책임도 부시 행정부에게 더 크다. 2001년 3월 한·미 정상회담을 앞두고 콜린 파월 국무장관은 북한과의 협상에 "유망한 요소가 있다"고 말했다가 백악관으로부터 호된 질책을 받은 바 있다. 그가 말한 유망한 요소란 클린턴 행정부 막바지 때 조명록 차수가 워싱턴을 방문해 합의한, 북한 미사일 문제 해법을 비롯한 북·미 간의 적대관계 종식을 담은 발표된 공동선언이다.

전임 정부의 성과를 계승해 북한의 대량살상무기 문제를 비롯한 한반도의 냉전구조를 종식시킬 수 있는 절호의 기회를 부시 행정부는 마다했던 것이다. 이는 기본적으로 북한 위협론이 사라질 경우, 미사일방어체제(MD) 구축을 비롯한 일련의 군비증강 계획에 차질을 빚을 것을 우려했기 때문이다. 부시 행정부의 이런 군사주의적 이해 추구 경향은 아직까지 조금도 변한 것이 없어 보인다.

이러한 부시 행정부의 모호하면서도 일방적인 대북 접근은 급기야 북한이 94년 제네바 합의 체결 이후 동결해온 영변 핵시설을 재가동하겠다는 선언으로 이어지고 말았다. 북한은 12월 12일 외무성 대변인 담화를 통해 북한 "정부는 부득불 조·미 기본합의문에 따라 연간 50만 톤의 중유 제공을 전제로 하여 취하였던 핵 동결을 해제하고 전력 생산에 필요한 핵시설들의 가동과 건설을 즉시 재개하기로 하였다고 언명하였다"는 것이다. 이러한 북한의 조치는 미국의 대북 중유 제공 중단 및 미사일 선박 나포 사건, 그리고 부시 행정부가 '대량살상무기와의 전쟁'이라는 백악관 보고서에서 북한을 선제공격 대상으로 명시한 것이 확인된 직후 나온 것이다. 그러나 북한은 "조선반도에서의 핵 문제를 평화적으로 해결하려는 것은 우리 공화국 정부의 시종일관한 입장이다"며, "우리가 핵시설들을 다시 동결하는 문제는 전적으로 미국에 달려 있다"고 말해, 협상의 뜻을 밝히기도 했다.

이에 대해 부시 행정부는 "북한이 핵시설의 가동과 건설을 재개하겠다고 밝힌 성명은 유감"이라며, "핵무기 프로그램을 폐기해야 한다는 국제사회의 합의에 정면으로 반발하는 것"이라고 비난했다. 또한 '평화적 해결 원칙'을 강조하면서도, "미국은 위협이나 깨진 약속에 응하여 대화에 들어가지는 않을 것이며, 또 우리는 북한이 서명한 조약이나 합의를 지키도록 하기 위해 협상을 하거나 유인책을 제시하지도 않을 것"이라며, 북한이 먼저 신속하고 검증 가능한 방법으로 핵개발을 포기하지 않는 한, 대화에 나서지 않겠다는 입장도 거듭 밝혔다. 이렇듯 북한의 동결 핵시설 해제 선언과 미국의 협상 거부로 북·미 간의 대결구조는 벼랑끝으로 한 걸음 더 다가서게 됐다.

3. 북한 핵 파문과 2003년 '위기설'

이번 북한 핵 파문은 이전부터 제기되어 왔던 2003년 위기설과 연관해 고려해야 한다. 즉, 정태적인 관점이 아닌 동태적인 관점에서 이번 파문을 바라보고, 한반도 위기 예방 차원에서 단기적, 중장기적 대응방안을 모색해야 한다는 것이다. 북한 핵 파문 및 뒤이은 미국의 대북한 압박·고립 정책은 2003년 위기설이 현실로 나타날 가능성이 한층 높아졌다는 것을 의미한다.

일단 부시 행정부는 '평화적인 해결'을 강조하고 있고, 북한 역시 대화와 협상을 통한 문제 해결을 추구한다는 점에서 이라크 문제가 해결될 때까지, 심각한 위기 상황이 도래할 가능성은 그리 높지 않다. 그러나 곳곳에 많은 변수가 도사리고 있다는 점을 간과해서는 안 된다. 우선 94년 위기를 수습했던 제네바 합의 자체가 극히 위태로운 상황이다. 또한 기본적으로 미국의 평화적인 해결은 대화와 협상을 통한 문제 해결이 아니라 북한의 일방적인 굴복을 추구하는 방향으로 나타나고 있다. 경험적으로 볼 때, 이러한 미국의 대북정책은 북한의 굴복이 아닌 반발을 가져올 가능성이 높고 실제로 북한은 미국의 강경 대응에 따라 '핵 시위'의 단계를 높여가고 있다. 또한 앞서 설명한 것처럼, 쉽게 핵 개발 포기를 공식화할 수 없는 북한의 사정 역시 고려하지 않을 수 없다.

이번 핵 파문이 실제 위기로 이어질지 판가름할 변수를 향후 정세 전망과 함께 설명해보면 다음과 같다. 우선 부시 행정부의 대이라크 전쟁 계획이다. 부시 행정부가 북한 핵 파문의 '평화적인 해결'을 강조하는 가장 큰 이유는 한반도와 동북아에서 긴장이 고조될 경우 대이라크 전쟁 계획에 차질이 생길 수 있다는 우려 때문이다. 이것을 두고 미국 내에서는 누가 더 위협적이고, 어떤 문제부터 해결할지를 두고 논란이 벌어지고 있는 상황이다. 따라서 미국의 대이라크 정책이 전쟁으로 귀결될지, 또한 전쟁으로 귀결되면 종전까지 얼마나 걸릴지가 부시 행정부의 대북한 정책의 **변화**를 가져올 핵심적인 변수라고 할 수 있다. 전쟁을 통해서든, 아니면 유엔 결의안을 통한 비군사적 방법을 통해서든 이라크 문제가 해결된 이후, 미국의 대외정책의 최우선 순위는 북한으로 좁혀질 것이다. 미국이 이라크 문제 해결 이후에도 북한 핵 문제에 대한 평화적인 해결 원칙을 고수할지는 극히 불투명하다고 할 수 있다.

　두 번째는 핵 파문에 대한 북한의 태도이다. 북한이 고농축 우라늄을 이용해 비밀리에 핵 개발을 시도한 것이 사실이고 미국이 요구하는 검증 가능한 핵 개발 포기를 수용할 경우, 문제 해결의 돌파구는 마련될 수 있을 것이다. 그러나 북한이 비밀리에 핵 개발을 시도하고 있는지, 시도하고 있다면 어디에서 어떤 프로그램으로 하고 있는지가 불명확한 상황이라는 점에서 이 변수는 대단히 유동적인 상황에 있다. 또한 2002년 12월부터는 오히려 영변 핵시설이 더 큰 현안이 되고 있고, 북한이 미국의 강경 대응 및 협상 불가 방침에 맞서 동결 핵시설 해제 선언, 봉인 및 감시카메라 제거, IAEA 사찰단 추방, NPT 탈퇴 선언 등 '핵 시위'의 강도를 높임에 따라 핵 문제는 더욱 복잡한 양태로 흐르고 있다. 북한의 이러한 일련의 핵 관련 조치들은 최악의 전력난을 완화시켜 보고자 하는 내부적 목적과 함께, 빠른 시일 내에 미국으로부터 체제안전 보장을 받겠다는 외교적 목적을 동시에 갖고 있다. 따라서 이러한 북한측의 절박한 필요가 충족되지 않는 한, 혹은 충족될 수 있다는 확실한 전망이 있지 않는 한, 북한이 핵 문제에 대한 양보 조치를 취할 것이라고 기대하기는 힘들다.

　세 번째는 한국의 차기 정권이 북한 핵 파문에 대해 어떤 입장을 취할 것인지의 문제이다. 사안의 성격과 미국의 태도를 볼 때, 이번 북한 핵 파문은 장기화될 가능성이 높고 이에 따라 노무현 정부의 입장과 역할이 대단히 중요할 수밖에 없다. 일단 노무현 정부가 북한의 핵 개발을 용인하지 않겠다는 입장과 함께, 미국의 대북 무력 사용 및 미국 주도의 대북 제재 및 봉쇄에 반대한다는 입장을 밝힌 바 있기 때문에, 북·미간 긴장고조의 완화 역할을 할 수 있을 것으로 보인다.

그러나 북한 핵 문제가 장기화되고, 북한의 핵 무장이 '문턱'에 가까워질수록 우리 정부의 입지가 작아질 것이라는 점도 동시에 고려할 수밖에 없다.

네 번째는 일본 등 국제사회의 입장과 역할이다. 일본이 제네바 합의 파기를 바라고 있는 부시 행정부에 동조할지, 아니면 제네바 합의를 유지하면서 북한 핵 문제 해결과 북·일 관계 정상화를 꾸준히 추진할지도 큰 관심거리다. 이것은 노무현 정부의 태도와도 상당 부분 연결된 문제이기도 하다. 고이즈미 정부가 미국의 그늘에서 벗어나 과감한 대북 독자외교를 펼칠 수 있었던 중요한 배경이 김대중 정부의 역할에 있었던 것을 상기한다면 더욱 그렇다. 또한 KEDO 회원국인 EU, 북한에게 큰 영향력을 행사해온 중국, 한반도에서의 이해관계 및 영향력 회복을 추구하고 있는 러시아 등의 입장과 역할도 주목되는 대목이다.

그렇다면 향후 한반도의 정세는 어떻게 전개될 것인가? 탈냉전 이후 여러 차례 겪어 왔던 위기처럼, '고조되는 위기'는 평화적 해결의 기회로 작용할 수 있을까? 아니면 북한 핵 파문 이전부터 제기되어 왔던 2003년 위기설이 현실로 나타날까? 또한 정치·외교적인 위기를 넘어 전쟁 가능성까지도 우려해야 하는 상황이 발생할 것인가?

앞서 언급한 네 가지 변수와 더불어 여러 가지 중요한 문제들을 종합적으로 고려할 때, 한반도의 위기가 현실로 나타날 가능성이 높다는 심각한 우려를 갖지 않을 수 없다. 이런 전망은 이 책의 다른 부분에서 상세히 다뤄지고 있지만, 이번 북한 핵 파문과의 맥락에서 살펴보면 다음과 같이 정리할 수 있다.

우선 미국은 '협상 불가' 노선을 고수하면서, 대북 보복조치를 점차 구체화하고, 그 강도를 높여 갈 가능성이 높다는 점이다. 여기에는 단기적, 중기적, 장기적 보복조치를 떠올릴 수 있다. 부시 행정부 스스로 북한의 핵 개발을 공식화하고 있는 상황에서 대북 중유 제공 및 경수로 사업을 계속할 수 있는 명분은 상실했다고 봐야 한다. 중유 제공은 2002년 11월부터 중단되었고, 경수로 사업 중단 역시 '시간 조절'만 남았다고 해도 과언이 아니다. 특히 문제 해결의 중요한 실마리로 언급되고 있는 중유 제공 재개는, 북한의 획기적인 양보가 없는 한 기대하기 힘든 현실이다. 미국의 '단기적인' 대북 보복조치는 제네바 합의의 미국측 의무를 지연·중단하는 것에만 국한되지 않고 있다는 점도 주목해야 한다. 그 동안 세계 최대의 대북 지원국가라는 점을 강조해온 미국 정부는 2002년 말, 북한에 대한 식량 지원의 전제조건으로 식량배급 지역에 대한 국제감시단의 자유로운 접근과 감시를 허용해야한다는 조건을 내걸고 나섰다. 그러나 미국 정부가 대북 식량지원의 전제조건을 달고 나온 것은 처음 있는 일로서, 이것은 표면적인 이유일 뿐 식량지원을 지렛대로 삼아 핵 포기 등 북한에게 압박을 가하려는 것이 아니냐는 분석이 설득력을 얻고 있다.[106] 미국은 2001년에 약 30만 톤의 식량을 북한에 지원했으나 2002년도에는 15만 톤으로 대폭 줄인 바 있고, 이어 2003년 지원과 관련해서도 분배의 투명성을 전제조건으로 달고 나옴으로써 지원량이 또 다시 대폭 줄어들 것으로 예상되고 있다. 이것은 미국 정부가 식량 지원을 북한을 굴복시키기 위한 또 다른 '무기'로 활용하고자 하는 의도를 간접적으로 밝힌 것이라고 할 수 있다. "주민들이 굶어죽고 있는 상황에서 언제까지 버티나

---

106) Doug Struck, Aid Used as Lever With Pyongyang, *Washington Post*, December 5, 2002.

보자"는 식의 대북정책이 강화되고 있는 것이다.

이것이 단기적이고 초기의 대응 조치라면, 유엔 안보리를 통한 대북 제재 추진, 한국, 일본, 중국, 러시아 등에게 대북한 압박 및 관계 단절 요구 강화, 비외교적 수단에 대한 언급, 한반도 주변의 군사력 증강 등은 '중간 단계'의 조치들이 될 것이다. 특히, 북한이 IAEA 사찰단의 추방에 이어 NPT 탈퇴까지 선언해, 미국은 핵 문제를 둘러싼 북미간의 대결축이 '북한 대 미국'이 아닌, '북한 대 국제사회'라는 강력한 근거를 확보해 놓고 있는 상황이다. 이러한 미국과 북한 사이의 '작용-반작용'의 악순환이 계속되는 상황에서, 이라크 문제가 종결될 경우 부시 행정부의 군사력의 사용 및 사용 위협을 의미하는 '마지막 단계'도 준비해 나갈 것이다.

두 번째는 문제의 발단이 된 고농축 우라늄 의혹 해소 자체가 대단히 어려울 뿐더러, 미국이 여기에 만족하지 않을 것이라는 점이다. 미국은 이번 기회에 제네바 합의에 따라 경수로 사업이 상당 부분 완료된 이후(경수로 공정을 볼 때 2005년경을 말함)에 개시되게 되어 있는 영변 핵시설에 대한 특별사찰을 관철시키려 할 것이다. 즉, 고농축 우라늄을 이용한 '현재' 핵 개발 의혹뿐만 아니라 영변 핵시설을 통한 '과거' 핵 개발, 그리고 영변 핵시설의 재가동을 통한 '미래'의 핵 개발 문제까지 '신속하고 검증 가능한 방법을 통한 폐기'를 북한에게 요구할 가능성이 대단히 높은 것이다. 이렇게 될 경우, 북한 핵 파문은 더욱 꼬일 수밖에 없다. 이 책의 다른 부분에서 상세히 설명한 것처럼, 북한은 현재 영변 핵시설에 대한 특별 사찰을 수용하지 않겠다는 것과 경수로 사업 지연에 따른 전력 손실 보상을 주장해 오고 있기 때문이다. 이는 고농축 우라늄 논란으로 불거진 북한 핵 파문이 더욱 복잡한 양상으로 전개될 것임을 예고하는 대목이기도 하다. 또한 영변 핵 시설을 이용해 플루토늄 핵무기 제조 과정과는 달리, 고농축 우라늄을 이용한 핵 개발은 은폐가 쉽다는 점에서 사찰 활동이 대단히 어렵다는 점도 큰 문젯거리로 부각될 것이다.

세 번째는 앞서 상세히 설명한 것처럼 북한이 쉽게 핵 개발 포기할 수 없는 속사정이 있다는 점이다. 미국으로부터 체제안전 보장을 받지 못한 상황에서 핵 개발 옵션을 포기한다는 것은 강력한 전쟁 억제력의 상실을 의미하기 때문이다. 따라서 북한은 미국의 비타협적인 노선이 계속되고 제재 및 봉쇄의 수준이 높아지면, 핵 개발 계획에도 박차를 가할 것이다.

네 번째는 불가침 조약 체결은 물론이고, 북한 핵 개발 포기의 최소한의 전제조건이라고 할 수 있는 미국의 대북한 소극적 안전보장을 기대하기가 쉽지 않다는 점이다. 소극적 안전보장이란 핵 보유국이 비핵국가에 대해 핵무기 사용 및 사용 위협을 하지 않겠다는 점을 공식적으로 약속하는 것으로서, 북·미 간의 제네바 합의는 물론이고 전 지구적 차원에서 핵무기 확산을 막는 NPT 체제의 기본정신이라고 할 수 있다. 핵 강대국으로부터 핵 공격의 위협을 받는 상태에서 비핵국가들이 핵무기 개발을 포기할 수는 없는 노릇이기 때문이다. 그러나 부시 행정부는 핵태세 검토(NPR) 보고서를 통해 북한, 이라크를 필두로 이란, 시리아, 리비아 등 비핵국가들에 대해 핵무기 선제공격 전략을 공식화함으로써 NPT의 기반 자체를 허물 수 있다는 비판을 받아왔다. 더구나 부시 행정부는 북한, 이라크 등의 지하시설을 파괴할 수 있는 소형 핵무기 개발에도 박차를 가하고 있다. 이에 따라 부시 행정부가 북한의 핵 개발 포기의 전제조건으로 소극적 안전보장을 확약하는 것을 기대하기는 힘들 것으로 보인다. 북한에게 소극적 안전보장을 한다는 것은 대북정책의 변화뿐만 아니라 핵 전략을 총체적으로 재검토해야 한다는 것을 의미하기 때문이다.

또한 부시 행정부는 생화학무기 공격에 대해서도 핵 보복을 명시하고 있어, 미국에 의해 최대의 생화학무기 보유 국가로 분류된 북한이 미국으로부터 소극적 안전보장을 받기란 더욱 어려워질 수밖에 없다. 더욱 중요한 것은 미국의 관점에서 보는 '형평성의 문제'이다. 즉 미국이 북한의 요구대로 소극적 안전보장을 확약할 경우, 핵태세 검토(NPR)에 명시된 다른 국가들의 반발 역시 커질 수밖에 없다. 미국측 시각에서 볼 때, 북한이 핵 개발 시도를 통해 소극적 안전보장을 받게 되면, 미국의 선제 핵공격 대상에 포함된 다른 국가들도 북한과 유사한 시도를 할 가능성이 있다는 우려가 제기될 수 있다. 이것은 미국이 북한의 핵 개발 포기를 유도할 수 있는 최소한의 조건도 충족시키기 어렵다는 것을 의미한다.

다섯 번째는 일본의 '미국의 범위' 내로의 복귀다. 2002년 9월 17일 북·일 정상회담을 통해 대북 독자외교를 감행했던 고이즈미 정부는 납치자 문제에 대한 일본 내의 강경 여론에 이어 북한 핵 파문으로 입지가 대단히 좁아진 상태이다. 특히 일본 정부가 북한 핵 파문 이후 "핵 문제 해결 없이 수교는 없다"는 강경 입장으로 선회한 것은 일본이 다시 미국 외교의 그늘로 복귀하고 있다는 것으로 해석할 수 있는 대목이다. 이러한 흐름을 반영하듯, 아베 신조 일본 관방 부장관이 11월 2일 『아사히신문』과의 인터뷰에서 "북한이 현행 병력을 계속 유지할 경우, 대북 경제협력은 곤란하다"는 입장을 밝힌 바 있다.[107] 여기서 한 걸음 더나가, 일본은 2002년 12월 16일 워싱턴에서 콜린 파월 미 국무장관, 폴 월포위츠 국방부 부장관, 가와구치 요리코 일본 외상, 이시바 시게루 방위청 장관이 참석한 가운데 열린 '2+2 미·일 안보협의회'에서, 대북 압박 및 제재 강화, 북한이 비핵무기인 생화학무기를 사용할 경우에도 핵 보복을 명시, MD 참여 문제에 대한 호의적인 고려 등 미국측의 요구를 대폭 수용했다. 이것은 북한의 무장해제가 전제되지 않은 상태에서 북·일 수교는 안 된다는 부시 행정부의 입장이 강하게 투영된 것이기도 하다. 이러한 일본의 정책 기류의 변화는 일본의 대북 화해협력 기조가 점차 힘을 잃고 있다는 것을 보여준다는 점에서, 향후 일본의 적극적인 역할을 기대하기 힘들게 하고 있다고 보여진다.

여섯 번째는 미국이 군사전략(의도)과 무기체계(능력)의 측면에서 서서히 대북 군사행동의 '문턱'을 넘어서고 있다는 것이다. 부시 행정부는 "왜 북한에게는 무력 사용을 하지 않느냐"는 미국 내부의 문제 제기에 대해, "군사적 선택이 없는 것이 아니라, 좋은 수단이 없기 때문"이라고 말한 바 있다. 이는 뒤집어 생각하면, 미국이 북한을 조기에 제압하고 북한의 보복 공격을 상당 부분 무력화할 수 있는 "좋은 수단"을 확보할 경우, 상황이 달라질 수 있다는 것을 의미한다고 할 수 있다. 실제로 부시 행정부의 대북한 군사 전략 및 군사력은 빠른 속도로 강화되고 있다. 비확산(외교) 전략보다 대확산(군사) 전략에 주안점을 두는 추세, 북한의 대량살상무기 문제를 '테러와의 전쟁'의 관점에서 다루겠다는 강경한 입장, 핵 선제공격 채택 및 핵무기 사용 제한의 완화, 북한의 미사일을 무력화시킬 수 있는 MD체계의 개발 및

---

107) 『연합뉴스』(2002년 11월 2일).

배치, 대포병 전력의 비약적인 향상, 한반도 내 주요 무기체계의 사전 배치, 북한의 지하요새를 파괴하는 무기체계의 대대적인 증강, 현대 전에서 가장 중요한 '지휘통제통신컴퓨터 및 정보(C4I)' 능력의 획기적인 향상 및 정밀타격 능력의 향상 등 미국의 군사전략 및 무기체계는 94년 위기 당시보다 훨씬 강력해지고 있다. 94년 때와는 달리 일본이 신가이드라인과 주변사태법 등을 통해 한반도 유사시 미군의 후방 지원 역할을 할 수 있게 되었다는 점도 주목할 부분이다. 이것은 부시 행정부가 필요하다고 판단할 경우 대북군사 행동에 자신감을 갖게 할 수 있는 물리적인 메커니즘이자, '북한은 이라크나 아프가니스탄 등과는 다르다'는 식의 판단으로 '설마 미국이 북한을 공격하겠느냐'는 생각이 대단히 위험할 수 있다는 물리적인 근거이기도 하다. 미국의 군비증강과 한반도 배치 계획을 고려할 때, 부시 행정부가 '군사적인' 관점에서 대북한 군사행동에 대해 자신감을 가질 수 있는 시기는 2003년 여름 이후가 될 것으로 보인다.

물론 향후 한반도 정세와 관련해 위와 같은 '불안' 요인만 있는 것은 아니다. 무엇보다 핵 파문에도 불구하고 남북한이 합의 사항을 꾸준히 이행하고 있고, 북한의 개혁·개방 노력도 가속도가 붙고 있다. 지난 대선에서 한국의 유권자들이 '대북 포용정책 계승·발전 및 미국의 일방적 군사 행동의 반대'를 들고 나온 노무현 민주당 후보를 선택함으로써, 한국이 계속 북·미 간의 긴장 고조를 완화·조절할 수 있는 정치적 환경을 만들어 낸 것도 큰 의미가 있다. 또한 중국, 러시아, 일본 등 주변 국가들 역시 북한 핵 문제의 '평화적 해결'이라는 대원칙에 동감하고 있고, 향후에도 이 원칙을 고수할 가능성이 높아 북·미 관계가 파국으로 치닫는 것을 일정 정도 제어할 것으로 기대된다. 부시 행정부의 대이라크 전쟁 계획 강행으로 미국을 비롯한 전 세계에 걸친 반전평화 운동의 부활도 한반도 전쟁 예방에 적지 않은 역할을 할 수 있을 것이다. 특히 미군 장갑차에 의해 사망한 여중생 사건으로 들불처럼 번지고 있는 한국의 반미감정도 부시 행정부의 일방적인 대북 강경책에 제동을 걸 수 있는 중요한 역할을 할 수 있을 것으로 기대된다. 따라서 향후 한반도 정세는 위기의 악화 요인과 완화 및 견제 요인들이 맞물리면서 대단히 복잡하게 전개될 가능성이 높다. 이것은 곧 위기의 악화를 막을 수 있는 요소들을 최대한 살리면서 위기를 기회로 만들어야 한다는 우리의 과제와도 직결된 문제라고 할 수 있다. 위기 예방책에 대해서는 이 책 후반부에서 자세히 다루게 될 것이다.

4. 한국, 또 다시 '왕따'당하는 일 없어야

인정하기 어려울지 모르지만, 북한 핵 문제는 기본적으로 북·미 간의 사안이다. 그렇다고 한국은 팔짱만 끼고 있자는 것이 아니다. 오히려 우리가 당당한 당사자로서 문제 해결의 주도권을 잡기 위해서는 제네바 합의 체결 과정에 대한 반성적인 사고부터 필요하다는 것이다. 94년 위기 당시 김영삼 정부는 "핵을 가진 자와는 악수할 수 없다"는 식의 감정적인 접근을 고집해 미국과 북한 둘 모두로부터 외면당한 바 있다. 이러한 배경에는 당시 언론의 무책임한 편파·왜곡 보도도 있었음을 유념해야 할 것이다. 이러한 우리 정부의 미숙함은 협상은 미국이 하고 비용은 우리가 부담하는 참담한 결과로 이어지기도 했다.

94년 위기가 주는 또 하나의 교훈은 우리 정부와 언론이 미국의 강경파들의 장난에 맞춰 춤을 추다가는 한반도의 운명이 우리 손을 떠나게 될 수 있다는 것이다. 당시 김영삼 정부는 미국 내 강경파들의 반발에도 불구하고 북한과의 협상을 모색했던 클린턴 행정부에 틈만 나면 딴지를 걸다가, 정작 전쟁 위기가 고조되자 북폭을 추진한 클린턴 행정부를 말리는 어이없는 일을 벌이기도 했다. 그러나 위기가 고조돼 한반도 정세가 통제 불능의 상태에 빠지면 한국 대통령의 반대도 미국의 정책 결정에 이렇다할 변수가 될 수 없음을 94년 위기는 우리에게 말해주고 있다. 김영삼 당시 대통령의 강한 반발에도 불구하고 미국은 간단없이 대북한 공격 계획을 추진했기 때문이다. 이렇듯 불과 8년 전의 교훈을 망각하고 '북한 굴복시키기'와 '햇볕정책 때리기' 차원에서 이번 핵 파문을 접근했다가는 94년과 흡사한, 아니 훨씬 심각한 전쟁 위기가 올 수 있다는 점을 잊어서는 안 되는 것이다.

보수적인 정치권과 언론이 강조하지 않더라도 북한이 핵무기 개발에 성공하면, 미국이나 일본보다 한국의 안보에 더 큰 위협이 된다. 또한 한국은 총 46억 달러에 달하는 경수로 사업비의 70%를 부담하고 있기도 하다. 더구나 자칫 잘못하면 한반도의 평화는 고사하고 전쟁 위기로 치달을 수도 있다. 치밀하고도 현명한 해결책이 시급한 것이다. 그러나 보수적인 정치권과 언론의 주문은 문제 해결에 전혀 도움이 안 된다는 점을 지적하지 않을 수 없다. 이것은 94년 위기의 교훈이기도 하다.

보수적인 언론과 정치권, 그리고 부시 행정부는 경제적으로 사실상 파산 상태에 있는 북한에 대한 지원을 중단하고 외교적으로 고립시켜 압박을 가하면 북한이 굴복할 것이라고 주장하고 있다. 이것이 부시 행정부가 말하는 '평화적 해결'의 본질이기도 하다. 이러한 주장

의 연장선상에서 우리 정부도 대북 경제협력을 중단하고 대북한 압박
외교에 동참해야 한다고 주장하고 있다. 그래야 효과가 있다는 것이
다. 그러나 지난 경험이 보여주듯 그 '효과'란 북한의 굴복이 아니라
반발이고 위기의 증폭이다. 그리고 그 대가는 북한의 참혹한 인도주
의적 위기의 심화이고 남한의 정치, 경제적인 불안이며, 심각한 전쟁
위기이다. 불만스럽고도 만족스럽지 못할 수도 있지만, 북한의 핵 문
제를 비롯한 어려운 문제를 풀어 가는 '검증된' 방법은 대화와 협상이
고, 협상 당사자간의 성실한 약속 이행이다.

이런 점에서, 노무현 정부가 남북 관계의 유지·발전을 계속 추구
하면서 '대화와 협상을 통한 평화적 해결 원칙'을 거듭 천명하고 있는
것은, 우리가 또다시 94년과 같은 어리석음을 범하지 않을 것이라는
기대를 갖게 한다. 특히 2003년 초 미국이 북한에 대한 경제 제재와
정치외교적인 봉쇄를 강화해 핵 개발 포기를 유도한다는 이른바 '맞
춤형 봉쇄' 추진 계획이 흘러나오자, 한국의 현직 대통령과 차기 대통
령이 이에 대해 단호히 반대의 뜻을 표명하면서, 북핵 문제 해결의 주
도적인 역할과 북·미 간의 중재자 역할을 자임하고 나온 것은 적지
않은 의미가 있다. 한국의 정책적인 연속성이 계속될 것임을 대내외
에 과시했을 뿐만 아니라, 실제로 미국으로 하여금 '맞춤형 봉쇄'를
유보하게 만드는 외교적 성과도 낳았기 때문이다.

북한이 비밀리에 핵 개발을 시도하고 있다면, 이것은 북한이 남한
과 국제사회에 대한 약속의 위반이자 한반도 평화를 위협하는 중대한
사안임이 분명하다. 그러나 북한이 이미 핵무기를 보유하고 있다는
럼스펠드 미 국방장관 등의 발언을 뒷받침해줄 근거는 없다. 대다수
전문가들은 고농축 우라늄을 이용한 북한의 핵 개발을 무기제조 단계

가 아닌 '연구개발' 단계로 보고 있다. 실제로 핵 보유에는 3년 이상이 걸린다는 뜻이다. 또한 플루토늄을 이용해 핵무기 개발에 성공하기 위해서는 기폭 장치와 핵실험이 필요한데, 북한이 기폭장치를 갖고 있다거나 핵실험을 했다는 증거는 아직까지 없는 상태이다. 이것은 대화와 협상을 통해 문제를 풀 수 있는 가장 기본적인 환경이기도 하다. 더구나 북한은 부시 행정부가 대북 적대정책을 포기하면 핵 문제를 비롯한 안보적 우려 사안을 해결할 용의가 있다고 밝혀오고 있다.

93~4년 북·미 간의 핵 위기 당시 미국측 대표단의 일원이었던 케네스 퀴노네스 전 미 국무부 북한담당관의 말은 우리의 현실을 반성케 한다. 그는 『한겨레』(2002년 10월 21일)와의 인터뷰에서 한국의 주도적인 역할의 중대함을 강조했다. 특히 한국이 대미 의존적인 사대주의를 버리고 북한과의 화해를 꾸준히 추진하는 것만이 재앙을 막을 수 있는 길이라고 충고했다. 그러나 보수언론과 일부 정치권의 무책임한 강경 여론몰이는 문제 해결의 출발점이라고 할 수 있는 소중한 힘과 지혜를 우리 내부에서부터 소진시키는 결과를 낳고 있다.

물론 북한의 핵 개발 의혹은 마땅히 해소되어야 한다. 그러나 그것은 '대화와 협상을 통한 평화적 해결'이라는 대원칙하에서만 해결될 수 있는 문제이다. 그리고 이러한 평화적 해결의 힘은 우리로부터 나올 수밖에 없다. 우리가 힘과 지혜를 모아도 이 난관을 극복하기란 쉽지 않다. 편협한 정치적 이해관계에 매달리지 말고, 이 난관을 슬기롭게 극복할 수 있도록 정치권과 언론은 '반전·반핵·평화'라는 보편적인 가치와 함께 국익과 민족의 관점에서 이 문제를 접근해야 할 것이다. 부시 행정부의 대북 강경책의 최후의 수단은 전쟁이지만, 우리에게는 절대로 양보할 수 없는 마지노선이지 않겠는가?

실타래처럼 얽혀 또 다른 위기를 잉태해 가고 있는 북·미 간의 갈등과 대결을 해소하기 위해서는 실타래를 풀 수 있는 절묘한 '실 고르기'가 필요하다. 그리고 그 역할은 한국에게 있을 수밖에 없다. 어느 한쪽에 경도되지 않고 정직하고 공정한 중재자로서의 우리의 역할이 어느 때보다 중요한 것이다.

인정할 수밖에 없는 현실은 북한 핵 문제를 풀어나가기가 대단히 어렵다는 점이다. 우선 북한의 핵 개발이 실제로 핵무기 제조 단계인지, 연구개발 단계인지, 아니면 계획 단계인지, 또한 그 목적인 '전력 생산'인지, '핵무기' 개발인지부터가 분명하지 않아, 문제 접근부터가 쉽지 않은 현실이다. 또한 문제 해결의 열쇠를 쥐고 있는 북한과 미국은 문제 해결의 실마리조차 찾지 못하고 있다. 북한의 경우에는 미국의 적대정책 및 선제공격 위협이 계속되는 한 '억제력' 차원에서 핵개발을 먼저 포기할 수 없다는 입장을 굽히지 않은 채, 미국과의 일괄타결을 희망하고 있다. 이에 반해 미국은 "검증 가능한 방법으로 북한의 핵 개발이 종식되지 않는 한, 북한과의 협상은 없다"는 입장을 고수해 오고 있다. 즉 북한은 미국과의 협상을 간절히 원하고 있지만, 미국은 이라크 공격 계획에 차질이 생길 수 있다는 우려를 가지고 일종의 "두고보기"(wait and see)식 전략을 고수하고 있는 것이다.

앞에서 상세히 언급한 것처럼, 향후 북한 핵 파문의 전개 과정에서 핵심적인 변수는 제네바 합의의 파기 여부이다. 이에 따라 지금 우리의 선택은 두 가지로 모아지고 있다. 제네바 합의의 파기를 현실로 인정하는 것과 북한과 미국을 설득해 제네바 합의를 되살리는 것이 그것이다. 그러나 지금까지와 같이 북·미 간의 대화가 단절되고 긴장이 우려되는 상황에서 제네바 합의가 파기될 경우, 한반도 정세는 통제불능의 상태로 빠져들 수 있다는 점에서 제네바 합의를 어떻게 해서든지 되살리는 것이 우리의 시급하고도 양보할 수 없는 목표가 되어야 할 것이다.

그렇다고 제네바 합의 가운데 많은 합의 내용이 제대로 이행되지 않아 왔고, 또 앞으로 이행되기도 쉽지 않은 상황에서 '원안'에 집착할 필요는 없다. 또한 북한이 농축 우라늄을 이용한 새로운 핵 개발을 시도하고 있다는 의혹이 제기된 상태에서, 이 문제를 제네바 합의 틀 내에서 풀기도 쉽지 않은 상태이다. 따라서 지금 단계에서 우리가 적극적으로 추진할 수 있는 방안은 제네바 합의의 정신을 되살리되, 미흡한 부분을 수정·보완하는 '개선된 이행 방안'을 만들고, 이것을 북한, 미국, 일본, EU 등 관련 당사국들에게 설득하는 것이다. 특히, 한국의 제네바 합의 이행 개선안을 통해 북한 핵 문제의 '포괄적인' 해결 방안을 제시한다면, 제네바 합의 이행 개선을 먼저 주창한 부시 행정부의 체면도 세워주면서, 위기를 수습할 수 있는 길이 열릴 수 있다는 점에 주목해야 할 것이다.

부시 행정부는 이미 2001년 6월 대북 대화 의제로 제네바 합의의 개선된 이행을 최우선 과제로 제시한 바 있다. 부시 행정부가 말한 개선된 이행이란, 북한의 조기 핵 사찰 수용 관철이 핵심이며, 경수로를 화력발전소로 대체하는 것도 고려된 바 있다. 한때 부시 행정부와 의회 일부에서 주장된 경수로의 화력 발전소 대체 방안은 한국, 일본 등 KEDO 국가들의 반대로 흐지부지되었으나, 북한이 비밀리에 핵 개발을 시도하고 있다는 의혹이 제기됨에 따라 다시 부각될 가능성이 있다고 할 수 있다. 이러한 부시 행정부의 개선안에 대해 북한은 절대 수용할 수 없다는 입장을 밝히면서, 미국은 경수로 사업 지연에 따른 전력 손실 보상, 소극적 안전보장에 대한 확약, 정치적, 경제적 관계 개선 추구 이행 등 성실히 이행해야 한다고 주장해 왔다.

따라서 부시 행정부 출범 이후 북·미 간의 첨예한 문제가 되어 왔던 영변 핵시설에 대한 북한의 핵 사찰 수용, 경수로 사업 지연에 따른 북한의 전력 손실 문제 해결, 미국의 대북한 소극적 안전보장을 비롯한 정치적, 경제적 관계 정상화 등과 함께 최근 최대 현안으로 부각되고 있는 북한의 비밀 핵 개발 의혹 해결을 위해서는 기존의 제네바 합의를 일부 수정·보완할 수밖에 없는 상황에 있다. 그리고 북·미 간의 대화조차 재개될 조짐이 전혀 보이지 않는 상황에서 한국이 주변 국가와 함께 적극적인 중재에 나설 필요가 있는 것이다. 제네바 합의 체결의 당사자가 북한과 미국이긴 하지만, 남한이 이 합의에 따른 경수로 사업비의 70%를 부담하고 있고, 근본적으로 제네바 합의가 파기될 경우 한반도 정세가 통제 불능으로 향할 수 있다는 점에서 '주인 의식'을 가지고 이 문제에 대처할 필요가 있는 것이다. 우리측에서 강구할 수 있는 개정 방향을 대략 다음과 같이 정리할 수 있다.

우선 북한의 비밀 핵 개발 문제가 전면적으로 제기된 만큼, 제네바 합의에 '우라늄 농축시설 보유를 비롯한 어떠한 형태의 핵 개발 금지' 조항을 추가할 필요가 있다. 이 조항이 삽입되면 미국이나 IAEA는 북한의 농축 우라늄 시설 의혹에 대한 협의를 할 수 있어 문제 해결의 실마리를 찾을 수 있다. 특히 북한은 미국과의 협상이 개시되면 고농축 우라늄 시설에 대한 사찰을 수용하겠다는 입장을 밝힌 바 있어,[108] 제네바 합의에 이 내용을 추가시키는 것은 어렵지 않은 일이라고 할

---

108) Philip Shenon, North Korea Says Nuclear Program Can Be Negotiated, *The New York Times*, November 3, 2002.

수 있다. 이와 동시에 북한이 핵 개발 포기의 '담보'로 요구하고 있는 불가침 조약 체결 문제와 관련해, 부시 대통령의 정치적 수사보다는 높은 차원의, 그러나 현실적으로 불가능한 조약 체결보다는 낮은 수준의 불가침 조항을 넣을 수 있을 것이다. 즉, "북한이 고농축 우라늄 시설에 대한 IAEA의 사찰단을 수용하는 시점에, 미국의 대통령은 북한 정부에 불가침 보증 서한을 보낸다"는 문구를 넣은 방안을 강구할 수 있을 것이다.

두 번째로 영변 핵시설에 대한 북한의 사찰 수용 시기를 명확히 밝히는 것이다. 앞서 언급한 것처럼 제네바 합의문에는 북한의 핵 사찰 수용 시점을 모호하게 표현하고 있어 마찰의 소지를 안고 있다. 더구나 사찰 기간에 대한 IAEA와 북한과의 천양지차의 주장(IAEA는 3년 이상, 북한은 3~4개월 주장)은 경수로 사업의 원활한 이행을 가로막는 또 하나의 요인이 되고 있다. 또한 제네바 합의에 따르면 북한이 핵 사찰을 받는 기간에는 경수로 사업이 사실상 중단되게 되어 있다. 미국 및 IAEA의 주장대로 3년 정도가 걸리면 북한은 또 다시 경수로 사업 지연에 따른 막대한 전력 손실을 제기하며 강력하게 반발할 것이다. 그렇다고 북한이 주장하는 것처럼 3개월 정도로 핵 사찰이 마무리될 것으로 기대할 수도 없는 노릇이다. 따라서 이 부분과 관련된 내용 역시 수정이 불가피하다. 그 방향은 북한의 핵 사찰 수용을 통한 핵 개발 의혹 완전 해소와 경수로 사업 지연에 따른 전력 손실을 '보상'이 아닌 '지원'하는 방식을 맞교환하는 것이 될 수 있다. 그러나 미국이 경수로 사업이 지연된 것은 북한의 책임이라며 전력 손실을 보상할 의무가 없다고 버티고 있어, 이 방안 역시 쉬운 것은 아니다.

그러나 한국 정부가 발상의 전환을 통해 문제 해결에 적극적으로 나설 경우 돌파구를 마련할 수 있다. 한국의 경우 전에 북한에게 약속했다가 미국의 반대로 무산된 바 있는 전력 지원을 경수로 사업 지연에 따른 전력 손실 보상의 '한 방안'으로 강구할 수 있을 것이다. 미국이 한국의 대북 전력지원을 반대하는 이유는 대북 전력지원이 북한의 핵 동결과 한·미·일의 대체전력 지원을 골자로 한 제네바 합의 이행에 차질이 생길 수 있다는 것 때문이다. 따라서 대북 전력지원을 제네바 합의 '밖'의 사업이 아닌, 이미 차질이 생긴 제네바 합의를 되살리기 위한 하나의 '대안'으로 접근할 경우, 미국 정부를 설득할 수 있는 명분을 가질 수 있다. 심각한 전력난에 시달리고 있는 북한에게는 물론 실리를 보장할 수 있는 방안이기도 하다.

따라서 이 부분과 관련해 제네바 합의의 구체적인 수정 방향은 첫째 미국은 경수로 사업과 중유 제공은 성실히 이행하고, 둘째 한국 주도의 대북한 전력지원 방안을 조속히 마련하며, 셋째 북한은 한국 주도의 전력지원 방안이 수립되는 즉시 IAEA의 핵 사찰을 수용한다는 것 등이 될 수 있을 것이다. 이것은 경수로 사업의 완공 시점을 획기적으로 앞당길 수 있고, 남북한의 전력 협력을 한 단계 끌어올릴 수 있으며, 북한의 핵 개발 문제를 조기에 해결할 수 있다는, 관련 당사국 모두에게 이익이 되는 방향이라고 할 수 있다.

마지막으로 미국이 이행해야 할 것은 북한에 대해 핵무기 사용 및 사용 위협을 하지 않겠다는 이른바 소극적 안전보장(NSA)를 공식적으로 확약하는 것이다. 이것은 핵확산금지조약(NPT) 연장을 강력히 희망해온 미국의 당연한 의무 사항이자, 북한을 NPT에 완전히 복귀시키는데 필요한 전제조건이기도 하다. 그러나 앞서 언급한 것처럼, 미국이 북한에 소극적 안전보장을 확약하기란 쉽지 않은 현실이다. 따라서 절충 방안은 "북한과 미국의 협상이 진행되는 동안 제네바 합의에서 명시한 소극적 안전보장은 유효하며, 생화학무기 등 다른 안보 우려의 해소를 위해 북한과 미국은 지속적으로 협상을 한다"는 방향으로 마련될 수 있을 것이다.

파격적이지만, 우리가 반드시 추구해야 할 핵전쟁 공포로부터의 해방으로까지 진전시키기 위해서는 주변 강대국의 소극적 안전보장을 '교차' 보장하는 방안도 강구할 수 있다. 즉, 미국은 북한에게 소극적 안전보장을 하고 중국과 러시아는 한국에게 소극적 안전보장을 명문화하는 방안까지 추진해볼 수 있다는 것이다. 이것을 통해 비핵국가로서의 남북한이 핵 공포로부터 벗어날 수 있는 제도적 장치가 될 수 있을 뿐만 아니라, 동북아 비핵지대를 향한 대단히 의미 있는 진전이 될 수 있는 것이다. 이를 위해 북한 핵문제가 해결 국면으로 접어들면, 남북한, 미국, 일본, 중국, 러시아가 참여하는 '동북아 비핵지대 추진 기구' 창설을 제안하는 것도 적극적으로 추진할 필요가 있다.

문제는 개선 방안의 구체적인 내용이 아니라 제네바 합의를 되살릴 수 있는 정치적 환경을 만드는 일에 있다. 앞서 언급한 것처럼, 북·미 간의 시각 차이가 워낙 크고, 미국이 대외정책의 우선 순위에서 대이라크 전쟁 계획을 고수하고 있기 때문에, 아무리 좋은 방안이 있어도 쉽게 돌파구가 마련될 수 없는 현실에 있다. 북한 핵 문제의 평화적 해결을 위한 정치적 환경의 조성을 위해 전제되어야 할 것은 남북 화해협력 기조의 꾸준한 유지·발전이다. 이것은 위기 상황의 도래시 위기 확대의 완충적 역할을 할 수 있다는 점에서, 절대로 포기해서는 안 될 원칙이기도 하다.

동시에 우리는 북한과 미국에게 문제 해결의 실마리를 찾기 위한 정치적 환경 조성에 노력해줄 것을 요구해야 한다. 우선 북한으로 하여금 최소한 국제사회에서 북한이 넘지 말아야 할 '금지선'(red line)이라고 일컫고 있는 사용후 연료봉을 재처리하지 말 것을 강력히 요청해야 한다. 동시에 미국에게는 제네바 합의의 유지라는 기본 원칙을 재확인 받고 긴장 조성 행위가 될 수 있는 대북 제재 추진이나 경수로 사업 중단 등을 자제할 것을 요구해야 한다. 무엇보다도 미국이 말하는 '평화적 해결' 원칙이 중장기적으로도 유효하다는 점을 밝힐 것을 설득하고, 평화적 해결의 기본 원칙은 '협상'에 있다는 점을 주지시키도록 노력해야 할 것이다.

또 하나 중요한 것은 북핵 문제를 푸는 과정이 북·미 간의 적대관계를 해소해 한반도 냉전구조의 해체 및 동북아에 새로운 안보질서 창출까지 지향할 수 있는 '마스터 플랜'과 접목될 수 있도록 치밀한 전략을 세워야 한다는 것이다. 마스터 플랜의 과정은 다음과 같이 구상할 수 있을 것이다.

북한 핵포기 선언시 '문서 형태의 대북 체제안전 보장 제공 의사' 미국에 확인 → 북한의 NPT 탈퇴 철회 및 포괄적인 핵 포기 선언 → 미국의 대북 체제안전 보장문서 제공 → 영변 핵시설에 대한 IAEA 사찰단의 복귀 및 봉인·감시카메라 재설치 → 북·미 협상 시작 및 고농축 우라늄 의혹에 대한 북한의 IAEA와의 협의 개시, 북·일 국교수립 교섭 재개 → KEDO의 중유 제공 재개 및 한·미·일의 대북 인도적 지원 확대 → KEDO 이사국들(한, 미, 일, EU)과 북한과의 제네바 합의 이행 개선안 협상, 중국과 러시아 옵저버 자격으로 참가 → 북핵 문제가 해결 국면으로 접어들 경우, 남북한, 미국, 일본, 중국, 러시아가 참여하는 '동북아 비핵지대화 기구' 창설 제안 → 핵 문제 외에 미사일 등 북·미 간의 다른 현안에 대한 협상 → 정전체제의 평화체제로의 전환을 골자로 한 남-북-미 협상 본격 개시.

물론 위와 같은 일련의 과정은 반드시 순차적으로 이뤄질 필요는 없다. 그러나 이번 북핵 문제와 같이 다시는 한반도에서 위기 상황이 재발하지 않도록 북·미 간의 적대 관계 종식 및 한반도 냉전구조 해체라는 커다란 밑그림을 그리면서 북핵 해결안을 만들어야 할 것이다. 조심해야 할 부분은, 중재가 실패할 경우 사태는 오히려 더 악화될 수 있다는 점이다. 따라서 시간상의 촉박함을 감안하더라도, 한국에서 마련한 중재안을 북미 양측이 '반드시' 받아들일 수 있도록 중재안 자체를 건실하게 만드는 것이 대단히 중요하다.

5. 한국 사회의 반핵에 대한 이중성

필자는 이번 북한 핵 파문을 보면서 한국 사회의 반핵에 대한 이중성을 다시 한번 절감하지 않을 수 없었다. 그것은 북한의 핵 문제에 대해서는 과민 반응과 과도한 강경 대응 주문이 잇따르고 있는 반면에, 지속적으로 있어 왔던 미국으로부터의 핵 위협에 대해서는 이상하리만큼 둔감하다는 것이다. 이는 한국에서의 반핵 문제가 반북-친미라는 이념적 정서와 맞물려 있음을 보여준다. 다음의 몇 가지 사례는 한반도에 있어서 핵 문제를 다시 한번 생각하게 만든다.

1991년 7월 노태우 당시 대통령과 아버지 부시 대통령 간의 정상회담. 이 회담에서는 미국이 한국에 배치한 핵무기 철수 문제가 핵심 의제가 되었다. 이 자리에서 부시 대통령은 북한의 핵 프로그램을 통제하기 위한 하나의 방편으로 한국에 배치된 핵무기 철수를 추진할 의사가 없다는 것을 단호히 밝혔다. 한반도 비핵화를 추진해온 노태우 정부로서는 큰 시련이 아닐 수 없었다. 그러나 1991년 9월 27일, 부시 대통령은 갑작스럽게 한반도의 지상과 해상에 배치된 핵무기를 모두 철수시키겠다고 선언했다. 노태우 대통령한테 핵무기 철수 계획이 없다고 밝힌 지 불과 두 달 후의 일이었다. 미국은 91년 12월까지 핵무기 철수를 완료했고, 이 사실을 통보받은 노태우 대통령은 91년 12월 18일 "한국에 더 이상 핵무기는 없다"고 선언했다. 그리고 12월 31일 북한과 '한반도 비핵화에 관한 공동선언'을 채택했다.

1998년 6월 10일, 김대중 대통령과 클린턴 대통령의 첫 한·미 정상회담. 이 회담에서 클린턴 대통령은 김대중 정부의 남북화해협력 노력에 경의를 표하고 적극적으로 지지할 것을 다짐했다. 그러나 이 정상회담이 열리기 며칠 전, 노스캐롤나리아 소재 세이머 존슨 미 공군 기지를 이륙한 F-15E 전폭기는 모조 핵폭탄을 탑재해 플로리다까지 날아가 훈련장에 폭탄 투하 훈련을 실시했다. 이 훈련은 한반도 전쟁 발발시 미국 본토에서 북한까지 날아가 핵폭탄을 투하하는 연습이었다. 물론 이 훈련은 '비밀' 훈련이었다. 여기에 대해서는 아래에서 상세히 설명하기로 한다.

2002년 2월 20일 김대중 대통령과 부시 대통령 간의 두 번째 정상회담. 이미 2001년 3월초 첫 정상회담에서 호되게 당한 바 있는 김대중 대통령은 부시 대통령이 서울에서 '악의 축' 발언을 재생할까 촉각을 곤두세웠고, 부시 대통령의 대북 강경자세를 누그러뜨리기 위해 총력을 다했다. 다행히 부시 대통령은 악의 축 발언을 하지 않았고, 도라산역을 방문했을 때, "북한을 침략하지 않겠다"고 선언했다. 그러나 이 회담 3주 후 김대중 정부는 또 한번 발칵 뒤집혔다. 부시 행정부가 새로운 핵태세검토보고서(NPR)에서 북한을 핵 선제공격 대상에 포함시킨 것을 뒤늦게 알았기 때문이다. 그것도 미국 정부의 통보가 아니라 비밀 문서를 입수·보도한 미국 언론을 통해서 알게 된 것이다.

이렇듯 한반도의 생사가 걸린 핵전쟁 문제와 관련해 "우방국"이자 "동맹국"인 한국은 미국으로부터 철저히 무시당해 왔다. 이는 한·미 관계의 현실을 비판적으로 검토해야 할 절박함과 '핵전쟁'을 포함한 한반도에서의 전쟁과 평화의 심판자이자 결정자로서의 미국의 압도적인 규정력을 다시 한번 확인시켜주고 있다. 또한 탈냉전시대의 한·미 관계가 종속적인 관계에서 대등한 관계로 발전하고 있다는 한·미 정부의 주장이 '빛 좋은 개살구'임을 보여주기도 한다.

흔히 한반도는 지구상에서 전쟁이 발발할 가능성이 가장 높은 지역 가운데 하나로 분류되어 왔다. 여기에는 물론 핵전쟁 가능성도 포함된다. 그러나 우리 사회는 이상하리만큼 핵무기 문제에 대해 둔감하다. 한반도는 이미 한국전쟁 당시 핵무기의 화염에 휩싸일 뻔한 경험을 갖고 있다. 다행히 당시 미국 대통령인 트루만이 핵무기 사용을 고집하던 맥아더 장군을 태평양 사령관에서 해임시킴으로써 핵전쟁의 참화는 피할 수 있었다. 그러나 이것이 핵전쟁 위협의 영구적 종말은 아니다.

1953년 7월 27일 정전협정이 체결된 직후, 미국의 덜레스 국무장관은 '대규모 보복 전략'을 천명했다. 적이 재래식 군사력을 동원해 침공할 경우 핵무기로 대량 보복하겠다는 전략이었고, 1955년 1월 서울을 방문한 래드포드 합참의장은 이 전략에 한반도도 포함된다고 선언했다. 그리고 1958년부터는 주한미군이 다양한 전술 핵무기를 전진 배치하기 시작했다. 이에 대응해 북한은 주요 군사력을 휴전선 인근으로 이동시켰다. 나중에 설명하겠지만, 기본적으로 북한식의 '억제력'이다.

북한의 재래식 공격에 대해 핵 공격을 포함한 대량 보복전략이 구체화된 것이 바로 팀스피리트 훈련이다. 1978년부터 실시된 이 훈련은 일반적으로 한반도에 비상상태가 발발할 경우 공동 대처한다는 한미상호방위조약을 근거로, 본토와 해외기지에 배치하고 있는 미국의 육·해·공군을 신속히 한국에 투입시키고 한국군과 유기적인 협동체제하에 기동성 있게 연합작전을 수행할 수 있도록 하기 위한 훈련이라고 설명되곤 한다. 그러나 이 훈련의 핵심 가운데 하나는 바로 대북 핵공격 훈련이다. 예를 들어 1993년 팀스피리트 훈련 당시에는 한국에 배치된 핵무기 탑재가 가능한 F-16 전투기를 비롯해, B-1B 전폭기 등이 동원된 바 있다. 또한 일본의 요코스카 항에 기지를 두고 있는 USS 인디펜던스 항공모함은 핵미사일을 탑재한 잠수함을 거느리고 있었다.

이것은 북한의 남침을 '억지'하기 위한 것이라고 설명되지만, 이러한 한·미 연합의 핵 억지력은 한마디로 '과도한' 억지력이다. 남침 시 핵 보복을 당할 것이라는 강력한 경고를 북한에게 보냄으로써 북한의 남침을 억제할 수 있는 효과를 가져왔던 것도 사실이지만, 북한으로 하여금 끊임없는 핵전쟁 공포에 시달리게 함으로써 북한 군사력의 전진 배치, 핵무기, 생화학무기, 미사일 등 대량살상무기 개발의 동기 부여를 유발한 측면이 있다는 점을 간과해서는 안 된다. 한·미 동맹의 과도한 억지력에 맞서 북한 군사력의 전진 배치, 핵, 미사일 등 대량살상무기 문제가 탈냉전시대 한반도의 전쟁과 평화 문제에 가장 핵심적인 문제로 부각되어온 것은 결코 우연이 아닌 것이다.

특히 북한의 군사적 위협과 호전성을 강조할 때 가장 많이 거론되는 군사력의 전진 배치 문제는 미국의 대북한 핵 전략과 밀접한 관계를 갖고 있다. 핵무기를 보유·배치하지 않은 북한으로서는 휴전선 인근으로 병력 및 장비를 집중시켜 미국이 핵무기를 사용하면 남한과 주한미군도 피해를 당할 수 있는 환경을 만듦으로써 미국이 핵무기 사용을 주저하게 하는 효과적인 방법이라고 생각해온 것이다.[109] 바로 '적 끌어안기 전략'이다.

물론 미국의 공세적 핵 전략은 1991년에 아버지 부시 행정부가 한반도에 전술 핵무기를 철수하고, 1994년 10월 제네바 합의 이후 팀스피리트 훈련을 중단함으로써 그 위협이 줄어든 것은 사실이다. 그러나 한반도에서의 전술 핵무기의 철수와 팀스피리트 훈련 중단이, 곧 미국이 북한에 핵무기를 사용하지 않겠다는, 그래서 한반도에서의 핵전쟁 가능성이 사라졌다는 것을 의미하는 것은 아니다.

2002년 9월 미국의 안보전문연구기관인 노틸러스 연구소가 정보자유법에 따라 미국 정부로부터 입수한 미군의 대북 핵공격 계획 비밀해제 문서는 미국이 91년 핵무기 철수와 94년 제네바 합의 이후에도 대북 핵공격 훈련을 계속하고 있었다는 점을 여실히 보여주고 있다.[110] 특히 주목할 점은 91년 한반도에서의 핵무기 철수 이후 미국의 대북 핵 공격 계획의 다른 대안들이 마련되어 왔다는 것이다.

---

109) Selig S. Harrison, The Missile of North Korea : How Real a Threat?, *World Policy Journal* Volume XVII, No 3, Fall 2000.

110) 노틸러스 연구소가 입수한 문서 원본은 <http://www.nautilus.org/nukestrat/korea/postcw. html>에서 볼 수 있다.

1991년 아버지 부시 행정부 때 남한에 배치한 전술핵무기를 철수시킨 미국은, 북한에 대한 핵 공격 계획을 계속 유지하기 위해 F-15E, B-1 등 장거리 폭격기와 트라이던트 잠수함 발사 핵미사일 등을 대안으로 발전시켜온 것이다. 그리고 대북한 핵 공격을 담당하는 미군 부대도 미 본토에 있는 제4 전투비행단으로 바뀌게 되었다.

1998년 상반기 노스 캐롤라이나에 있는 세이머 존슨 공군기지에서 실시된 수차례의 대북한 핵무기 사용 모의 훈련은 이러한 미국의 계획을 잘 보여주고 있다. 이 훈련은 앞서 지적한 것처럼 한반도의 평화와 안정을 논의하기 위한 한·미 정상회담 직전에 '비밀리'에 실시된 것이다. 물론 이 훈련에서 사용된 것은 콘크리트로 만든 모조탄이고, 모조탄이 투하된 플로리다 폭격장은 북한을 가상한 것이다. 이에 따라 미국 대통령이 북한에 대해 핵무기 사용을 승인하면, 제4 전투비행단은 괌 등 한반도 인근 지역에 배치되게 된다. 또한 핵폭탄을 탑재한 F-15E 전폭기와 함께 E-3A 조기경보통제기(AWACS), KC-135 공중급유기, 전투비행단을 보호하기 위한 F-15 전투기 등이 동원된다.[111]

비밀 해제 문서를 입수해 폭로한 노틸러스 연구소의 한스 크리스텐센 연구원은 필자와의 이메일 인터뷰에서 이러한 훈련은 계속되고 있다고 지적했다. 그는 특히 미국 대통령이 명령하면, "미국 본토로부터 전폭기를 출격시켜 북한에 핵공격을 하는 데 10시간 정도 소요되고, 트라이던트 잠수함 발사 핵미사일의 경우에는 버튼을 누르면 30분 만에 한반도에 도달할 수 있다"고 주장했다.[112]

---

111) Hans M. Kristensen, Preemptive posturing, *Bulletin of the Atomic Scientists*, September/October 2002, Volume 58, No. 5.

112) 이메일 인터뷰는 2002년 9월 12일에 이뤄졌다.

이처럼 91년 전술핵무기 철수 및 94년 제네바 합의 이후 '비밀리'
에 유지해온 미국의 대북한 핵공격 계획은 부시 행정부 출범 이후 핵
태세검토보고서(NPR)를 통해 '공식화'되기에 이른다. 이것은 미국이
제네바 합의의 중요한 합의 사항을 위반하면서, 북한에게는 제네바
합의 준수를 요구하는 '부당한 일방주의'를 다시 한번 확인시켜 주고
있기도 하다. 이에 대해서는 5부에서 상세히 다뤄질 것이다.

이러한 내용을 통해 확인할 수 있는 것은 한반도에서의 핵전쟁 위
험은 사라지지 않았을 뿐더러, 부시 행정부 출범 이후에는 오히려 증
대되고 있다는 점이다. 이에 따라 핵전쟁의 가능성의 높고 낮음을 떠
나 우리는 핵무기 문제에 좀더 많은 관심을 가질 필요가 있을 것이다.

한반도의 핵무기 문제는 크게 세 가지 차원에서 제기된다고 할 수
있다. 먼저 앞서 상세히 설명한 것처럼 미국의 핵무기 패권주의 및 일
방주의가 한반도에서 관철·강화되고 있다는 점이다. 이것은 미국이
한반도에서의 핵 공포의 실체임에도 불구하고 그 진실이 잘 알려지지
않았기 때문에, 가장 관심을 기울여야 하는 문제임에도 관심 밖의 영
역에 머물러온 문제이기도 하다. 이렇듯 미국으로부터 제기되는 핵
위협에 대해 둔감한 이유로는 근본적으로 '미국식 핵무기주의'가 한
국에도 투영되어 왔다는 점을 지적할 수 있을 것이다. 이는 정책적으
로 '핵우산'으로 표현되는 미국의 안보공약 및 한·미 동맹체제 아래
에서 미국의 핵무기에 대한 문제제기가 금기시되었던 것으로 나타나
기도 했다. 미국의 핵 정책을 비판하는 것은 곧 안보를 위태롭게 하고
북한을 이롭게 한다는 냉전 반공시대의 산물이 여전히 해소되지 않고
있는 것이다.

두 번째는 1990년대 이후 한반도 문제의 최대 쟁점으로 부각되어

온 북한의 핵 문제이다. 북한의 핵 문제는 북한의 핵무기 개발 시도, 즉 북한의 핵 위협 그 자체 못지 않게, 이를 둘러싼 북·미 간의 대결과 갈등이 위기의 실체가 되어 왔다고 할 수 있고, 이러한 위기 구조는 향후에도 쉽게 해소될 수 없을 것으로 보인다. 2002년 10월 불거진 북한 비밀 핵 개발 논란은 북한 핵 문제가 근본적으로 북·미 관계를 중심으로 한 한반도 평화구조의 취약성에서 비롯된다는 것을 다시 한번 확인시켜 주고 있다.

세 번째는 미국, 중국, 러시아 등 핵 강대국과 대량 핵 보유의 잠재력을 갖고 있는 일본 등 주변 강대국과의 문제이다. 이것은 한반도가 본격적인 통일과정으로 진입할 때 크게 부각될 수밖에 없는 '미래의 근본문제' 가운데 하나이다. 과거 불행한 역사에 대한 피해의식과 주변 강대국들의 한반도에 대한 영향력 경쟁은 한국인으로 하여금 '핵 주권'을 떠올리게 하는 배경으로 작용할 공산이 크다. 그러나 주변 강대국과 어깨를 나란히 하기 위해 핵무기와 미사일을 보유해야 한다는 '감정적 민족주의'는 한편으로는 한반도의 평화와 통일, 그 자체를 위태롭게 할 뿐만 아니라, 동북아에서의 극심한 군비경쟁을 야기해 한반도의 안보를 위협한다는 점에서 현실성도 타당성도 없는 발상이다. 이것은 '핵 주권'의 대안으로 핵무기에 의존하지 않는 한반도와 동북아의 새로운 안보 질서를 개발하고 발전시켜나가야 한다는 과제를 말해주는 것이라고 할 수 있다.

한국 사회가 핵무기 문제에 둔감하다는 것은, 시민사회운동 진영이 급격히 성장해 오고 있고 또 반세기 이상 지속된 한반도의 핵 공포가 미래에도 중대한 문제임에도 불구하고 핵무기 문제를 전문적으로 다루는 NGO 하나 없다는 점에서도 확인할 수 있다. 이것은 냉전시대

미·소간의 핵무기 감축을 이끌어내고 각종 핵 군비통제 레짐의 탄생에 큰 기여를 해온 미국과 유럽의 평화운동과는 큰 차이를 보이고 있는 점이라고 할 수 있다. 동시에 한국의 시민사회가 인류 사회의 공동의 문제에 얼마나 무관심했는지를 보여주는 상징적인 사례이기도 하다. 이러한 현실에 대한 철저한 반성이 곧 '핵 공포' 없는 한반도와 세계를 만들어 가는 첫걸음일 수밖에 없을 것이다.

6. 최후의 함정

2003년 한반도의 위기는 세 가지 차원에서 이해해야 한다. 즉, 북핵 위기는 집권과 동시에 내재되어온 부시 행정부의 한반도 전쟁 위협, 그리고 북한의 인도주의적 위기와 함께 바라볼 필요가 있다. 그리고 이 세 가지는 서로 분리된 것이 아니라, 상호간에 상승 작용을 일으키면서 파국을 가져올 수 있다는 점에서 악순환의 고리를 끊어야 한다는 절체절명의 과제로도 연결된다.

무엇보다도 2003년 위기의 핵심에는, 부시 행정부로부터 제기되는 전쟁 위기가 도사리고 있다. 부시 행정부의 핵심적인 외교안보 수뇌들은 오래 전부터 북한 등 이른바 깡패국가들에 대한 선제공격 전략과 이를 관철할 수 있는 군사력의 증강을 추진해 왔기 때문이다. 10월부터 불거진 북한 핵 파문은 2003년 위기설의 결정적인 요인이라기보다는 '가속화시키고 있는 요인'으로 바라보는 것이 정확하다. 부시의 '악의 축' 발언도, 선제공격 대상에 북한을 명시한 것도 북한 핵 파문이 벌어지기 전의 일이라는 것을 유념에 둘 필요가 있다. 오히려 이런 부시 행정부의 일관된 대북 강경책이 한반도 위기의 근본적인 요인이 되고 있는 것이다. 부시 행정부로부터 제기되는 '근본적인 위협'에 대해서는 이 책의 4부에서 상세하게 다룰 것이다.

두 번째는, 북한의 핵 무장이 현실로 나타날 때의 위기다. 미국과의 협상이 끝내 무산돼 북한이 핵 무장을 할 경우, 그 파장은 상상을 초월하게 된다. 한반도에서의 전쟁 위험성이 근본적으로 제거되지 않은 상태에서, 북한의 핵 무장은 한국 국민들에게 핵전쟁의 공포를 안겨줄 수밖에 없다. 동시에 미국의 대북 핵 전략의 강화를 가져와, 한반도 전체를 핵 공포에 시달리게 하는 요인으로 작용할 것이다.

문제는 여기에서 끝나지 않는다. 북한이 실제로 핵무기를 보유할 경우, 동북아는 물론이고 전 세계에 미치는 파장은 엄청날 수밖에 없기 때문이다. 북한의 핵 보유는 당장 정치적 결단만 내리면 수년 내에 수백 기의 핵무기를 만들 수 있는 일본의 핵 무장론에 기름을 붓는 결과를 낳을 것이다. 북한에 이어 일본도 핵 무장을 시도할 경우 남한 역시 핵 보유론이 강하게 제기될 수밖에 없다. 이것은 또한 그 동안 급격한 핵 군비증강을 자제해온 중국의 핵 증강으로 이어지게 되고, 핵 도미노 현상이 인도, 파키스탄, 중동까지 확대될 위험성을 내포하게 된다. 또한 북한이 핵 개발에 성공할 경우, 미사일에 이어 '외화벌이' 수단으로 핵 기술 수출을 시도할 가능성도 배제할 수 없다. 북한의 핵 보유는 이처럼 동북아 지역의 핵 군비경쟁은 물론이고 핵무기 비확산체제(NPT)의 붕괴로 이어질 수 있는 위험성을 내포하고 있는 것이다.

가장 근본적으로는, '핵무기를 가진 북한'과의 통일은 사실상 불가능하다는 점이다. 통일 한반도에 대한 주변 국가들의 이해관계가 첨예하게 맞서면서도, 이들 국가가 양보할 수 없는 이해관계로 삼고 있는 것은 통일 이전은 물론이고 통일 이후 '한반도에서도의 비핵화'를 실현하는 것이다. 흔히 주변국가들의 협력과 지지까지는 아니더라도, 강력한 반대는 없어야 통일이 가능하다고 할 때, 한반도의 비핵화는 통일의 중요한 전제조건이 되는 것이다. 이러한 점에서 정부는 물론 시민사회가 철저한 '반핵'의 입장에 서는 것은 대단히 중요하다. 우리가 철저한 반핵의 입장에 설 때, 미국의 대북 강경책을 반대할 수 있는 가장 큰 명분을 세울 수 있고, 국제사회에 강력한 도덕적 호소력을 갖게 되기 때문이다.

마지막으로 또 다시 고립되고 지원이 줄어들면서, 북한 주민들이 직면하고 있는 인도주의적 대참사의 위기다. 앞의 두 가지가 아직까지 불확실한 위기라면, 특단의 대책이 마련되지 않은 한, 북한의 인도주의적 위기는 피할 수 없는 현실이 될 가능성이 대단히 높다. 더구나 가장 현실화될 가능성이 큰 위기임에도 불구하고, 우리 시민사회를 비롯한 국제사회가 가장 무관심한 영역이라는 점에서 상황의 심각성은 더하다고 할 수 있다.

이미 세계식량계획(WFP) 등 유엔 기구들은 북한에 추가적인 식량 지원이 이뤄지지 않을 경우, 4~5백만 명이 아사 위기에 직면할 위험성이 있다고 경고해 왔다. 북한의 이런 식량난은 2002년 식량 생산량이 지난 7년 동안 가장 많음에도 불구하고 나타나는 것으로서, 미국, 일본 등 최대 식량지원 국가들이 핵, 납치자 문제 등 정치적 이유로 식량지원을 중단하거나, 대폭 줄인 것이 가장 큰 요인으로 지적되고 있다. 더구나 미국이 중유 제공 중단에 이어, 북한이 핵 개발을 포기하지 않을 경우 경제 붕괴까지 유도하겠다는 이른바 '맞춤형 봉쇄'를 추진한다면, 북한의 인도주의적 위기는 회복 불가능한 수준까지 악화될 수밖에 없다. 대표적인 대량살상무기인 핵무기 개발의 포기를 유도한다는 명분으로, 대량 아사자와 탈북자를 발생시킬 수 있는 봉쇄와 제재를 추진하고 있는 부시 행정부의 대외정책의 몰도덕성에 비난만 퍼부을 일이 아니다.

이렇듯 불가피해 보이는 북한의 인도주의적 대참사는 "인류에게 정말 대량살상무기가 무엇인가"라는 근본적인 의문을 던지게 한다. 일례로 대량살상무기 개발을 예방한다는 명목으로 91년 걸프전 이후 이라크에 가해지고 있는 경제제재로 2~3백만의 이라크 주민들이 목숨을 잃었다. 이 수치는 인류 역사상 사용된 모든 대량살상무기들에 의한 희생자들의 합계보다 많은 수치다. 이러한 이라크의 '조용하지만 참혹한 전쟁'은 오늘날까지 계속되고 있고, 북한 역시 90년대 중후반에 이어 2003년에 또 다시 대기근에 직면할 것으로 보인다. 북한이 2백만 명 안팎이 아사한 것으로 알려진 90년대 중후반의 대기근에 이어, 2003년에도 또 다시 '총성 없는 전쟁'을 피하지 못한다면, 유엔 관계자들이 경고해온 것처럼 정말 "북한의 한 세대가 조용히 사라질 것이다."

위에서 언급한 세 가지 한반도 위기, 즉 북한의 핵무장, 미국발(發) 전쟁 가능성, 북한의 인도주의적 위기 가운데, 어느 것 하나라도 현실화되면 우리는 돌이킬 수 없는 상처를 입게 된다. 그러나 이들 세 위기는 서로 밀접히 연관된 것이어서 어느 하나만 해결한다는 것이 불가능하고, 반대로 문제를 풀면 세 가지 위기를 동시에 극복할 수 있는 환경을 만들어 낼 수 있다. 우리가 주목해야 할 부분이 바로 이 지점이다. 가령 부시 행정부가 지금까지의 태도를 바꿔 '타협'을 위한 북한과의 협상에 나선다고 가정해 보자. 북한은 지금 이 순간까지도 미국과의 협상을 통해 체제안전 보장을 받을 수 있다면, 기꺼이 핵 개발을 포기할 수 있다는 입장을 견지해 오고 있다는 점에서 미국측의 태도 변화는 문제를 풀 수 있는 가장 중요한 실마리라고 할 수 있다.

협상을 통해 북한의 핵 포기와 미국의 대북 체제안전 보장을 골자로 한 대타협이 이뤄진다면, 핵 공포를 포함한 한반도의 전쟁 위기는 확연히 줄어들 수 있다. 이는 동시에 탄도미사일, 생화학무기, 재래식 군사력 등 미국이 말하는 다른 안보 사안과, 미사일 포기에 따른 현물보상, 테러지원국 및 경제제재 해제, 정전체제의 평화체제로의 전환 등 북한측의 요구 사안들을 포괄적으로 해결할 수 있는 길을 열 수 있는 환경을 만들 수 있다는 것을 의미한다. 또한 남북, 북·일 관계 정상화의 가장 큰 걸림돌이 제거됨으로써 한반도 냉전구조의 포괄적인 해체와 북한 경제 회생의 길을 열 수도 있게 된다. 물론 이 과정에서 중단됐거나 축소되었던 대북 식량 및 에너지 지원이 재개됨으로써 북한의 인도주의적 참사를 완화시킬 수 있는 환경도 자연스럽게 마련될 것이다.

그러나 우리가 직면하고 있는 현실은 위에서 말한 세 가지 위기를 동시에 극복할 수 있는 방향보다는 최후의 딜레마를 내포한 '함정'에 빠져드는 결과로 이어질 가능성이 오히려 더 높다. 이것은 부시 행정부의 대북정책을 둘러싼 미국 내의 논란을 통해서도 유추할 수 있다.

실제로 2003년 들어 부시 행정부의 무원칙한 대북정책이 북한의 핵 개발을 방치하고 있다는 비판이 국제사회는 물론 미국 내부에서도 거세게 일어 왔다. 특히 국제사회와 대다수 미국 언론은 미국의 대북 강경책과 북한의 핵 개발로 조성되고 있는 2002년 말~2003년 초 정세를 "심각한 위기"로 규정하고 있는 반면에, 정작 부시 행정부는 "위기라고 보지 않는다"는 입장을 거듭 밝혀, 부시 행정부가 이라크 전쟁계획에 몰두한 나머지, 더 큰 위기에 안일하게 대처하고 있다는 비판이 끊이지 않고 있다.

『뉴욕타임스』(2003년 1월 5일)는 "대부분의 전문가들은 북한 핵문제를 지난 10년간 동북아의 가장 큰 안보 위협이라고 믿고 있다"며, 부시 행정부의 안일한 인식을 강력히 비판했다. 또한 미국 언론들은 "이라크는 유엔 사찰단을 받아들이고 유엔에 협력하고 있는 반면에, 북한은 사찰단을 추방하고 핵 개발을 가속화하고 있다"고 지적하면서, 이라크에는 무력 사용을, 북한에게는 평화적 해결을 추구한다는 부시 행정부의 태도를 도무지 이해할 수 없다는 논조를 보이고 있다. 그렇다고 이들 언론이 북한에 무력을 사용해야 한다고 주장하는 것은 아니다. 대부분의 언론들과 전문가들은 '협상'만이 유일한 해결책이 될 수 있다는 입장을 보이고 있다. 북한 핵 문제가 불거진 이후, "북한은 이라크와 다르다"며 옹색한 변명을 늘어놓고 있는 부시 행정부의 대국민 선전전도 효력을 발휘하지 못하고 있다. 이런 상황에서 부시 행정부가 대이라크 전쟁을 강행하면, 이것을 '석유 이권 및 패권주의 강화를 위한 전쟁'으로 보고 있는 이슬람권 사람들의 반미감정은 극에 달할 것이라는 경고도 나오고 있다. 즉, 미국의 대이라크 공격이 자칫 국제사회가 가장 우려하는 '문명간의 충돌'로도 비화될 수 있다는 것이다. 이러한 우려를 반영하듯, 북한 핵 문제가 악화되면서 이라크 전쟁 계획을 재고해야 한다는 미국 안팎의 요구 역시 커지고 있다.

흔히 국제사회는 북한 정권을 일컬어 "예측 불가능하고 비이성적인 국가"라는 수식어를 많이 쓴다. 그러나 오늘날 핵 문제를 둘러싼 북·미간의 대결구조를 보면, 예측 불가능한 쪽은 오히려 부시 행정부라고 할 수 있다. 북한은 핵 파문 이후, "미국이 불가침 조약을 체결하면 핵 문제는 자연스럽게 풀린다"며, 핵 문제와 체제 안전보장 문제를 골자로 한 협상을 요구하고 있지만, 부시 행정부는 냉온탕을 왔다갔다하는 발언으로 혼란을 가중시키고만 있기 때문이다.

전통적으로 '봉쇄'와 '억제'에 의존해온 미국의 안보전략을 바꿔 '선제공격'을 공식화한 부시 행정부는 북한을 "가장 위험한 대량살상무기 보유 국가"라며 선제공격 대상으로 지목해 놓고서는, 정작 북한의 핵 개발 문제가 불거진 이후에는 "외교를 통한 평화적 해결"을 밝히고 있다. 그러나 미국의 대다수 전문가들이 지적하는 것처럼, 외교의 기본인 '협상'을 배제하고 있다는 점에서, 평화적 해결의 기본적인 수단을 무시하고 있기도 하다. 이에 따라 이런 무원칙하고 무책임한 대북정책이 북한의 핵 개발을 방치하고 있다는 비난의 목소리가 커지고 있는 것이다.

부시 행정부는 이에 대해 "북한을 선제공격하는 것은 대단히 위험하고, 후세인 정권이 더 위험하기" 때문에 북한과 이라크에 같은 방식을 적용할 수 없다고 주장해 왔다. 부시 행정부는 북한이 이라크와 다른 이유로, 한국전쟁 이후 주변 국가를 침공한 적이 없고, 대량살상무기를 사용한 적이 없으며, 이라크와 달리 지역 패권을 추구하지 않는다는 점 등을 들고 있다. 또한 북한은 이라크보다 경제적으로 대단히 취약하기 때문에, 제재와 압박을 통해 북한을 굴복시킬 수 있다고 보고 있다. 북한을 이라크와 싸잡아 비난할 때가 불과 몇 달 전인데, 정작 북한의 핵 개발 문제가 불거진 이후에는 부시 행정부가 나서 북한을 옹호하는 '어이없는' 일들이 벌어지고 있는 것이다.

이처럼 부시 행정부가 자신의 편의에 따라 정치적 수사와 정책을 바꾸는 것이 대단히 위험한 이유는 정책결정과 그 결과에 대한 불확실성을 높이고 있기 때문이다. 즉, 부시 행정부가 진정으로 요구하고 추구하고자 하는 목표와 의도가 갈수록 불투명해지고 있는 것이다. 정말 북한을 이라크와 다르게 보면서 무력 사용을 앞으로도 배제하겠다는 것인지, 대이라크 전쟁이 끝난 다음에 두고보자는 것인지, 아니면 지금까지 그래왔듯이 '무력 사용'도 '협상'도 배제하고 '북한 위협론'에 의존해 미사일방어체제(MD) 구축 등 군비강화의 근거로 계속 삼고자 하는 것인지, 도무지 그 속내를 알기 힘들다는 것이다. 이런 혼란이 생기는 것은 근본적으로는 미국 강온파 사이의 대북정책의 목표에 대한 분열이 계속되고 있기 때문이라고도 할 수 있다.

대북정책과 그 목표 및 수단을 둘러싼 부시 행정부의 혼란상은 북한의 핵 시위가 절정에 달한 2002년 말과 2003년 초 정세에 대한 인식에서도 확인할 수 있다. 일반적으로 미국은 물론 국제사회는 북한이 넘지 말아야할 금지선으로 ▲핵무기비확산조약(NPT) 탈퇴 선언 ▲중장거리 미사일 시험 발사 ▲원자로 재가동 ▲사용후 연료봉의 재처리 등을 언급해 왔다. 이 가운데 사용후 연료봉의 재처리는 5개 안팎의 핵무기를 만들 수 있는 무기급 플루토늄 추출이 가능하다는 점에서 가장 주목해야 할 대상이기도 하다. 그러나 콜린 파월 국무장관은 2002년 12월 29일 방송에 출연해 "북한이 추가적인 핵무기 보유에 나설 경우 정부는 무엇을 할 것인가"라는 질문에, "미리 판단하지 말라"며, 북한이 핵무기를 다른 나라로 수출한다면 행동에 나설 것이라고 말한 바 있다. 파월 장관은 이를 북한이 확실히 넘어서는 안 될 '금지선'이라고 밝혔다. 아직 단정하기는 이르지만, 이런 부시 행정부의 입장은 '단기적으로' 북한이 핵무기를 보유하는 것까지는 용인하더라도, 수출하는 것은 용납하지 않겠다는 암시로도 해석할 수 있다. 부시 행정부가 최근 "북한이 1~2개의 핵무기를 이미 보유하고 있다"고 말하는 것도 이러한 맥락에서 주목할 필요가 있다. 이와 관련해『뉴욕타임스』(2002년 12월 30일)는 "설사 김정일이 핵무기를 추가적으로 보유하더라도, 그는 본질적으로 후세인보다 예측 가능하고 덜 위험한 것으로 부시 행정부는 판단했다"는 시나리오를 제시하기도 했다.

이런 보도를 뒷받침하듯 파월 장관은 "북한은 주민들은 굶주리고 있고, 에너지도 없으며, 경제도 붕괴되고 있는데, 2~3개의 핵무기를 더 갖고서 무엇을 하려고 하겠는가"라는 반문을 던지기고 했다. 즉 북한은 이미 핵무기를 1~2개 보유했고, 여기에 추가적으로 몇 개를 더 보유하더라도 다른 나라에 수출하지 않는 한, 심각한 사태가 오지 않을 수도 있다는 태도를 보이고 있는 것이다.

여기서 한 가지 주목해야 할 점은 "북한이 이미 1~2개의 핵무기를 보유하고 있다"는 주장은 여전히 근거가 별로 없다는 것이다. 북한 핵 보유 문제와 관련해 부시 행정부의 정치적 수사의 변화를 보면, 초기에는 "1~2개의 핵무기를 만들 수 있는 플루토늄을 보유하고 있다"에서, 작년 10월 핵 파문 이후에는 "1~2개의 핵무기를 이미 보유하고 있을 수도 있다"로, 그리고 북한의 핵 동결 해제 선언인 작년 12월 말부터는 "이미 갖고 있다"로 변해 왔다. 이것은 정치적 수사 차원의 발전일 뿐, 부시 행정부는 이러한 주장을 뒷받침할 근거를 전혀 제시하지 못하고 있다. 무기급 플루토늄으로 핵무기를 제조하기 위해서는 핵폭발을 일으키는 기폭장치와 핵폭발이 성공적으로 일어나는지를 확인할 핵실험이 필요한데, 북한이 기폭장치를 보유했다거나 핵실험

을 했다는 어떠한 증거도 제시되지 않고 있기 때문이다.[113]

이렇듯 부시 행정부가 객관적인 근거 제시 없이 북한의 핵 보유를 기정사실화하고 있는 것은 다분히 정치적 명분의 축적용이라고 할 수 있다. 즉 북한이 실제로 핵을 보유할 경우, 이를 저지하지 못한 부시 행정부는 미국 안팎으로부터 엄청난 비판에 직면할 수밖에 없는데, 북한이 핵무기를 이전부터 갖고 있었기 때문에 자신의 책임이 아니라는 탈출구를 마련할 수 있는 것이다.

문제는 이 같은 부시 행정부의 혼란스러운 대북정책이 북한의 핵 개발 계획과 맞물리면서, 앞으로 감당하기 힘든 엄청난 딜레마를 만들고 있다는 점이다. 미국과 북한이 함께 파고 있는 함정에 북한과 미국은 물론이고, 한국, 일본, 중국, 러시아 등 모든 관련 국가들이 빠져들 가능성이 높기 때문이다. 부시 행정부의 비타협적인 노선은 궁극적으로 북한으로 하여금, 일방적으로 핵 포기를 해야 할지, 아니면 핵무장을 강행할지 양자택일을 강요하는 결과를 낳고 있다. 북한의 입장과 태도가 미국이 끝내 대북 체제안전 보장을 해주지 않으면 핵무기를 보유할 수 있다는 것인 만큼, 극적인 돌파구가 마련되지 않은 한, 북한은 실제로 핵 무장에 나설 가능성이 높다. 이것은 남북한, 미국, 일본, 중국, 러시아 모두가 원하지 않는 결과이기도 하다. 부시 행정부의 대북한 비타협주의가 위험한 이유가 바로 여기에 있는 것이다.

미국의 대북 강경책과 북한의 핵 개발 시도로 조성되고 있는 위기

---

113) 이와 관련해, 일부에서는 북한이 컴퓨터를 이용해 핵실험을 했을 가능성을 제기하고 있다. 그러나, 대부분의 핵문제 전문가들은 컴퓨터 핵실험은 실제 핵실험의 노하우가 축적되어야 가능하고 고도의 기술이 필요하기 때문에, 북한이 컴퓨터 핵실험을 했을 가능성을 희박하게 보고 있다.

상황이 미래에 던지고 있는 핵심적인 질문은 다음과 같은 것이 될 수 있다. "핵무기를 가진 북한과의 공존을 선택할 것인가, 아니면 전쟁이라도 불사해서 이를 저지해야 하는가?" 즉, 지금은 북한의 핵 무장도, 미국의 대북 군사행동도 막아야 하지만, 앞으로 둘 가운데 양자택일을 해야 할 상황이 올 수 있다는 것이다. 이러한 시나리오는 극적인 돌파구가 마련되지 않는 한, '가정'이 아닌 '현실'이 될 수도 있다. 물론 상황이 여기까지 치닫지 않도록 예방 외교와 예방 운동에 총력을 기울여야 하겠지만, 이러한 가능성에도 대비할 필요가 있다.

문제 해결의 극적인 돌파구가 마련되지 않으면, 위와 같은 딜레마에 직면할 시점은 올 여름쯤이 될 것이다. 북한이 영변 핵시설을 재가동하면 5개 안팎의 핵무기를 만들 수 있는 플루토늄 추출 시기도 올 여름이고, 미국이 계획대로 이라크 전쟁을 종결하고 초점을 북한에게 맞출 시기도 늦봄부터 가능해질 것이기 때문이다. 사태 해결의 열쇠를 쥐고 있는 부시 행정부는 한편으로는 북한에게 거듭 핵 폐기를 요구하면서, 이를 거부할 경우에 응분의 대가를 치를 것이라고 경고하고, 한국과 일본, 중국과 러시아에는 핵무기를 가진 북한과의 공존을 선택하든지, 아니면 미국 주도의 대북한 제재나 군사행동에 나설 것을 요구할 것이다. 특히 이라크 문제가 해결된 이후에는 군사력과 외교력을 북한 문제에 집중할 수 있기 때문에, 부시 행정부의 태도는 확연히 달라질 것이다.

또 하나 생각해 볼 문제가 있다. 흔히 "미국은 북한의 핵 무장을 절대로 용인하지 않는다"는 명제를 미국 대북정책의 일종의 상수로 취급한다. 기본적으로 맞는 말이지만, 북한 문제에 대한 부시 행정부의 태도와 이해관계를 보면 "꼭 그렇지 않을 수도 있다"는 것이다. 즉,

북한의 핵 무장이 분명 '미국의 국익'을 저해하는 것은 사실이지만, 부시 행정부에게는 실(失) 못지 않게, 득(得)도 있기 때문이다. 일반적으로 "정부는 국익의 관점에서 움직인다"는 가정을 세우지만, 더 정확한 가정은 "정부는 일반의 이익과 정권 및 정권을 뒷받침하는 특수집단의 이익을 끊임없이 조정하면서 움직인다"는 것이 될 것이다. 특히, 민주적인 통제가 힘든 외교안보 영역에서 이러한 경향은 더욱 두드러지게 나타나고 있고, 미국 역시 예외가 아니다. 클린턴 행정부가 대외정책에서 외교 및 국제 군비통제체제를 통한 대량살상무기 '비확산'을 가장 큰 국익으로 해석했다면, 부시 행정부는 공격적 안보전략과 군사력 강화를 통한 '대확산' 전략에 무게 중심을 두고 있다는 것은 이러한 점에서 시사하는 바가 크다.

실제로 부시 행정부는 "대량살상무기 확산 방지"라는 관점보다는, "대량살상무기 위협 제거"라는 관점을 갖고 있다. 같은 말처럼 보이지만, 전자는 '비확산'을, 후자는 '대확산'을 의미하고, 더 중요하게는 이러한 접근이 때로는 '위협의 방치'를 통해, 때로는 '위협과의 거래'를 통해 추구된다는 점이다. 부시 행정부가 출범 이후 줄곧 전임 정부의 대북한 미사일 협상의 성과를 무시하고 협상을 배제하면서 MD 구축의 명분으로 활용한 것이나, MD에 대한 러시아와 중국의 양해를 얻기 위해 러시아의 다탄두 핵미사일 프로그램 및 중국의 핵전력 증강을 용인하고 있는 것은 이를 여실히 보여주는 사례라고 할 수 있다.

북한 핵 문제에 대한 부시 행정부의 접근도 마찬가지 맥락에서 이해할 수 있다. 북한이 실제로 핵무기를 보유하거나 그 문턱에 접근할 경우, 이것은 미국 주도의 비확산 체제에는 '엄청난 도전'이 되겠지만, 부시 행정부가 추구하는 대확산 체제에는 '엄청난 기회'로 작용하게 되는 속성을 갖고 있다. 동시에 외교를 통한 북한의 핵 무장 저지에 실패했기 때문에, 이제는 군사력 사용 위협 및 실제적인 사용을 통해 핵무기 등 대량살상무기 위험을 제거한다는 '대확산 전략'을 적용할 수 있는 정치적 명분이 생기는 것을 의미하기도 한다.

부시 행정부가 위와 같은 결과를 의도하면서 대북정책을 구상하고 있는지는 불확실하다. 그러나 탈냉전 이후 비확산 체제에 가장 큰 문제를 야기할 것이 확실한 북한 핵 문제에 대한 미온적인 태도는, 그것이 의도했건 그렇지 않건, 위와 같은 결과를 낳을 수 있다는 점에서 부시 행정부의 대북정책의 가장 큰 위험성이 도사리고 있는 것이다. 이러한 위험성을 경고하듯 『워싱턴포스트』(2002년 12월 29일)는, "함정을 파다가 자신이 빠진 것을 발견하면, 즉시 멈춰야 한다"는 외교가의 격언을 인용하면서, 부시 행정부는 자신까지도 빠져드는 함정을 그만 파고 북한과의 협상에 나서야 한다고 충고하기도 했다. 부시 행정부가 귀기울일지 두고볼 일이다.

[보론] 고농축 우라늄 시설을 이용한 북한의 핵 개발 능력 평가

다음은 고농축 우라늄을 이용한 핵무기 제조에 대해 이해를 돕고자 강정민 핵공학 박사(서울대 기초전력공학공동연구소 원자력정책센터)와의 인터뷰를 일부 발췌한 것이다. 인터뷰는 2002년 10월 23일에 이뤄졌고, 내용 전문은 평화네트워크 홈페이지(www.peacekorea.org)에서 볼 수 있다.

- 문제가 되고 있는 고농축 우라늄을 이용한 핵무기 제조 과정에 대해서 구체적으로 설명해 달라?

고농축 우라늄은 우라늄 동위원소의 하나이며 핵물질인 우라늄235가 20% 이상인 우라늄을 뜻한다. 천연 우라늄의 경우 우라늄235는 0.7%이며 나머지는 거의 대부분 우라늄238로 구성되어 있다. 그러므로 고농축 우라늄을 만들려면 우라늄 내 우라늄235의 비율을 증가시키기 위해 특별한 농축설비가 필요하다. 우라늄농축 방법으로 가스확산법, 원심분리법, 레이저분리법이 대표적이며 원심분리법이 세계적으로 널리 이용되고 있다.

현재 핵무기에 사용되는 핵무기급 우라늄은 우라늄235가 90% 이상인 고농축 우라늄이다. 그러나 어느 정도까지는 그 이하 농축도의 고농축 우라늄도 핵무기에 사용 가능하다. 제2차 세계대전 당시 일본 히로시마에 투하되었던 핵무기에 사용된 우라늄의 농축도는 70%였다. 전력소비가 적고 분할건설이 가능하다는 장점이 있는 원심분리기에 의한 우라늄 농축에 대해 간단히 설명한다. 높이 1~2미터 직경 약 30센티미터 크기의 원심분리기 하나의 분리능력은 연간 약 5 SWU(우라늄농축 단위)인데 약 250kWh의 전력으로 핵무기급 우라늄을 연간 약 30그램 생산할 수 있다.

제조가 비교적 쉽다고 알려져 있는 '건-타입'(gun-type) 우라늄 핵무기의 경우 50킬로그램 정도의 핵무기급 우라늄을 필요로 한다. 그러므로 한

개의 우라늄 핵무기 제조를 위한 핵무기급 우라늄을 생산하기 위해서는 1,700여 기의 원심분리기를 1년간 가동시켜야 한다. 참고로, 핵무기급 우라늄으로 핵무장을 한 파키스탄의 경우 1990년경 2,000여 기의 원심분리기로 연간 약 60킬로그램정도의 핵무기급 우라늄을 생산하였다 한다. 이렇듯 고농축 우라늄 제조에 많은 시간이 소비됨에 따라 파키스탄도 최근 고농축 우라늄보다는 플루토늄을 이용해 핵무기를 제조하고 있논 것으로 알려지고 있다.

그러나 고농축 우라늄 핵무기 문제에서 반드시 주목해야 할 사실은, 농축에 많은 시간이 걸리는 단점이 있지만 고농축 우라늄은 이를 이용한 핵무기 제조가 단순하며 플루토늄 핵무기의 경우와는 달리 사전에 폭발시험을 할 필요 없이 실전에 사용 가능하다는 최대의 장점을 가지고 있다는 것이다.

– 현재, 북한의 농축 우라늄을 이용한 핵무기 개발 단계는 어느 정도라고 생각하는가?

북한은 우라늄 농축을 위해 원심분리기를 주로 이용하고 있으나 부분적으로 레이저 분리기술을 이용하고 있을지도 모른다고 한다. 북한이 지난 90년대 말부터 원심분리기 도입 및 우라늄 농축을 시도해 왔다는 정보에 근거할 때, 원심분리기를 대량 확보했을 가능성은 적으므로 고농축 우라늄 확보량은 심각한 수준은 아닐 것으로 예상된다. 가령, 100기의 원심분리기를 5년간 연속 운전했다 가정하더라도 15킬로그램의 핵무기급 우라늄을 생산할 수 있을 뿐이다. 이는 1개의 핵무기 제조에 필요한 고농축 우라늄 필요량의 3분의 1도 안 된다.

그리고 레이저 분리법에 의한 우라늄농축은 아직 세계적으로 상용화가 안 된 기술로 북한이 이 기술을 이용해서 원심분리기만큼의 고농축우라늄을 확보할 가능성은 거의 없다고 생각된다. 더구나 레이저 분리법으로 고농축 우라늄을 만드는 것은 원심분리기를 이용한 것보다 훨씬 많은 시간이 걸린다. 그러므로, 현재 북한이 그 동안 원심분리기를 이용하여 핵무기급 우라늄을 우려할 수준의 양만큼 확보하였다고 보기는 어려울 것 같다. 그러나 북한이 원심분리기를 대량으로 확보하여 우라늄농축을 앞으로도 계속한다면 얘기는 달라질 수 있다. 다른 한편으로, 원심분리기 이용이 아니라 북한이 고농축 우라늄 자체를 외국으로부터 대량으로 확보하였을 경우를 가정할 수 있겠는데, 이 경우 얘기가 180도 달라진다. 그러나 이러한 추측 가운데, 현재까지 확인된 것은 없다.

IV

위기의 진원 : 부시의 테러와의 전쟁

1. 9·11 이후 미국의 군사안보 전략의 방향

미국의 21세기 첫 대통령으로 부시가 백악관 앞에 섰을 때, 많은 사람들은 우려의 눈으로 그를 지켜봤다. 21세기 첫 해에 세계 유일 초강대국인 미국이 수행해야 할 역사적 임무에 비해 백악관에 입성하기 전에 보여준 부시의 모습은 냉전시대에나 어울릴 법한 것들이었기 때문이다. 그리고 시간이 지날수록 세계인들이 그때 가졌던 우려는 점차 실망과 분노로 변하고 있다는 것을 세계 곳곳에서 목격할 수 있다.

한국인들이 부시의 취임을 바라보는 시각에는 남다른 점이 있었다. 2000년 6월, 분단 이후 최초로 남한의 최고지도자가 평양으로 날아가 북한의 최고지도자의 손을 맞잡고 '전쟁이 아닌 평화'를, '분단이 아닌 통일'을 위해 노력하자고 했을 때, 지구상에 마지막 남은 냉전의 외로운 섬 한반도는 감격과 환희로 달아올랐다. 6·15 공동선언에 자주의 원칙이 명시되면서 우리의 문제를 남북한 스스로 풀 수 있을 것이라는 기대감도 커져 갔다. 그러나 그때의 환희와 기대가 채 가시기도 전에 우리는 한반도 국제정치의 냉엄한 현실을 목도하고 있다. 남북한 모두에게 원하든 원하지 않든 미국의 긍정적인 역할이 필요한데, 안타깝게도 부시 행정부의 대한반도 정책은 거꾸로 가고 있기 때문이다. 한·미 관계에 있어서 대북 포용정책의 두 축을 한·미 군사동맹에 기초한 튼튼한 안보와 한·미 대북정책 공조로 삼고 있는 남한은 물론이고, 미국과의 관계 정상화 없이는 체제안전 보장도, 경제난 탈출도 기대하기 힘든 북한에게도 미국이라는 존재는 너무나도 절실하게 와 닿을 수밖에 없었다. 이러한 때에 북한에 대한 노골적인 불신과 적개심을 지닌 부시 행정부의 출범을 바라보는 한국인의 심정은 누구보다도 착잡했던 것이다. 그리고 시간은 그때 가졌던 우려가 결코 기우가 아니라는 것을 보여주고 있다.

수많은 미국인들은 물론 전 세계인들은 미국의 심장부인 워싱턴과 뉴욕에서 발생한 여객기 테러 사건을 보면서 놀라움과 허망함을 감추지 못했다. "미국이 직면한 가장 큰 위협은 북한을 비롯한 일부 '깡패국가'들의 '미사일' 공격"이라며, 방패막을 땅과 바다, 그리고 하늘과 우주로까지 확대하고 있는 미국이 자신의 앞마당에서 전혀 예측하지 못한 여객기 테러 공격을 당했기 때문이다. 더 근본적으로는, 미국 역사상 처음으로, 원시적인 무기로 무장한 테러리스트들이 미국 본토에서, 그것도 미국이 자랑하던 최첨단 장비와 고급 인력으로 무장한 정보망을 뚫고 세계자본주의의 중심인 세계무역센터와 미국의 군사 패권주의의 상징인 펜타곤을 무너뜨렸기 때문이다.

이것은 동시에 미국 정부가 전통적으로 내세워 온, 그리고 부시 행정부 들어 틈만 나면 외쳐온 '힘에 의한 평화'의 허망함과, 타자(他者)의 안전과 가치를 무시하고 첨단과학기술과 천문학적인 돈에 의존하는 미국식 절대 안보가 위기를 맞고 있는 것을 보여주고 있다. 20세기에 가장 많은 전쟁을 치르고도 미국 본토만은 안전할 것이라는 신화가 무너져 내린 것이다. 특히, 부시 행정부는 출범 이후 국제사회 및 미국 내 일부 여론을 무시하고 독선적이고 일방주의적 행태를 보여 안팎으로부터 많은 비판을 받아 왔다. 미사일방어체제(MD) 강행, 기후변화 협약 탈퇴, 탄도미사일방어(ABM) 조약 일방적 파기, 생물학 무기금지협약(BWC) 검증의정서 거부, 소형무기 통제안 거부 등 미국 은 국제사회의 규범과 상식을 저버려왔던 것이다.

사상 초유의 테러 공격을 당한 미국 정부는 한편으로는 철저한 응 징을 다짐하며 지속적이고도 장기적인 '테러와의 전쟁'을 벌이고 있 고, 다른 한편으로는 뚫린 정보망 개선과 현실로 다가온 생화학무기 테러를 비롯한 테러 대응책 마련에 부심하고 있다. 그러나 9·11 사건 이 '국가 안보'를 전면에 들고 나오면서 미사일방어체제(MD) 구축을 최우선적인 정책 과제로 내세운 부시 행정부 집권 초기에 발생했다는 점에서 사태 수습과 함께 미국 안팎의 안보 논쟁 역시 첨예해질 가능 성이 높았었다. 왜 미국은 공격을 당했나? 미국의 취약성은 무엇이고, 이에 대한 합리적인 대응 방안은 무엇인가? 미국에 대한 가장 큰 위협 수단은 미사일인가, 비미사일(non-missile)인가? 도대체 미국의 안보를 위협하는 세력은 미국이 자의적인 잣대로 지목한 "깡패국가"인가, "얼굴 없는 테러리스트"인가, 21세기 미국의 유일한 경쟁자로 일컬어 지는 중국인가, 아니면 유령의 위협을 불러오고 있는 부시 행정부 자 신인가?

그러나 부시 행정부는 9·11 테러의 배후로 지목한 알-카에다와 탈 레반 정권을 불과 한 달여 만에 무너뜨리는 동시에 북한, 이란, 이라 크 등의 대량살상무기 위협을 전면화시키면서 여전히 미국 국민들에 게는 충성 맹세를, 국제사회에는 이들 국가를 상대로 한 테러와의 전 쟁 동참을 요구하는 순발력을 보임으로써 위기를 기회로 삼고 있다. '악의 축' 발언이 상징적으로 보여주듯이, 대량살상무기 개발 혐의가 있는 일부 반미 성향의 국가들을 주적으로 삼고, 이들 국가들에게 테러와의 전쟁을 확대시킬 조짐을 보이고 있는 것이다.

부시 행정부의 군사안보 전략이 요란해 보이는 것은 사실이지만, 이것 역시 느닷없이 나온 것은 아니다. 근본적으로는, 탈냉전 이후에 이전 정권이 추구해온 것의 연장선상에서 바라볼 필요가 있다. 탈냉전 이후 미국이 추구해온 기본적인 국방정책 방향은 미국의 국익과 안보를 확고히 하면서 민주주의와 인권을 확대한다는 명분으로 전 세계에 걸쳐 확고한 군사적 우위를 달성한다는 것이다. 또한 소련의 몰락으로 커다란 위협이 사라졌으나, 핵무기 및 생화학무기 등의 대량 살상무기와 이를 운반할 수 있는 미사일이 확산되고, 특히 미국에 적대적인 국가들이 이러한 무기를 보유하거나 보유할 가능성이 높아지고 있다는 판단 아래 이들 국가의 위협에 대처하는 것을 최우선적인 외교안보 정책으로 내세워 왔다.

이에 따라 미국은 탈냉전시대에서 아시아와 유럽에 각각 10만 명의 미군을 주둔시키고 유럽에서는 NATO의 확대 및 유럽의 독자적인 군사력 강화의 제어 등을 통해 유럽 국가들을 미국의 통제 범위 내에 묶어두려고 해왔고, 아시아에서는 한·미, 미·일 동맹 등 쌍무적인 군사동맹 체제를 지속적으로 강화해 왔다. 또한 걸프전과 코소보 전쟁 등을 통해 확인됐듯이, 자국의 필요에 따라서는 국제법이나 국제여론을 무시하고 군사적 행동을 서슴지 않아 왔다. 미국이 자의적인 잣대로 지목한 이른바 '깡패국가'들로부터의 미사일 위협에 대비하기 위해 미사일방어체제(MD) 구축을 본격화한 시점도 클린턴 행정부 때이다. 이러한 상황에서 국가 안보를 전면적으로 내세워온 공화당 정부가 집권했다는 것은 미국의 패권주의적 군사안보 전략이 한층 가속화된다는 것을 의미한다. 더욱 중요하게는 90년대 초부터 집권을 별러 왔던 딕 체니(현 부통령), 도날드 럼스펠드(현 국방장관), 콜린리자 라이스(현 백악관 안보보좌관), 폴 월포위츠(현 국방부 부장관) 등 냉전의 전사들이 권력을 장악하게 되었다는 점이다.

부시 행정부의 군사안보 전략의 구체적인 내용은 2001년 6월 21일, 럼스펠드 국방장관의 상원 군사위원회 증언에서 잘 나타난 바 있다.114) 이 증언은 사전에 치밀한 준비와 검토를 통해 이뤄진 것으로서 며칠 후 하원 군사위원회에서도 그대로 발표되었고, 이후 미국의 국방 관계자들이 이에 근거해 군사안보 전략 및 국방정책을 세우고 있다는 점에서 대단히 중요한 의미를 갖고 있다.115) 이 증언에서 럼스펠드가 가장 강조한 것은 "미래의 위협을 예측하는 것이 대단히 어려울 뿐만 아니라, 예측과는 전혀 다르게 진행될 수 있다"는 점이었다. 이에 따라 미국은 "미래에 직면하게 될 새롭고도 낯선 위협에 대비하기 위해 지금부터 준비하지 않으면 안 된다"고 강조하고, 미국은 예측할 수 있는 위협은 물론 예측할 수 없는 위협, 즉 모든 위협에 맞설 수 있는 군사력 강화가 필요하다고 역설했다. 그는 이것을 "능력에 기초한 모델"(capability-based model)이라고 명명하고, 이를 이루기 위해서는 "군사력 변형"(military transformation)이 필요하다고 강조했다. 럼스펠드의 이러한 군사안보 전략 방향 제시는 이후에, 특히 9·11 이후에 한층 강화된 형태로 관철되고 있다.

이러한 부시 행정부의 21세기 군사안보 전략에서 9·11 테러 사건

---

114) Donald H. Rumsfeld, Prepared Testimony to the Senate Armed Services Committee, June 21, 2001, <http://www.defenselink.mil>.

115) 박휘락, 부시 행정부의 "4년 주기 국방검토(QDR) 보고서" 분석, 「한반도 군비통제」, 『군비통제 자료 30』(국방부, 2001년 12월).

은 큰 분수령이 되고 있다. 그러나 여기서 한 가지 유의할 점은 9·11 테러가 미국의 군사안보 전략을 '변화시키고 있다'기보다는, '강화시키고 있다'는 관점에서 이해해야 한다는 것이다. 이는 기본적으로 9·11 이전에 부시 행정부가 구상해온 군사안보 전략이 9·11 이후에 한층 강화된 형태로 '재확인'되고 있다는 점에서 그 근거를 찾을 수 있다. 다만 9·11 테러는 대단히 공세적이면서도 모호한 부시 행정부의 군사안보 전략에 대한 안팎의 반발과 논란을 잠재우고 있다는 점에서 주목해야 할 사건이 되고 있는 것이다. 부시 행정부는 9·11 테러를 자신이 추진해온 군사안보전략이 '옳았다'는 정치적 명분 획득에 최대한 활용함으로써, '브레이크 없는 전진'을 하고 있다. 역설적으로 9·11 테러 사건의 최대 수혜자는 부시 행정부라고 할 수 있는 것이다.

부시 행정부가 말도 많고 탈도 많던[116] 21세기 군사안보 전략을 9·11 테러를 틈타 어떻게 정당화하고 있는지는 폴 월포위츠 국방부 부장관의 2001년 10월 4일 상원 군사위원회 증언에서 잘 나타나고 있다.[117] 그는 9·11 테러 이후의 새로운 안보환경을 △미국 및 동맹국들이 전혀 예측할 수 없는 공격에 노출되고 있다는 '충격의 도래' △미국 본토는 안전할 것이라는 신화가 무너진 '철옹성(invulnerability) 시대의 종말' △냉전시대의 적인 소련과 달리 상이한 동기와 상이한 수단을 가지고 미국을 위협한다는 '적의 변화' △과거의 독재자가 미국을

---

116) 9·11 테러 이전에 MD, 대폭적인 군사비 증액, 국제 군축 레짐 무시, 군사 변형, 신무기 개발 계획 등은 미국 안팎에서 많은 논란을 야기한 바 있다. 그러나 9·11 테러 이후 부시 행정부의 이러한 군사안보 전략이 한층 강화되고 있음에도 불구하고 논란은 눈에 띄게 줄어들었다.

117) Wolfowitz Warns of Further Terrorist Attacks Ahead, Defense official testifies before Senate Armed Services, <http://usinfo.state.gov>; 이 증언록의 번역본은 「한반도 군비통제」, 『군비통제자료 30』(국방부, 2001년 12월), 211~228쪽.

고립시키고 철수시키기를 원했던 것처럼, 빈 라덴, 사담 후세인, 김정일 등의 독재자들 역시 미국의 무력화를 기도하고 있다는 것으로 정리하고 있다. 이에 따라 미국이 테러와의 전쟁에서 승리하고, 10년, 20년 후의 불확실한 위협에 대비하기 위한 과제로 본토 방어를 최우선의 과제로 삼을 것, 불확실성과 기습에 대비할 것, 핵·생화학무기·탄도미사일 등 비대칭적 위협을 분쇄할 것, 억지력의 새로운 개념을 발전시킬 것, 위협에 기초한 전략에서 능력에 기초한 전략으로 전환할 것 등을 제시하고 있다. 이러한 전략 개념 및 국방정책에 기초해 '테러와의 전쟁' 및 '미래의 위협 제거'라는 두 마리 토끼를 한꺼번에 잡겠다는 의지를 밝히고 있는 것이다.

그렇다면 부시 행정부가 대선 전부터 구상하고, 집권 후 추진했으며, 9·11 이후 더욱 박차를 가하고 있는 군사안보 전략의 구체적인 내용은 무엇일까? 탈냉전시대에 일관되게 유지되고, 부시 행정부 들어 한층 강력한 어조로 재확인되고 있는 국방정책의 목표, 즉 동맹 및 우방국에 미국의 안보공약을 확신시키고(assure), 미래의 군사적 경쟁자를 단념시키며(dissuade), 미국의 국익에 대한 도전과 강요를 억제시키고(deter), 억제에 실패할 경우 적을 결정적으로 격퇴한다(decisively defeat)는 목표를 달성하기 위해 어떤 조치들을 취하고 있을까?

우선, 사상 유례 없는 본토 공격을 당한 미국이 향후 외교안보의 중심축을 '본토 방어'로 삼을 것이라는 점은 분명하다. 미국의 중단기 국방전략의 지침서라고 할 수 있는 『4개년 국방정책 재검토』(QDR) 보고서[118]에서도 가장 역점을 둔 부분은 본토 방어이다. 미국의 실세 장

---

118) 2001년 QDR은 <http://www.defenselink.mil/pubs/qdr2001.pdf>에서 볼 수 있다.

관으로 국방정책 수립 및 테러와의 전쟁을 주도하고 있는 럼스펠드 국방장관은 이 보고서의 서문에서 "미국인들은 그들의 일터에서 죽었다. 미국인들은 미국의 땅에서 죽었다"며 본토 방어 강화를 국방정책의 최우선적인 과제로 내세우겠다는 의지를 분명히 했다. 이를 위해 미국은 기존의 충분한 군사력 및 핵 억지력을 유지하고, 탄도미사일 위협에 대비해 MD를 구축하며, 본토안보국(Office of Homeland Security)을 중심으로 연방, 주, 지방 정부와 협력을 강화해 테러리즘에 맞선다는 계획을 제시하고 있다.

미국의 중장기 안보전략에서 또 하나 주목할 점은 한반도와 중동 두 지역에서의 동시 전쟁 승리를 골자로 한 '윈-윈 전략'을 '모호한' 형태로 유지하면서 미국의 전장을 전 지구로 확대하는 한편, 사이버 공간과 우주에서의 전쟁 수행 능력을 배가시킨다는 계획을 구체화하고 있다는 것이다. 그러나 이것이 곧 국내 언론에서 보도하고 있는 것처럼, 윈-윈 전략의 폐기나 윈플러스 전략으로의 변경을 의미하는 것은 아니다. QDR에서는 "미군은 두 개의 전장에서 동시에 전쟁이 발발할 경우 신속하게 격퇴할 수 있는 능력을 계속 보유할 것이다"라고 밝힘으로써, "'윈-윈 전략'을 대폭 수정해, 한 쪽에서는 압도적 승리를 거두고 다른 한 쪽은 현상을 유지하는 '윈 플러스'라는 새로운 전략을 채택했다"[119)는 국내 언론의 보도가 잘못된 것임이 드러난 것이다. 2001년 QDR 발표 이전에, 럼스펠드 국방장관이 두 개의 전장을 상정한 윈-윈 전략이 미국의 유연성과 기동성, 그리고 예측 불가능한 위협에 대처하는 데 한계가 있다고 지적한 것은 사실이지만, 오히려 부시

---

119) QDR 발표 이후 국내 대부분의 신문은 미국이 윈-윈 전략을 윈플러스 전략으로 바꿨다고 보도하고 있다.

행정부는 만약 두 개의 지역에서 전쟁이 발발할 경우 한 지역에서는 침략을 격퇴하는 수준을 유지하면서, 다른 지역에서는 체제 변화나 점령의 가능성까지 포함한 완전한 승리를 추구하는 방안을 채택하고 있다. 이것은 미국이 일단 개입하면 신속하고 완전한 승리를 추구해야 한다는 파월 독트린과도 맥락이 닿아 있는 것으로 볼 수 있다.

미국은 이처럼 원-원 전략을 다소 모호한 형태로 유지하고, 전 지구, 사이버 공간, 우주 등 인간이 상상할 수 있는 모든 실제 및 가상 공간을 전장화(戰場化)함으로써 군사 패권주의를 한층 강화해 나갈 것임을 분명히 하고 있다. 미국은 이러한 전략을 논리적으로 뒷받침하고 위해, "국방정책 재검토의 핵심적인 목적은 국방 계획의 기초를 '위협에 기초한 모델'에서 '능력에 기초한 모델'로 바꾼다"는 방침을 세우고 있다. 이것은 '누가' 적이고 '어디서' 전쟁이 일어날 지에 대한 대응보다는 적이 '어떻게' 전쟁을 일으킬지, 그리고 미국은 어떤 능력으로 이에 대응할지에 강조점을 두는 것이다. 즉, 대규모 재래식 전쟁은 물론 미국의 적이 앞으로 자신들의 목적을 달성하기 위해 기습전, 기만전술, 핵이나 생화학무기를 이용한 비대칭적 전쟁 등에 의존할 것으로 판단하고, 이것을 억지하고 분쇄하기 위해 미국은 어떤 능력이 요구되는지를 식별해야 한다는 것이다. 이것은 또한 존재하는 위협, 예측 가능한 위협에 기초한 전략으로는 '예측할 수 없는 위협'에 대비할 수 없기 때문에 한계가 있고, 테러, 사이버 공격, 미군 개입의 방해, 미사일 공격, 생화학무기 공격 등 위협의 종류에 맞게 능력을 구비해야 한다는 것이다. 부시 행정부가 한반도나 중동과 같은 분쟁 가능성이 높은 지역에 대해 전임 정부가 비중을 둬온 것과는 달리, 지구 전체와 우주, 그리고 사이버 공간까지 전장을 확대하는 것은 이러한 접근 전략의 변화가 맞물린 것이다.

물론 미국이 지구상의 전 지역에 같은 비중을 두는 것은 아니다. 발칸반도가 예외지만 유럽은 대체적으로 안정기에 접어든 것으로 판단하고, 전략적 중심축을 유럽에서 동아시아로 이동하겠다는 의지를 재확인하고 있다. 그 근거로 아시아에 대규모 군사적 경쟁과 충돌이 발생할 가능성이 높아지고 있고, 이 지역에서 미국의 군사적 우위에 도전할 세력(중국)의 부상이 예상되며, 중동과 아시아 지역에서는 다양한 수준의 군비경쟁이 진행되고 있고, 일부 국가는 전복될 가능성이 있기 때문이라고 주장하고 있다. 특히 인도양의 뱅갈만에서 한반도의 동해에 이르는 지역을 '동아시아 해안대'(East Asian littoral)로 칭하고 가장 위험한 지역으로 분류하고 있다.

이런 과정에서 주목을 끄는 부분은 "아시아 지역 내 미군 기지 및 기반 시설에 대한 접근도가 다른 주요 지역들에 비해 낮은 수준이다" 라고 진단하고, 이 지역에 대한 접근성 제고, 기반시설 확보, 원거리 작전을 지속할 수 있는 역내 시스템의 우선적인 개발 등을 주요 과제로 제시함으로써 주한미군의 기지 및 전력구조에도 적지 않은 변화가 예상된다는 점이다. 주한미군이 추진하고 있는 '마스터 플랜 2010,' 즉 현재 전국에 산재해 있는 미군기지를 2010년까지 7개 지역으로 통폐합함으로써 주한미군 및 한·미 군사동맹을 대북 억지력에서 '지역 동맹' 차원으로 끌어올리는 것과도 밀접한 관계가 있다. 이 과정에서 상대적으로 육군의 비중은 줄어들고 해·공군력이 강화될 예정이다.

부시 행정부의 군사주의적 일방주의를 여실히 보여주는 것은 2002년 9월 발표된 국가안보전략 보고서이다.[120] 이 보고서에서 부시 행정부는 냉전 이후 클린턴 행정부 때까지 유지해온 봉쇄와 억제에 중심을 둔 전략에서 대량살상무기를 보유한 적대 국가와 테러조직에 선제공격을 가할 수 있는 새로운 국가안보 전략을 공식화했다. '부시 독트린'이라고 부를 수 있는 미국의 새로운 국가안보 전략은 부시 대통령의 재임 동안 외교안보 전략의 근간이 될 것이다. 부시 독트린에서 가장 큰 특징은 테러리즘과 대량살상무기 문제를 최우선적인 군사 행동의 대상으로 삼고, 필요할 경우 미국의 선제공격도 불사하겠다는 방침을 밝힌 것이다. 특히 북한을 이라크와 함께 대표적인 깡패국가로 묘사하고 있어, 임박한 대이라크 전쟁과 이후 대북정책에 대한 우려를 자아내게 하고 있다.

미국이 선제공격을 '정식으로' 채택하는 것은 처음 있는 일로서, 이전까지 위협을 사전에 봉쇄하고 미국을 공격한 나라는 가공할 보복을 당할 것이라는 억지 전략보다 훨씬 공세적인 전략을 채택한다는 것을 의미한다. 또한 이러한 안보 전략상의 변화는 미국의 군 구조에도 적지 않은 변화를 가져올 것으로 보이며, 이 과정에서 주한미군 및 한미연합사의 전력 구조와 전략에도 영향을 미칠 것으로 보인다.

이런 부시 행정부의 공격적인 안보전략의 채택에 대해 흔히 9·11 테러를 많이 언급한다. 미국은 물론 국제사회에서 '9·11 이후'라는 신조어가 널리 사용되는 것도 미국과 세계와의 관계가 9·11 이후 확연히 달라졌다는 의미를 내포하고 있다. 여기에는 미국이 공격적인 성격의 안보전략을 채택하는 데 9·11 테러가 그만큼 중요한 영향을 미쳤다는 인식도 깔려 있다. 그러나 과연 그럴까? 반사실적 가정을 통해, 만약 9·11 테러가 없었다면 오늘날의 미국과 세계는 확연히 다른 모

---

120) The National Security Strategy of The United States of America, September 2002.

습을 보이고 있을까? 부질없는 질문처럼 보일 수 있으나, 오늘날의 미국과 미국을 통치하고 있는 부시 행정부의 본질을 이해하기 위해서는 던져봄직한 질문이기도 하다.

미국이 세계를 보는 눈과 세계를 대하는 태도를 가장 잘 보여주는 것은 안보전략이다. 따라서 9·11 테러와 미국의 변화를 얘기할 때, 부시 행정부의 세계관과 이를 반영한 안보전략을 9·11 이전과 비교해보는 것은 오늘날의 미국을 이해하는 데 대단히 중요한 의미를 갖는다. 그리고 부시 행정부의 핵심적인 외교안보 수뇌들의 궤적을 추적해보면, 부시 행정부의 공격적인 안보전략은 이미 10년 전부터 마련되어 오고 있었다는 것을 알 수 있다.

이와 관련해 2002년 10월 들어 미국의 일부 안보전문가들은 "9·11 테러가 미국의 안보전략을 변화시켰고, 이는 불가피한 것"이라는 상식에 근본적인 의문을 던져 눈길을 끌고 있다. 9·11 테러 1년 후에 발표된 부시 행정부의 국가안보 전략 보고서를 면밀히 분석해본 결과, 부시 행정부의 새로운 국가안보 전략은 '테러와의 전쟁'과는 무관한 것으로 나타나고 있다는 것이다. 따라서 '새로운'이라는 의미는 9·11 테러 이후 변화된 미국의 안보전략을 반영한 것이 아니라, 탈냉전 이후 미국 매파들과 신보수주의자들이 추구해온 공격적인 세계 지배 전략이 공식화되었다는 점에서 이전 국가안보 전략과 다르다는 점에 있다는 지적이 설득력을 얻고 있다.

미국의 외교안보 문제 싱크탱크인 외교협회(CFR) 선임연구원 막스 부트는 『워싱턴포스트』(2002년 10월 14일) 기고문을 통해 비판의 포문을 열었다.[121] 그는 부시 행정부가 9월 발표한 새로운 국가안보 전략 보고서의 요체는 선제공격의 공식화와 함께 군사적 패권주의 추구를 명시적으로 밝혔다는 점에 있다고 지적했다. 부트는 9·11 테러가 미국을 이렇게 만든 것처럼 보이지만, 새로운 국가안보 전략 보고서를 꼼꼼히 살펴보면, 테러와의 전쟁을 위한 군비증강 계획이 담겨 있지 않다고 폭로했다. 오히려 이 보고서에서 확인할 수 있는 것은, 미국의 군사적 헤게모니를 영구화시킬 군비증강과 정책이 담겨 있다는 것이다. 결국 부시 행정부의 외교안보 정책의 요체는 '테러와의 전쟁'이라는 외피를 쓰고 군사적 헤게모니를 강화하는 데 있다는 점을 지적하고 있는 것이다.

이러한 부트의 지적은 미국의 진보적 외교안보연구소인 <포린 폴리시 인 포커스>의 탐 배리 소장의 분석을 통해서도 구체적인 근거를 찾을 수 있다. 배리는 「미국의 권력 복합체, 무엇이 새로운가?」라는 논문을 통해, 부시 행정부의 국가안보 전략은 이미 10년 전부터 추진되어 온 것이라는 점을 밝히고 있다.[122] 그는 그 근거로 이미 10년 전에 아버지 부시 행정부 당시 국방부 차관이었던 폴 월포위츠와 국방부 관리였던 루이스 리비가 작성한 『국방정책지침』을 제시하고 있다. 이 보고서의 작성자인 월포위츠와 리비는 각각, 국방부 부장관과 딕 체니 부통령의 수석 보좌관으로 아들 부시 행정부에 재입성한 인물들이다. 이 보고서와 함께 부시 행정부의 국가안보 전략의 지침서로 거론되는 것은 탈냉전시대 미국 강경파들의 핵심적인 싱크 탱크인 <새로운 미국의 세기를 위한 프로젝트>에서 작성한 『미국 국방력의 재건』이다.[123]

---

121) Max Boot, Doctrine of the 'Big Enchilada', *Washington Post*, October 14, 2002.

122) Tom Barry, The U.S. Power Complex: What's New, November 2002. <http://www.fpif.org/papers/02power/index.html>

『국방정책지침』은 10년 후인 2002년에 발표된 부시 행정부의 국가안보 전략 보고서의 '초판'이라고 해도 과언이 아닌 내용을 담고 있다. 잠재적인 적의 부상을 봉쇄함으로써 유라시아에 걸쳐 미국의 군사 패권주의를 확고히 하고, 대량살상무기 개발 의혹을 갖고 있는 나라에 대해 선제공격을 공식화하며, 미국의 군사적 개입에서 유엔의 승인에 얽매이지 말 것 등을 요구하고 있는 것이다. 10년 전 이러한 내용이 『뉴욕타임스』에 의해 공개되자 민주당의 조셉 바이든(현재 상원 외교위원회 위원장)을 비롯한 상당수 의원들은 "제국주의 국가, 세계의 두목이 되려 하느냐"며 강하게 비판함으로써 이 보고서를 일단 사장시켰다. 그렇다고 미국 강경파들의 숙원까지 사장된 것은 아니다.

『국방정책지침』의 저자들을 비롯해 딕 체니 현 부통령, 도날드 럼스펠드 현 국방방관 등 25명의 강경파들은 1997년 <새로운 미국의 세기를 위한 프로젝트>를 구성해 군사 패권주의의 야심을 되살리기 시작했다. 이들은 미국의 대선 직전인 2000년 9월 앞서 언급한 『미국 국방력의 재건』 보고서를 작성해 부시 진영의 외교안보 공약의 방향을 제시했다. 이 보고서는 92년 작성된 『국방정책지침』의 '증보판'이라 할 수 있다. 보고서는 서문에서 "(아버지) 부시 행정부 때 딕 체니 국방장관이 구상한 방위 전략에 기초한다"며, "『국방정책지침』은 청사진"이라고 명시해 월포위츠와 리비가 작성한 지침을 계승한 것임을 분명히 하기도 했다. 이 보고서의 주요 내용은 미사일방어체제의 개발 및 배치, 우주와 사이버공간의 군사적 통제, 연간 150억 달러 이상의 방위비 증액, 군사분야의 혁명(RMA) 추진, 새로운 핵무기 개발의

---

123) 이 보고서는 <http://www.newamericancentury.org/RebuildingAmericasDefenses.pdf>에서 볼 수 있다.

추진, 선제공격 채택, 해외 주둔 미군의 전력 증강 등이다. 특히 이 보고서에서는 북한, 이란, 이라크를 별도로 지목해 "이들 국가들이 미국의 지도력을 훼손하고 미국의 동맹국들과 미국 본토를 위협하게 해서는 안 된다"고 밝혀, 부시 대통령의 '악의 축' 발언의 기초를 마련하기도 했다. 또한 "팍스 아메리카와 단극 체제를 21세기에도 유지하기 위해서는 군사적 우월성을 확고히 하는 것이 필요하다"며 패권주의 추구를 주문하기도 했다. 이 보고서에서는 이를 "미국식 평화"라고 규정하고 21세기에도 미국식 평화를 유지·강화하기 위해서는 "의문의 여지가 없는 미국 군사력의 압도적 우월성의 기초를 마련해야 한다"고 강조했다.

이렇듯 92년 『국방정책지침』과 2000년 『미국 국방력의 재건』 두 보고서를 통해 가다듬어진 미국 강경파들의 패권주의 추구 열망은 부시 행정부의 출범과 함께 '이상'에서 '현실'로 바뀌게 되었다. 부시 행정부가 출범 이후 강조해 왔고, 또 실행해 온 안보정책의 내용을 보면 위에서 언급한 두 보고서의 주문을 대부분 충족시키고 있기 때문이다. 이러한 의미에서 2002년 9월 발표된 국가안보 전략 보고서는 초판으로서의 『국방정책지침』, 증보판으로서의 『미국 국방력의 재건』에 이은 '완결판'이라고 할 수 있다. "적들의 적대 행위를 방지하기 위해 미국은 필요하다면 선제 공격을 할 것"이라든지, "우리의 군사력은 잠재적인 적들이 미국의 힘을 능가하거나 대등해지려는 희망하에 추구하는 군사력 증강을 좌절시킬 정도로 충분한 힘을 갖게 될 것"이라든지, "미국은 서유럽과 동북아를 넘어 전 세계에 걸친 기지와 시설을 요구할 것" 등의 표현은 부시 독트린이 9·11 이후 새로운 요구에 따른 것이 아니라, 탈냉전 이후 미국 강경파들의 세계관의 반영이라는 것을 보여준다. 또한 부시 행정부가 2002년 들어 박차를 가하고 있는 대이라크 전쟁도 이미 『미국 국방력의 재건』 보고서에 나와 있는 것이다. 즉, 부시 행정부는 출범 이전부터 대이라크 전쟁을 계획하고 있었던 것이다.

이처럼 부시 행정부의 안보전략이 9·11 테러 때문에 강경해졌다는 것은 잘못된 인식이다. 9·11 테러가 공격적이고도 위험한, 그리고 패권 추구를 공식화한 안보전략에 미친 영향은 부시 행정부가 9·11 테러를 자신의 독트린을 합리화하는 데 이용함으로써 미국 내의 비판 여론을 잠재우고 있다는 점에 있는 것이다. 과거에 운동권이나 진보적 지식인들이나 쓸 법안 표현들이 오늘날에는 미국 언론은 물론이고 미국 정부 관계자조차 쓰고 있다는 것은 미국의 세계관의 경직성과 비판 정신의 쇠퇴를 잘 보여주고 있다. '일방주의' '패권주의' '군사적 패권' '제국주의' 등은 이제 더 이상 미국을 비판하는 단어가 아닌, 부시 행정부 상당수의 관리들이 즐겨 쓰는 표현이 된 것이다.

이러한 미국의 안보전략은 기본적으로 인류 공동체에서 평화와 번영의 계기를 찾고 이를 발전시켜 나가려는 의지보다는 세계가 마치 전갈로 가득한 정글과도 같다는 적대적인 세계관에 기초하고 있고, 비군사적 수단을 통해 예상되는 갈등 관계를 평화적으로 풀려고 하는 의지와 비전을 제시하기보다는 압도적인 힘의 우위를 통해 자국의 이익과 패권주의를 강화하겠다는 문제점을 드러내고 있다. 지구상의 많은 국가와 민족의 안전과 가치를 희생시키면서 구가해온 미국의 패권주의를 9·11 이후에도 한층 강력하게 추구하겠다는 의지를 내비치고 있는 것이다.

이러한 미국의 패권지속형 군사전략과 함께 9·11 이후 미국의 일방주의적 외교 행태가 수정되고 있는지를 판단하는 것도 중요하다. 일부에서는 9·11 테러를 계기로 미국이 일방주의에서 다자주의로 돌아섰다고 진단하기도 했다. 이와 관련해서 2001년 10월 상하이에서 열린 아시아태평양경제협력체(APEC) 정상회담에 참석한 콜린 파월 미 국무장관은, "이제 어느 누구도 우리를 일방주의자라고 부르지 않는다"며 9·11 테러와 반테러 국제연합 노선으로 미국의 일방주의가 끝났다고 강조하기도 했다. 그러나 미국이 중국과 러시아를 비롯한 국제사회에 '테러와의 전쟁'에 지지·동참을 요구하고, 또한 많은 국가들이 미국이 주도하는 반테러 국제연합에 협력하고 있다고 해서, 이것을 곧바로 미국이 일방주의에서 다자주의로 돌아섰다고 판단하는 것은 무리가 있다. 부시 대통령이 9월 20일 미국 상·하원 합동회의에서 행한 연설에서 "미국의 편에 서든가, 아니면 테러 세력의 편에 서라"며 양자택일을 국제사회에 강요하는 모습은 오히려 그의 행정부 출범 뒤 부쩍 강해진 미국의 일방주의를 다시 한번 확인해준다. 이러한 부시 행정부의 일방주의로의 회귀 움직임은 ABM 조약의 탈퇴, 생물무기금지협약(BWC) 검증의정서 채택 거부, 포괄핵실험금지조약(CTBT) 인준 거부, 북한, 이란, 이라크 등 비핵국가에 대한 핵공격 계획 및 신세대 핵무기 개발 계획 등을 통해 구체화되고 있다. 그리고 관련 국가는 물론 국제사회의 우려에도 불구하고 일부 국가들을 "악의 축"이라고 규정하고, 이들 국가들에 전쟁이 확대될 수도 있다는 점을 내비치고 있는 모습에서 미국식 일방주의의 절정을 보게 된다. 더욱 중요하게는 '힘은 일방주의를 낳는다'는 말처럼, 군사주의와 일방주의가 결합된 방식으로 부시 행정부의 대외정책이 구사되고 있다는 점이다.

2. 테러와의 전쟁 확전의 명분 : 대량살상무기 위협 제거

(1) 탈냉전 시대의 대량살상무기

일반적으로 대량살상무기는 핵무기, 생물무기, 화학무기를 뭉뚱그려 말하는데, 이 개념은 미국 정부가 정의한 것이고 국제사회에서도 일반적으로 통용되고 있다.[124] 최근에는 이들 무기와 함께, 이러한 무기를 운반할 수 있는 탄도미사일 역시 이 범주에 포함되고 있고, 방사능무기 및 대량살상을 야기하는 재래식 무기도 대량살상무기에 포함시켜야 한다는 주장이 제기되고 있다. 이러한 미국의 개념 정의가 일반적으로 통용되고 있는 이유는 핵·생물·화학무기(NBC)의 살상 효과가 대단히 클 뿐만 아니라, 군인과 민간인을 구분하지 않고(차별성의 원칙 위반), 마치 '닭을 잡는 데 소 잡는 칼을 사용하는 것'과 마찬가지로 목적에 비해 수단이 지나치게 과도하며(비례성의 원칙 위반), 무기가 사용된 후에도 질병 유발 및 환경 파괴에 같은 지속적인 피해를 입히기 때문이다.[125] 이러한 이유로 대량살상무기를 사용하는 것은 물론, 개발 및 보유하는 것은 부도덕한 행위이며, 정치적·법적인 수단을 통해 이를 막아야 한다는 국제사회의 합의가 존재하는 것이 사실이다. 이에 따라 핵무기 확산은 핵확산금지조약(NPT)과 포괄핵실험금지조약(CTBT)을 통해 막고, 생물무기는 생물무기금지협약(BWC), 화학무기는 화학무기금지협약(CWC), 미사일 기술 확산은 미사일기술통제체제(MTCR)를 통해 통제하고자 시도하고 있다.

---

124) 대량살상무기의 개념 및 현황, 그리고 관련 국제조약 및 기구에 대한 알기 쉬운 정보를 제공하는 곳으로는 <http://nti.org/f_wmd411/f_index.html> 참조.

125) 김태우, 「핵 평화운동의 방향과 목적 : 동북아비핵지대를 중심으로」, 『좋은벗들 제5기 통일대화마당 자료집』.

본격적인 논의에 앞서 짚고 넘어가야 할 부분은 냉전시대와 비교할 때, 탈냉전 시대에 핵무기를 비롯한 대량살상무기 위협이 증대하고 있는지, 탈냉전 시대에 미국은 대량살상무기 문제를 어떻게 파악하고 있고, 이에 대한 대응책은 어떻게 세우고 있는지, 그리고 9·11 이후 미국이 테러와의 전쟁을 확대시키는 명분으로 삼고자 하는 '대량살상무기 위협 제거'는 타당성을 갖는지 등을 따져보는 것이다. 이것은 특히 탈냉전시대 북한과 미국 간의 핵심적인 갈등이 '북한의 대량살상무기 개발 시도'와 이를 저지하고자 하는 '미국의 정치외교적, 군사적 대응' 사이에 있어 왔고, 앞으로 이 문제가 더욱 첨예해질 가능성이 높다는 점에서 각별한 주목이 필요하다.

미·소 간 양극 체제로 이뤄진 냉전시대에는 '공포의 균형'이라는 표현이 상징적으로 말해주듯이 대량살상무기 문제 역시 양극 체제의 범위에서 크게 벗어나지 못했다. 미국과 소련은 핵무기와 이를 1만 킬로미터 이상 떨어진 상대방의 영토로 운반할 수 있는 미사일, 전략폭격기, 그리고 바다 속에서 핵미사일을 은밀히 발사할 수 있는 핵잠수함 등의 최첨단 군비경쟁을 불사했고, 이에 따라 양국이 보유한 핵무기 수는 지구를 수십 번 파괴시킬 수 있는 수준까지 치솟았다. 또한 '파괴력'에 있어서는 핵무기에 떨어지지만 '공포심 유발'에 있어서는 이에 버금가는 생화학무기 개발 경쟁 역시 첨예했다. 생화학무기는 핵무기와 달리 개발 및 보유 사실이 잘 드러나지 않고, 또한 은밀히 사용할 수 있다는 점에서 양국의 군비 경쟁에서도 예외는 아니었다.

물론 냉전시대라고 해서 핵무기를 비롯한 대량살상무기 개발이 미국과 소련에만 국한된 것은 아니었다. 영국, 프랑스, 중국이 미국과 소련에 이어 5대 핵강국 클럽에 가입했고, 인도, 남아공, 이스라엘 등도 핵무기 개발을 시도했다. 또한 이란, 이라크, 남북한 등도 초보적인 수준에서 핵무기 개발 및 생화학무기 개발 프로그램을 갖고 있었던 것으로 알려지고 있다. 그러나 영국, 프랑스는 미국이 주도하는 북대서양조약기구(NATO)의 핵심 회원국이고, 중국은 미국과 소련 사이에서 등거리 외교를 선호하면서 최소 수준의 핵 전력 보유를 추구했으며, 이란과 이라크의 대량살상무기 개발 능력은 기본적으로 미국이 제공했을 뿐만 아니라 국제평화를 위협하는 수준이 아니었다는 점에서 양극 체제의 범위 밖에 있었다고 보기 어렵다. 기본적으로 미국과 소련이 양분한 세계 속에서 많은 국가들이 이들 핵우산의 보호 속에 있었기 때문에, 미국과 소련을 제외한 국가들의 핵무기를 비롯한 대량살상무기 개발 및 보유의 필요성은 반감될 수밖에 없었고, 또한 미국과 소련은 효과적으로 이를 억제할 수 있었다.

냉전의 해체는 인류 사회를 절멸시킬 수 있는 핵전쟁의 공포를 '반감'시킬 수 있었으나, 이것은 동시에 대량살상무기 위협이 '분산' 되는 결과로 이어졌다. 국가연구소(National Institute)의 조나단 쉘은 "냉전시대에는 미·소 간에 하나의 벼랑이 있었지만, 10여 년 지난 지금은 도처에 벼랑이 생겼다"며 대량살상무기 위협이 여전히 지속되고 있다는 점을 강조하기도 한다. 그는 그 이유를 미국이 주도하는 세계화와 단극 체제의 질서 속에서 더욱 빈곤해진 국가와 집단의 절망감, 미국의, 특히 부시 행정부의 국제군비통제조약 무시와 MD 강행 등에서 찾으면서 "잃어버린 10년"을 지나는 동안 대량살상무기 위협은 오히려 냉전시대보다 더 강해졌다고 주장한다.[126] 즉, 냉전의 붕괴와 함

126) Jonathan Schell, Living on the Brink, Again, *Policy Report*, December 2001.

께 소련이라는 버팀목을 상실한 국가들은 미국이 주도하는 단극 체제에서 한층 강한 안보 불안을 느끼지 않을 수 없었고, 상대적으로 적은 비용으로 군사력을 강화시킬 수 있는 대량살상무기 개발에 눈을 돌리게 된 것이다. 이라크가 냉전시대에 미국에서 제공한 제조 물질 및 기술을 바탕으로 생화학무기를 중심으로 하는 대량살상무기 개발을 시도한 것이나, 북한이 대미 억지력 및 협상력의 제고 차원에서 핵무기 및 미사일 개발을 시도한 것이 이것을 잘 보여준다. 또한 초강대국의 통제력이 느슨해지면서 지역 차원에서 헤게모니 경쟁이 격화되고 있는 것 역시 대량살상무기 확산의 중요한 배경이다. 파키스탄이 인도에 대응하기 위해 핵무기 실험에 성공하면서, 두 국가 간에 첨예한 핵무기·미사일 경쟁이 벌어지고 있는 것이 바로 그런 사례이다.

미국 정부를 비롯한 많은 전문가들이 대량살상무기 기술 확산의 가장 큰 이유로 지적하는 것은 소련의 해체와 더불어 구소련의 대량살상무기 물질 및 기술이 유출되고 있다는 것이다. 소련이 해체되면서 대량살상무기 및 제조 물질의 관리가 허술해지고, 관련 기술자들이 해고나 박봉에 처하면서 이들 중 일부가 국가나 테러집단으로 흘러 들어가고 있다는 것이다. 냉전 해체 10여 년이 지난 지금까지도 미국 정부가 대량살상무기 확산의 진원으로 러시아를 주목하는 것도, 러시아 정부 차원에서는 대량살상무기 확산을 억제하려고 노력하고 있으나, 중앙정부의 통제가 느슨해진 것을 만회하지 못하고 있다고 판단하고 있기 때문이다. 문제는 부시 행정부 들어, 클린턴 행정부 때 미·러 간의 상호위협 감소 노력 차원에서 러시아의 대량살상무기 물질의 안정적인 관리와 폐기를 미국이 지원해온 것에 비해 대단히 미온적인 태도를 보이고 있다는 점이다. 이는 부시 행정부가 대량살상무기 위협을 한껏 강조하면서도, 확산을 방지할 수 있는 노력에는 소홀하다는 것을 확인할 수 있는 근거 가운데 하나이기도 하다.

(2) 단극 체제와 대량살상무기

이론의 여지없이 국제정치의 맥락에서 냉전과 탈냉전을 구분하는 가장 큰 특징은 양극 체제에서 단극 체제로의 이행이다. 이러한 이행은 소련의 해체로 미국에게 '주워진 것'이기도 하지만, 미국이 과거에도 추구했고, 현재에도 추구하고 있으며, 앞으로도 더욱 공고히 하고자 하는 미국의 '선택'이기도 하다. 이러한 탈냉전시대의 지배적인 특성은 대량살상무기 확산과 관련해서도 근본적인 재검토를 요구하고 있다. 미국 정부의 주장대로 반미 성향의 일부 국가들과 테러집단이 미국을 중심으로 한 문명세계를 파괴하기 위해 대량살상무기를 가지려 한다는 것은 철저하게 미국중심주의에서 나온 해석이고, 이러한 해석은 부시 행정부가 테러와의 전쟁 초점을 대량살상무기 위협 제거로 맞춰나가는 것을 정당화하는 결과를 낳기 때문이다. 또한 냉전의 해체라는 환경적인 요인을 통해 대량살상무기 확산을 바라볼 경우 그 속에서는 행위자의 선택과 동기를 분석할 이유가 없어지기도 한다.

오히려 미국이 추구하는 단극 체제의 성격과 이를 물리적으로 뒷받침하는 군사력 및 군사전략의 성격을 먼저 이해할 필요가 있다. 탈냉전시대의 가장 두드러진 특징은 초강대국인 미국이 주도하는 단극 체제와 세계화로 요약할 수 있다. 과거 로마제국을 제외하곤 인류 역사에서 유례를 찾아볼 수 없는 새로운 세계질서이기도 하다. 그리고 이러한 헤게모니 국가로서 미국의 지위는 적어도 21세기 전반기까지는 지속될 것이라는 점이다. 일부에서는 중국이 2030년 이후 미국을 추월할 수 있을 것으로 보고 있지만, 중국의 발전 전략은 기본적으로 미국이 주도하는 세계 질서 '안'에서 이뤄지고 있다. 특히 군사력의 관점에서 볼 때, 지난 50년간 누적된 군비 수준이 미국의 10분의 1도 안 되고, 30년 후에 중국의 군비지출이 미국과 맞먹는 수준에 이르더라도 누계 군비에서는 비교가 되지 않는다. 군사력에 있어서는 미국이 적어도 반세기 동안은 세계 최고 수준에 있을 것임을 암시한다.

탈냉전 이후 클린턴 행정부 때부터 나타나기 시작했고, 부시 행정부 들어 그 경향이 더욱 강해지고 있는 미국의 군사력 증강 계획은 물리적 힘에 의존한 미국식 패권주의의 단면을 보여주고 있다. 부시 행정부가 강조하는 '군사력의 변형'은 현재는 물론 미래에도 미국의 군사 패권주의를 확보할 수 있는 최첨단 무기체계의 개발 및 획득 계획에 다름 아니다. 부시 대통령은 선거 유세 때 "미국의 평화적인 영향력을 보호하는 일은 세계의 도처에서뿐만 아니라 시대를 관통해서 이뤄져야 한다"며 "나의 목표는 이 엄청난 기회를 활용하는 것"이라고 말한 바 있다.[127]

미국이 이 같이 군사적 패권주의를 강화할 수 있는 물리적인 힘과 군사전략을 갖는다는 것은 세계 곳곳에 대한 정치적, 군사적 개입을 더욱 노골적으로 행사할 수 있는 토대를 갖는 것을 의미한다. 즉 "미국의 취약성이 사라질 경우, 이것이 정당하든 그렇지 않든, 미국의 지도자들은 여러 종류의 개입을 지속적으로 해나갈 수 있게 된다"[128]는

---

127) Michael T. Klare, U.S. Supremacism and Weapons of Mass Destruction in the 21st Century, Weapons of Mass Destruction: Cold War Legacies in a Post-9·11 World Conference at New York Univerisity on November 26-27, <http://www.foreignpolicy-infocus.org/presentations/wmd01/klare.html>에서 재인용.

128) 각주 4)의 글.

것이다. 특히 9·11 이후 미국은 테러가 국제평화를 위협하는 가장 큰 도전이라며, 테러리스트들은 물론 이들을 비호하는 세력과 대량살상무기 위협 국가들에게도 "정의의 심판"을 내릴 것이라고 경고하고 있다. 물리적인 힘을 획기적으로 배가시키는 동시에 군사적 개입의 명분 역시, 테러 정국을 틈타 확보하고 있는 것이다.

이러한 탈냉전 이후 미국식 세계관과 군사적 패권주의 추구는 미국의 명시적, 잠재적 적국으로 하여금 미국의 군사력 행사를 막을 수 있는 군사적 수단, 특히 대량살상무기를 개발·보유케 하는 메커니즘으로 작동할 수밖에 없다. 미국이 정의한 '문명 도전세력'이자, 미국 및 미국의 동맹국, 그리고 9·11 이후 새롭게 등장한 반테러 국제연합의 잠재적 공격 목록에 올라 있으면서, 재래식 군사력에 있어서 천양지차의 수세에 몰려 있는 국가들에게 대량살상무기는 미국 및 미국 주도의 동맹세력의 군사적 개입을 '부자연스럽게' 만드는 가장 효과적인 수단으로 받아들여지고 있다.

(3) 9·11 테러와 대량살상무기

냉전의 해체는 두 가지 역설적인 의미를 미국에게 던져주었다. 하나는 미국이 소련이라는 도전세력의 몰락으로 세계 유일의 초강대국으로서 입지를 갖게 했지만, 라이벌의 상실이라는 공허함이 예상보다 일찍 찾아온 것을 의미했다. 미국은 이러한 허전함을 한편으로는 중국을 냉전시대의 소련의 대체물로 올려놓음으로써, 다른 한편으로는 문명세계의 도전세력으로 "깡패국가"들을 만들어냄으로써 달래 오고 있다. '강해지는 중국'을 '위협적인 중국'으로 동일시하고는 중국의 위협이 현실로 나타나기 전까지는, 가장 호소력 있는 민주주의와 인권에 있어서 많은 문제점을 안고 있는 국가들 가운데, '반미'와 '대량살상무기'라는 잣대를 추가로 적용시킴으로써 "깡패국가들"의 위협을 전면화시키고 있는 것이다. 중국의 위협을 전면화시킬 경우 직면하게 될 안팎의 비판을 적절하게 제어하면서도, "국민들을 굶기고 자유와 인권을 억압하면서 대량살상무기를 만들고 있다"는 반인권적, 반평화적 혐의를 일부 국가들에게 씌움으로써 군사적 패권주의를 영속화시킬 수 있는 근거를 만들어내고 있다.

9·11 테러는 이러한 미국식 위협 해석에 엄청난 힘을 실어주고 말았다. 부시가 "악의 축"이라고 규정한 북한, 이란, 이라크 등이 알-카에다를 비롯한 반미 테러조직과 연계망이 있을 것이라는 추정을 가지고 그 증거를 찾기 위해 혈안이 되었던 부시 행정부는, 증거 확보의 실패를 '대량살상무기'로 만회하고 있는 것이다. 즉, 대량살상무기를 만드는 것 자체만으로도 테러조직이 이를 입수할 가능성을 높일 수 있다는 이유로 테러와의 전쟁의 목표물이 될 수 있다는 것이다. 이 과정에서 이라크의 대량살상무기 프로그램이 유엔의 제재조치로 사실상 해체되었다는 사실도, 이란의 서구와의 관계 개선 및 민주화의 노력도, 북한의 국제사회와의 관계 개선과 핵 동결 유지 및 미사일 실험 발사 유예 등은 고려의 대상조차도 되지 않고 있다. 그저 이들 국가가 대량살상무기를 시도했다는 과거의 혐의와, 이를 포기하지 않았다는 현재적인 해석, 그리고 이러한 대량살상무기가 테러조직으로 흘러 들어갈 수 있다는 미래의 개연성만으로도 "악의 축"이 될 수 있다고 주장하는 것이다. 9·11 테러가 미국이 그토록 강조해온 미사일을 비롯한 대량살상무기가 사용된 것이 아닌, 미국의 최첨단 무기와 정보력을 원시적인 칼 몇 자루로 무장한 얼굴 없는 테러리스트들에 의해 자

행되었음에도 불구하고, 부시 행정부는 이를 대량살상무기와 연결시키는 고도의 정치적 순발력을 발휘하고 있는 것이다.

　9·11 이후 부시 행정부가 북한과 이라크 등의 정권을 어떻게 바라보고 있는지, 그리고 이것을 자신들의 군사안보 전략을 합리화하기 위해 어떻게 활용하고 있는지는 폴 월포위츠 미 국방부 부장관의 발언을 통해서 잘 나타난다. 그는 "오사마 빈 라덴, 사담 후세인, 김정일은 누구의 눈치도 보지 않고, 어떤 협의나 제약 없이 자기 마음대로 자신의 능력을 사용할 수 있으며, 그렇게 하고자 하는 의지를 보여주고 있다"며 이들을 새로운 적으로 규정했다. 월포위츠는 이들 "새로운 적"의 목표는 "미국민을 공포의 인질이 되게 함으로써 미국이 겁에 질려 미군을 철수하고 대응을 하지 못하게 해서, 미국의 막강한 군사력의 제지 없이 자국민과 이웃 국가들에게 자신의 의지를 강요하는 것"이라고 주장했다.[129] 그리고 월포위츠는 물론 부시 행정부의 관리들은 이들 국가가 이와 같은 목적을 달성하기 위해, 대량살상무기를 손에 넣으려 한다고 일관되게 주장해 오고 있다. 9·11 테러의 배후로 지목된 빈 라덴과 '반미'를 자신의 생존 기반으로 삼고 있는 사담 후세인은 논의로 치더라도, 미국과의 관계 개선을 가장 큰 체제 생존 전략으로 삼고 있는 북한 정권에 대해서도 부시 행정부는 '악의 축'으로 규정하고 있는 것이다. 부시 행정부의 악의 축 발언 직후 미국의 한 군사전문가가 "북한은 이라크와 다르다"며 "적을 제대로 고르라"고 충고한 것은 이러한 맥락에서 이해할 수 있다.[130]

---

129) Wolfowitz Warns of Further Terrorist Attacks Ahead, Defense official testifies before Senate Armed Services, October 4, 2001, <http://usinfo.state.gov>.

130) Michael O'Hanlon, Choosing The Right Enemies, *The New York Times*, February 6, 2002.

위기의 진원: 부시의 테러와의 전쟁 **237**

3. 부시 행정부의 새로운 전략과 한반도

부시 행정부의 위험한 세계관은 이른바 '새로운 전략틀'을 통해서 더욱 확실하게 드러난다. 2001년 5월 초 방한한 리처드 아미티지 국무부 차관이 밝힌 것처럼, 부시 행정부의 신전략은 비확산, 대확산, 미사일 방어체제, 그리고 핵무기의 감축으로 이루어져 있다. 이러한 신전략 방향은, 냉전시대 소련과의 전략 관계에서 핵심적인 개념이었던 상호확증파괴(MAD) 전략이 소련의 해체 및 적대 관계의 종식으로 의미를 상실한 반면에, 대량살상무기 및 탄도미사일이 확산되고 이들 무기가 이른바 깡패국가 및 테러조직에게 흘러 들어감으로써 미국 및 국제사회에 대한 위협이 증대되고 있다는 변화된 현실을 반영하고 있다고 부시 행정부는 강변하고 있다. 이것은 얼핏 타당한 얘기처럼 들리기도 하지만, 소련이라는 적의 상실에 따른 공허함을 '유령'을 불러옴으로써 달래고자 하는, 여전히 건재한 미국 내 냉전세력의 '초혼곡'이라 할 수 있다. 그 내용을 하나하나 뜯어보면, 새로운 전략틀이 얼마나 많은 기만과 허위로 차 있는지 알 수 있다.

우선 한 가지 짚고 넘어가야 할 점은 위에서 언급한 4가지 전략이 결코 새로운 것은 아니라는 것이다. 미사일 방어, 즉 MD는 대확산의 개념에 포함된 것이고, 핵무기 감축 역시 러시아와의 전략무기감축협정(START)에 따라 추진되어온 비확산 전략의 일환으로 볼 수 있다. 이러한 전통적인 범주와는 달리 부시 행정부가 이를 세분화한 것은 다분히 정치적이다. MD를 전략틀에서 독립시킴으로써 마치 탄도미사일 위협이 증대되었고, 이에 대응하기 위해 MD 구축 및 선제공격 전략 채택이 시급하다는 점을 부각시키고 있다. 또한 러시아와의 START 및 핵확산금지조약(NPT)의 이행 과정에서 미국측의 의무 사항인 핵무기 감축을 전면에 부각시킴으로써, 부시 행정부가 인류의 핵 공포 완화에 이바지하는 것처럼 여론을 호도하고 MD 구축의 정당성을 확보하고자 하는 것이다.

부시 행정부의 새로운 전략들이 갖고 있는 문제점은 여기서 끝나지 않는다. 정치·외교적인 협상 및 다자주의적 접근을 통해 대량살상무기 및 미사일 확산 문제를 다루는 비확산 체제에 대해서는 일방주의적 태도로 일관하고, 이것을 군사적 수단에 의존하는 대확산 정책 및 MD 구축을 비롯한 일방주의로 대체하면서 핵무기 감축은 눈가리기식으로 추진하고 있는 것이다.

먼저 부시 행정부의 비확산 정책을 살펴보자. 비확산은 다자간, 혹은 양자간 협약이나 조약 등을 통해 대량살상무기의 개발, 생산, 비축, 배치, 사용, 수출, 이전 등을 방지하는 것을 말한다. 이는 대확산 정책이 군사력을 비롯한 물리적인 힘에 의존하는 것과는 달리 외교적 협상을 통해 문제를 푸는 방안이라는 점에서, 대량살상무기 확산의 일차적 대응이라고 할 수 있다. 문제는 부시 행정부가 미국 및 국제사회의 가장 큰 위협으로 대량살상무기를 전면으로 내세우면서, 비확산 정책에 있어서는 일방주의적 태도로 일관하고 있다는 점이다. 공화당은 클린턴 행정부 때 의회에서 '수의 힘'을 앞세워 포괄핵실험금지조약(CTBT) 인준을 부결시켰고, 집권 이후에는 CTBT 인준안을 상원에 상정조차 안하고 있다. 또한 NPT에서 명분화한 새로운 핵무기 개발 금지와 관련해서, 핵실험 재개 및 신세대 핵무기 개발 가능성을 내비침으로써[131] NPT 체제를 위기로 몰아넣고 있다. 9·11 이후 탄저균 공포를 틈타 생물무기 위협을 강조하면서도, 생물무기금지협(BWC) 검증의정서 채택과 관련해, 자국의 생물무기 프로그램이 노출되고 자국 기업의 이익을 침해할 수 있다는 이유로 거부 의사를 밝히고 있다. 또한 냉전시대 군비통제의 시금석 역할을 해온 ABM 조약을 일방적으로 탈퇴함으로써 새로운 핵 군비경쟁을 야기할 조짐마저 보이고 있다. 나중에 상술하겠지만, 부시 행정부는 북한과의 핵, 미사일 협상에 있어서도 전임 정부의 비확산 정책의 성과를 무시하고, 힘을 앞세운 해결을 도모하고 있는 실정이다.

부시 행정부의 핵무기 감축도 한마디로 '빛 좋은 개살구'이다. 미국의 핵무기 감축 계획은 이미 러시아와의 양자조약인 전략무기감축협정(START) 및 국제조약인 핵확산금지조약(NPT), 그리고 포괄핵실험금지조약(CTBT) 등에 명시된 것으로 부시가 밝힌 핵무기 감축 계획은 별로 특별한 게 없다. 오히려 부시 행정부의 핵 감축은 '거꾸로' 가고 있다. 2002년 3월 초 부분적으로 공개된 핵태세검토(NPR)[132] 보고서에서는 현재 약 7,000기 정도의 핵탄두 가운데 1,700~2,200기를 "실전 배치"하겠다고 밝혀, 나머지 핵탄두가 '폐기'되는 것이 아니라 네바다 핵시설 등에 '비축'될 것임을 강하게 암시했다. 미국의 핵 감축 정책이 '폐기'가 아닌 실전배치 핵무기를 줄이면서 나머지 핵무기는

---

131) "부시 대통령은 핵실험을 다시 실시하는 것을 배제하지 않고 있다. 그러나 핵실험 계획은 없다." 조지 W 부시 미국 대통령이 애리 플레이셔 백악관 대변인을 통해 2001년 1월 9일 밝힌 핵실험에 대한 공식적인 입장이다. 플레이셔는 핵실험을 하지 않겠다는 정책을 계속 고수할 것이라고 말하면서도, "우리는 특히 핵무기가 감축될 경우 핵무기의 안전성과 신뢰성을 입증하기 위해 지하 핵실험을 재개할 가능성을 배제하지 않고 있다"고 말했다. White House Report, January 9th, 2002. <http://www.usinfo.state.gov>.

132) 공개된 2002년 NPR은 <http://www.defenselink.mil/news/Jan2002/d20020109npr.pdf>에서 볼 수 있다.

'비축'하는 방향으로 확인된 것이다. 또한 미국의 반핵 단체들이 강력하게 요구한 핵 선제공격 옵션의 명시적인 포기와 오작동으로 우발적인 핵전쟁을 야기할 수 있는 '경보 즉시 발사' 시스템의 해제 등에 대해서도 부시 행정부가 전향적인 조치를 취하지 않아, 미국이 21세기의 새로운 핵 위기를 부추기고 있다는 비판을 받고 있다.

부시 행정부는 이처럼 비확산 정책은 '무시,' 핵무기 감축은 '기만'으로 일관하면서, 대단히 공세적인 성격을 지닌 대확산 전략 및 MD 구축에는 박차를 가하고 있다. 대확산은 비확산과는 달리 외교적인 수단보다는 군사력을 바탕으로 공세적으로 대량살상무기 위협에 대처하는 개념이다. 즉 다자간, 양자간의 비확산 노력에도 불구하고 대량살상무기가 이미 명시적, 잠재적 적의 손에 들어갔거나, 들어갈 가능성이 높다는 전제하에 대량살상무기의 실질적 위협을 감소 및 제거하거나 적의 사용 의지를 억제함으로써 미국 및 동맹국의 안보를 지키겠다는 의미를 담고 있다.[133] 대확산은 평시부터 전시까지 5단계로 나누어지는데, 비확산 개념과 유사한 확산방지(prevention) → 대량보복전략을 의미하는 억지(deterence) → 위협이 현실화되기전에 선제공격을 통해 대량살상무기 시설을 파괴하는 군사정밀타격(counter-force) → MD를 의미하는 적극적 방어(active defense) → 대량살상무기가 사용되었을 때 피해를 최소화하는 소극적 방어(passive defense) 등이 그것이다. 이러한 대확산 전략은 클린턴 행정부때부터 마련되어온 것이지만, 부시 행정부는 비확산보다 대확산에 더 비중을 두고, 5단계의 대확산에 있어서도 선제공격 능력을 강조한 군사정밀타격과 MD에 큰 비중

---

133) 임채홍, 68~71쪽.

을 두고 있다는 차이점이 있다. 이것은 기본적으로 미국 스스로가 대량살상무기 위협 여부 및 수준을 판단하고, 필요할 경우 선제공격을 통해 사전에 대량살상무기 위협을 제거한다는 방향으로 안보전략이 변화하고 있다는 것을 의미한다.

또 하나 중요한 점은 억지력의 문제에 있어서 "핵 억지력을 최소 수준으로 유지한다"는 것이 결코 핵 억지력의 포기나 비중의 '절대적인' 감소를 의미하는 것이 아니라는 것이다. 이는 냉전시대에 대소 억지력으로 주로 활용해온 핵 억지력을 21세기에도 기본적으로 계속 유지하되, MD와 같은 다른 방어 수단 및 비핵 억지력의 강화와 같은 다른 수단을 통해 보충해 나간다는 것을 의미한다. 즉, 핵 공격을 비롯한 공격체제, MD와 같은 적극적인 방어체제, 새로운 정밀 유도 무기 및 지하시설 파괴무기와 같은 신무기체계 등을 제 때 생산할 수 있는 방위 산업 인프라의 활성화를 '새로운 삼각 전략'(New Triad)으로 채택한 것이다.[134] 이러한 새로운 핵 전략은 4주년 국방정책 재검토(QDR)에서 새로운 국방 지침으로 내세운 '능력에 바탕한 접근법'을 핵 정책에도 채택한 것을 의미한다. 즉, 기존의 '위협에 바탕한 접근'으로는 북한, 이라크 등 이른바 깡패국가들의 점증하는 위협 및 테러와 같은 비대칭 위협에 대처하는 데 한계가 있다고 판단하고, 이러한 위협을 막강한 공격력과 방어력을 통해 파괴시킬 수 있는 능력을 보유하는 것을 21세기의 핵 전략의 기반으로 삼고 있는 것이다.

이러한 부시 행정부의 새로운 군사안보 전략에서 가장 경계해야 할 부분은, 부시 행정부가 냉전시대 봉쇄와 억제에 중심을 둔 전략에

---

134) 2002년 NPR.

서 대량살상무기를 보유한 적대 국가와 테러조직에 선제공격을 가할 수 있는 새로운 전략을 공식화하고 있다는 점이다. 냉전시대 전략인 봉쇄와 억지를 포기하지 않은 채, 미국에게 대량살상무기 위협을 가하는 국가에 대해 '선제공격' 혹은 '방어적 개입'을 명문화하는 것을 새로운 국가안보 전략의 중심을 삼고 있는 것이다.

부시 행정부 관리들은 이러한 변화를 9·11 이후 새로운 위협에 대응하기 위한 것이라고 설명하고 있다. 즉, 9·11 테러로 입증되었듯이 위협의 대상과 성격이 바뀌었기 때문에, 기존의 억지 전략으로는 미국을 보호할 수 없다는 것이다. 그러나 미국의 선제공격 전략이 미국의 안보에 도움이 되지 않는다는 비판도 거세게 일고 있다. 미국이 선제공격을 명시하면, 대상이 되는 집단이나 국가는 미국의 선제공격을 받기 전에 먼저 공격해야 한다고 느끼게 되고, 이에 따라 불필요한 긴장이 고조될 수 있다는 것이다. 또한 미국이 적성 국가의 생화학시설이나 핵시설을 공격할 경우 주변 지역으로까지 피해가 확대될 수 있다는 우려도 미국 내에서 지적되고 있다.

군사비의 파격적인 증액, 미사일방어체제(MD) 강행, 테러와의 전쟁, 공세적인 핵 전략 채택, 공격용 신무기체계 개발 박차 등에서 이미 나타난 부시 행정부의 군사주의 노선은, 선제공격 전략 채택 움직임에서 절정에 달하고 있다. 이는 국제사회가 직면한 대량살상무기 위협 등 안보문제를 외교적인 노력보다는 압도적인 군사력과 공격적인 전략으로 풀겠다는 부시 행정부의 세계관이 그대로 투영된 것이라고 할 수 있다. 더욱 큰 문제는 부시 행정부의 군사력 건설 방향이 선제공격 전략을 뒷받침하기 위해 추진돼 오고 있다는 점이다. MD의 경우 선제공격을 자유롭게 할 수 있고, 대량살상무기 파괴용 새로운 소형 핵무기의 개발, 지하시설 파괴용 무기, 무인폭격기, 스텔스 폭격기 등 공격용 무기는 선제공격을 가능케 하는 물적 토대가 될 것으로 보인다. 1998년 창설된 국방위협감소국(DTRA)는 현재 선제공격 능력의 '미진한' 부분을 메우기 위해 새로운 무기체계 및 전술 개발에 박차를 가하고 있기도 하다.

부시 행정부의 이러한 선제공격 전략 및 능력이 새로운 것은 아니다. 그러나 전통적으로 선제공격 등 공세적인 전략에 대해서는 '모호성'을 유지해오던 미국이, 대량살상무기 위협 제거를 이유로 선제공격 전략을 정책적으로 공식 채택하는 것은 세계의 안보 지형을 또 한 번 흔들어 놓은 결과를 가져올 것으로 보인다. 특정 국가에 대해 선제공격을 정책적으로 명시하는 것은 국제법적으로도 논란의 소지가 많을 뿐더러, 다른 국가들의 안보전략에도 적지 않은 영향을 미칠 것으로 보이기 때문이다.

부시 행정부가 선제공격 전략을 국가안보 전략의 중심축으로 삼을 조짐을 보이면서 북·미 관계 및 한반도 정세도 더욱 복잡하게 전개되고 있다. 부시 행정부는 북한 등의 적대 국가에 대해 외교적 해법보다는 군사적 해결에 비중을 두는 성향을 다시 한번 확인시켜 주었기 때문이다. 북한이 이러한 부시 행정부의 움직임에 강한 경계심을 보여오고 있는 것은 물론이다. 미국 언론을 통해 부시 행정부가 선제공격 채택 움직임이 확인된 2002년 6월 이후, 북한은 노동신문과 중앙방송 등을 통해, "미국이 반테러 전쟁의 무대를 한반도로 옮기기 위한 극비의 전쟁 계획을 작성하고 '제2의 한국전쟁'을 준비하고 있다"고 강하게 반발한 바 있다. 특히 북한 언론들은 "미국이 우리(북)를 선제타격 대상으로 정한 이상 그들이 언제 우리에게 불질을 해대는가에 대해서는 누구도 알 수 없다"며 강한 경계심을 표현한 뒤, "우리는 미국의 선제타격론에 대응하여 만반의 전투동원태세를 갖추어 나갈 것"이라고 강조하기도 했다.

북·미 간의 이러한 팽팽한 긴장 구조 속에서 주목해야할 점은, 많은 안보전문가들은 물론이고 부시 행정부 스스로도 북한의 '도발을 결코 좌시하지 않을 것이라고 경고하고 있다는 것이다. 문제는 '누가 어떤 근거로 도발이라고 정의하고 행동할 수 있느냐'에 있다. 안타깝지만, 한반도의 냉정한 현실은 한반도에서의 전쟁과 평화의 심판자는 바로 미국이고, 현재는 군사주의 노선을 분명히 하고 있는 부시 행정부라는 것이다. 특히 전통적인 의미의 도발과는 달리, 미국은 북한의 주권 행사를 '도발'이라고 해석하고 행동을 펼 의지와 능력을 갖고 있다. 전통적으로 북한의 도발은 남침이나 무력 시위, 무장간첩 침투 등을 가리켰으나, 부시 행정부는 북한의 핵, 미사일, 생화학무기 등 이른바 대량살상무기의 개발 및 수출도 '도발'로 간주하겠다는 것이다. 가령 북한이 미사일 수출 선박을 공해상에 띄우는 것은 적어도 국제법적으로 문제가 없는 정당한 행위지만, 부시 행정부는 이를 미국 안보에 대한 '도발'이라며 나포나 격침을 시도할 수 있다. 많은 나라들이 하고 있는 것처럼 인공위성을 발사하는 것이 북한의 입장에서는 정당한 주권 행사이지만, 부시 행정부는 이것을 미국 본토를 미사일로 공격하기 위한 실험이라고 규정하고 그 시설을 파괴할 가능성도 있다.

98년 8월 금창리 핵 의혹시설 논란에서 볼 수 있듯이, 미국은 북한의 의심스러운 시설을 핵이나 생화학무기 제조시설이라고 못박고 군사 행동의 대상물로 삼을 수도 있는 게 우리가 처한 현실이다. 금창리 의혹시설 논란은 미국의 현장 방문단을 통해 '텅빈 동굴'로 판명나고 이에 따라 위기가 해소되었지만, 부시 행정부가 이와 비슷한 상황을 만났을 때 외교적인 해법을 모색하는 것을 기대하기는 힘든 현실인 것이다. 이에 따라 한반도의 군사문제에 있어서, 전통적으로 한·미 동맹이 북한에 취해온 전략, 즉 북한의 남침을 억제하는 전략이 부시 행정부의 선제공격 전략으로 대체되고, 더욱 중요하게는 선제공격의 판단 근거가 부시 행정부의 자의적인 잣대에 기초하고 있다는 점을 주목해야 할 필요성이 더욱 커지고 있다.

2002년 12월 9일 발생한 미국의 북한 미사일 수출 나포 사건은 이러한 점에서 주목할 필요가 있다. 예멘과의 미사일 수출 계약을 맺고 인도양을 지나던 북한 선박은 미군과 스페인군의 합동 작전을 통해 공해상에서 나포되었는데, 이는 미국이 그동안 경고해 왔던 북한의 미사일 수출을 실력 행사를 통해 막았다는 적지 않은 의미를 담고 있다. 사건 발생 직후, 미사일 수입국인 예멘이 미국과 스페인에 강력히 항의해 스커드미사일을 되돌려 받음으로써 사건은 일단락되었다. 그러나 미국이 국제법과 외교 관계을 무시하고 나포를 강행했다는 것은, 북한의 대량살상무기 문제에 대해 군사 행동을 포함한 본격적인 실력 행사에 나섰다는 점에서 결코 간과할 수 없는 문제라고 할 수 있다.

나포 사건 다음날, 백악관이 새로운 국가안보 전략을 재차 강조한 것도 이러한 맥락에서 이해할 필요가 있다. 이날 발표 내용에 따르면, 미국은 미국의 적국이 대량살상무기를 다른 나라로 이전하거나, 조립하기 전에 선제공격을 통해 파괴시킨다는 계획을 분명히 했다. 예를 들어, 북한이 고농축 우라늄을 이용해 핵무기를 제조하고 있다고 미국이 믿는다면, 선제공격을 통해 농축 우라늄 시설을 파괴할 수도 있다는 것이다. 이는 단순한 가정이 아니다. 미국은 이라크 외에도 북한,

이란, 시리아, 리비아 등을 새로운 국가안보 전략의 적용 대상으로 명시하고 있기 때문이다. 이러한 점에서 미국의 북한 미사일 수출 선박 나포는 새로운 국가안보 전략을 북한에 처음 적용했다는 해석이 가능해진다. 또한 부시 대통령이 수시로 "북한을 침공할 의사가 없다"고 발언하는 것이 단순한 정치적 수사에 불과하다는 것을 확인할 수 있는 대목이기도 하다.

4. 부시 행정부의 핵 전략과 한반도

부시 행정부의 공세적인 핵 전략은 적국의 핵무기 사용을 억지하는 것을 기본적인 목표로 삼아 왔던 전임 정부의 전략에서, 핵 선제공격 옵션을 더욱 구체적인 형태로 강화하는 방향으로 변경하고 있는 것에서 여실히 드러나고 있다. 『LA 타임스』, 『뉴욕타임스』 등 미국의 유력 언론이 2002년 3월초에 입수·폭로한 핵태세검토(NPR) 보고서의 '비밀' 문서에서는 핵보유국인 러시아, 중국은 물론 북한, 이라크, 이란, 시리아, 리비아 등 비핵국가에 대해서도 핵공격 계획을 세우고 있다는 충격적인 내용이 포함돼 있다.[135] 파문이 커지자, 부시 행정부는 비핵국가에 대해 핵무기를 사용하지 않겠다는 지난 24년간의 약속이 여전히 유효하다며, 이번 NPR의 내용은 결코 새로운 것이 아니라고 진화에 나섰다. 그러나 미국의 독립적 군사전문연구단체인 <글로벌

---

135) Paul Richter, U.S. Works Up Plan for Using Nuclear Arms, *Los Angeles Times*, March 9 2002; Michael R. Gordon, U.S. Nuclear Plan Sees New Weapons and New Targets, *The New York Times*, March 10, 2002.

시큐러티>의 대표인 존 파이크가 이 단체의 인터넷에 NPR의 주요 내용을 전격적으로 공개함으로써,[136) 부시 행정부의 핵 전략의 진실이 하나둘씩 밝혀지고 있다. NPR 보고서는 미 의회의 지시에 따라 4년마다 작성·보고되는 미국의 중단기 핵전략 지침서이다. 럼스펠드 미 국방장관이 서문에서 밝히고 있듯이, 2002년 1월에 작성된 보고서는 향후 5~10년간의 미국 핵 전략의 방향과 목표를 제시하고 있다.

부시 행정부의 핵 전략이 전임 정부와 가장 차이가 나는 부분은 핵 전략의 새로운 삼각틀을 공식적으로 채택하고 있다는 점이다. 즉, 클린턴 행정부 때까지는 핵 전략의 삼각틀을 냉전시대와 유사하게 러시아에 대한 핵 억지력에 초점을 맞춰, 대륙간탄도미사일, 잠수함발사핵미사일 그리고 대륙간 전략폭격기에 두었으나, 부시 행정부는 이 것을 핵·비핵 공격능력의 강화, 미사일방어체제(MD)를 중심으로 한 방어망의 구축, 그리고 다양하고 점증하는 위협에 신속하게 대응할 수 있는 국방 인프라의 재활성화로 전환한 것이다. 그리고 이러한 삼각틀을 효과적으로 뒷받침하기 위해 지휘·통제 및 정보체계의 획기적인 성능 향상을 도모하고 있다. 이러한 핵 전략의 변화는 부시 행정부의 신군사전략의 기본 정신인 '위협에 기초한 모델'에서 '능력에 기초한 모델'로 군사력 건설 방향을 전환한다는 것이 핵 전략에도 그대로 적용되는 것을 의미한다. 즉, 미국 및 동맹국들은 앞으로 언제, 어디서, 누구로부터, 어떤 무기를 이용해 공격당할지 예측할 수 없음으로 핵 능력 및 전략 역시 이러한 위협에 대비할 수 있도록 다양화·유연화·신속화되어야 한다는 것이다.

---

136) NPR의 주요 내용은 <http://www.globalsecurity.org/wmd/library/policy/dod/npr.htm>에서 볼 수 있다.

그렇다고 부시 행정부의 핵 전략이 냉전시대나 클린턴 행정부 때의 전략과 '결별'을 의미하는 것은 결코 아니다. NPR 보고서에서도 러시아의 위협이 줄어들고 더 이상 주적이 아니라고 강조하면서도, "러시아는 여전히 우려의 대상으로 남아 있다"며 러시아와의 갈등에 대비해 단시일 내에 기존의 전략핵무기 능력을 다시 갖출 수 있도록 해야 한다고 부연하고 있다. 부시 행정부가 대대적인 핵무기 감축을 공언하면서도, 감축된 핵무기를 '폐기'하는 것이 아니라 '비축'하고자 하는 것도 이 때문이다. 그러나 부시 행정부의 핵무기 감축 계획은 이미 전임 정부가 러시아와의 전략핵무기감축협정(START)에 따라 추진해온 것으로써 결코 새로운 것이 아니며, 오히려 감축된 핵무기를 비축하겠다고 함으로써 전임 정부보다 후퇴한 것으로 평가할 수 있다.

가장 큰 논란거리는 부시 행정부가 핵무기는 최후의 보루라는 금기를 깨고, 비핵국가에 대해서도 핵공격 계획을 갖고 있느냐는 것과, 이것이 '새로운' 것이냐는 부분이다. 미국이 1978년 카터 전 대통령이 선언하고, 클린턴 전 대통령도 1996년에 재확인한 비핵국가에 대한 소극적 안전보장(NSA), 즉 핵무기를 보유하지 않고, 핵무기를 보유한 국가와 연합해 공격하지 않을 시, 미국은 핵무기 사용 및 사용 위협을 하지 않겠다는 약속을 철회한다는 것은 핵 비확산체제를 근본적으로 뒤흔드는 메가톤급 핵폭탄이 된다.

NPR 보고서에서는 이 부분과 관련해 "즉각적(immediate), 잠재적(potential), 예상치 못한(unexpected)"이라는 세 가지 기준을 마련해 "이러한 성격의 분쟁시 핵공격 능력을 요구한다"고 명시하고 있다. 즉각적 분쟁의 예로는 이라크의 주변국 공격, 북한의 남한 공격, 중국-대만의 무력 충돌을 들었고, 잠재적 분쟁으로는 "대량살상무기 및 이를 운반할 수단을 갖고 있는 하나, 혹은 복수의 세력이 미국과 동맹국에 대해 적대적인 군사적 위협을 가해오는 것"을 예로 들었으며, 예상치 못한 분쟁으로는 "쿠바 미사일 위기와 같이 갑작스럽고 예상치 못한 도전"을 의미한다고 명시하고 있다. 이러한 범주에 따라 부시 행정부는 북한, 이라크는 요주의 대상으로, 이란, 시리아, 리비아는 경계 대상으로 삼고 있다. 또한 중국이 "전략 목표를 개발하고 핵·비핵 군사력을 현대화하고 있다"며 즉각적, 혹은 잠재적 분쟁의 대상에 포함된다고 말해, 러시아에 대한 비중을 줄이는 대신, 중국에 대한 비중을 높이고 있다는 것을 확인할 수 있다.

이러한 범주에 따라 부시 행정부는 사실상 비핵국가에 대한 소극적 안전보장을 철회하고 있다. 비핵국가인 북한, 이라크, 이란, 시리아, 리비아와의 분쟁시 핵공격 옵션을 대통령이 보유한다고 명시하고 있기 때문이다. 특히 이들 국가가 생화학무기를 사용할 경우, 핵 보복을 하겠다는 의지를 분명히 하고 있다. 이것이 바로 부시 행정부가 MD와 함께 강조하고 있는 새로운 억지력의 근간인 것이다.

물론 일부에서는 클린턴 행정부에서도 생화학무기 공격시 핵 보복을 하겠다는 의지를 밝혀왔다고 주장하고 있다. 일례로 걸프전 당시 클린턴은 후세인에게 편지를 보내 미국 또는 동맹국에 어떠한 종류든 생화학무기를 사용할 경우 "강력한 대응에 직면하게 될 것"이라고 경고해 핵 보복 방침을 강력히 암시한 바 있다. 그리고 이러한 경고는 효과를 발휘해 이라크의 생화학무기 사용을 억지했고, 이에 힘입어 1996년에는 생화학무기 공격에 대해서도 핵 보복을 한다는 전략을 채택했다고 알려지고 있다.[137] 이에 따라 부시 행정부가 생화학무기 공격에 대해 핵 보복을 하겠다는 것은 결코 새로운 것이 아니라 전임 정부의 전략을 계승했다는 부시 행정부의 해명이 설득력 있게 들릴 수도 있다.

그러나 여기에는 두 가지 중요한 차이점이 존재한다. 하나는 클린 턴은 "적이 생화학무기로 공격했을 때"라는 전제를 달고 있으나, 부시 는 이러한 전제와 함께 '생화학무기를 이용한 공격'이라는 조건을 달 지 않고 이라크의 주변국 공격이나 북한의 남한 공격, 그리고 양안간 의 무력 충돌 때 핵무기를 사용할 수 있다고 말함으로써, 재래식 무기 를 이용한 공격에도 핵무기로 대응할 수도 있다는 점을 내비치고 있 다는 것이다. 또한 클린턴은 생화학무기 공격시 핵무기 사용 옵션에 대해 '전략적 모호성'을 지킨 반면, 부시는 이를 '공식화'했다는 차이 점이 있다.

또다른 하나는 부시 행정부는 핵무기 사용을 단순히 '보복'에 한 정하고 있는 것이 아니라, 유사시 적의 지하시설에 있는 군사시설 및 지도부를 제거할 수 있는 무기로도 이용할 계획을 갖고 있다는 점이 다. 부시 행정부는 기존의 지하시설 파괴무기로는 지하 깊숙이 숨어 있는 대량살상무기와 미사일, 그리고 지도부를 파괴하는 데 한계가 있다고 강조하고, 지표-침투형 핵무기(earth-penetrating nuclear weapon) 은 "저강도 핵무기이기 때문에 기존의 핵무기보다 낙진과 핵 오염을 줄이는 반면, 동일한 효과를 가져올 수 있다"며 새로운 핵무기 계획을 분명히 하고 있다. 이를 위해 부시 행정부는 지하시설을 효과적으로 파괴할 수 있는 새로운 핵무기 개발 및 기존의 핵무기의 안정적인 관 리를 위해 "핵실험을 하지 않겠다는 방침이 앞으로도 계속될지는 불

---

137) Andrew F. Krepinevich, The Real Problems With Our Nuclear Posture, *The New York Times*, March 14, 2002.

확실하다"며, 핵실험 재개 가능성을 내비치고 있다. 또한 이미 개발된 벙커 버스터용 핵무기인 'B61-Mod 11'의 성능을 높이는 작업도 계획하고 있다. 이 무기는 미국의 부인에도 불구하고 걸프전 때 사용되었다는 강한 의혹을 받고 있기도 하다.

부시 행정부가 NPR 보고서에서 북한을 이라크와 함께 "고질적인 군사적 우려"라며, 핵공격 계획 대상의 우선 순위에 포함시킴으로써 북한의 반발 역시 거세지고 있다. 특히 이번 NPR 비밀 유출로, 미국이 북한의 핵무기 개발 포기를 이끌어내기 위해 1993년 북미 공동성명과 1994년 제네바 합의에서 명시한 소극적 안전보장이 사실상 사문화된 것으로 확인됨으로써 위기에 빠진 제네바 합의가 '파국'을 맞는 것이 아니냐는 우려가 커지고 있다. 북한이 NPR 보고서에 자국이 핵공격 대상에 포함된 것에 대해 명백한 북·미 합의 위반이라며, "제네바 합의를 전면 재검토하겠다"고 경고하고 나선 것은 이러한 우려를 뒷받침한다. 이는 북한이 여전히 먼저 제네바 합의를 파기할 의사는 없으나, 미국이 계속 이런 식으로 나온다면 제네바 합의에 얽매이지 않겠다는 의미를 담고 있어, 자칫 북한이 핵 개발 동결을 해제할 위험성까지 배제하지 않을 수 없는 환경이 조성되고 있다.

그렇다면 부시 행정부는 어떤 조건이 충족될 경우, 북한에 핵무기를 사용할까? 우선 부시 행정부가 핵무기를 이용해 북한을 먼저 공격할 가능성은 낮다고 할 수 있다. 반면에 북한이 남한을 공격하면, NPR에서 밝힌 즉각적 분쟁에 해당됨으로 핵무기로 보복할 가능성은 있다. 가장 가능성이 높은 미국의 북한 핵공격 시나리오는 북한이 남한을 생화학무기를 이용해 공격할 경우이다. 이는 즉각적, 잠재적 범주를 모두 충족한 것이기 때문이다. 이에 따라 북한이 남한을 공격하지 않으면, 한반도에서 핵전쟁이 일어나지는 않을 것이라고 안도할 수도 있다. 그러나 한반도 핵전쟁 위험은 여기서 끝나지 않는다. 역으로 미국이 독자적으로, 혹은 남한과 함께 북한을 공격할 경우에도 핵무기 사용 옵션이 채택될 수 있기 때문이다. 특히 한반도 전쟁이 북한의 남침보다는 미국의 북폭에 의해 발생할 가능성이 더 높다는 점에서 각별한 주목이 필요하다.

가령 이런 것이다. 부시 행정부가 북한의 대량살상무기 위협 제거를 명분으로 '비핵'무기를 이용해 북한의 대량살상무기 시설을 폭격한다고 가정해 보자. 이것은 94년 당시 클린턴 행정부가 유력하게 검토한 방안이자, 부시 행정부가 북한의 대량살상무기 문제를 테러와의 전쟁의 관점에서 다루겠다고 공언하고 있다는 점에서 단순한 '가정' 이상의 의미를 갖고 있다. 미국이 북한을 '비핵'무기로 공격할 경우, 북한이 경고하고 있는 것처럼 남한은 물론 일본의 주일미군에 보복공격을 감행할 가능성이 높다. 이렇게 될 경우 북한의 생화학무기 사용 여부와 관계없이 미국의 대북한 핵공격의 일차적인 조건은 충족된다. NPR 보고서에서 핵무기 사용 조건과 관련해 "북한이 남한을 공격할 경우"에서 '선제'라는 말이 빠져 있는 것도 이런 전망을 뒷받침한다.

이 과정에서 미국의 대북한 핵공격은 크게 두 가지로 나타날 수 있다. 하나는 북한이 생화학무기와 미사일 등 이른바 대량살상무기를 이용할 경우, 미국의 대량 핵 보복 전략에 무차별 핵공격이 일어날 수 있고, 다른 하나는 북한이 대량살상무기를 사용하지 않더라도, 위에서 언급한 지하시설 파괴 핵무기를 통해 북한이 대량살상무기가 사용되기 전에 예방적 차원에서 정밀 핵 타격을 가할 수도 있다. 이 과정에서 북한의 지도부는 NPR에서도 밝히고 있는 것처럼 핵공격의 우선적인 목표물이 될 것이다. 이러한 부시 행정부의 대북한 핵 전략은 한 반도 유사시 핵전쟁으로까지 비화될 가능성이 높다는 것을 의미한다. 특히 부시 행정부가 북한, 이라크의 대량살상무기 및 지하시설 파괴 용으로 소형핵무기를 실전용으로 개발하고 있는 것은 핵무기를 '최후 의 보루'에서 사용 가능한 무기로 성격 변화를 추구하고 있다는 것을 의미한다.

NPR에서 지하시설 등을 파괴하는 데 사용되는 저강도 핵무기는 효과는 크면서 부작용은 작다고 설명하고 있는 것은 그만큼 부시 행 정부가 핵무기 사용에 둔감해지고 있다는 것을 의미한다. 이것은 핵 무기에도 다른 재래식 무기와 마찬가지로 민간인과 전투원을 구분해 민간인 피해를 최소화한다는 '깨끗한 전쟁'이라는 거짓된 신화를 적 용하려고 하는 극히 위험한 발상을 내포하고 있는 것이다. 부시 행정 부가 과학물신주의에 젖어 핵무기의 위험성에 둔감해질수록 인류 사 회의 핵무기 공포는 이에 비례해 높아질수밖에 없는 '새로운' 세계 질서가 다가오고 있는 것이다.

5. 부시 행정부의 최첨단무기 개발과 한반도

부시 행정부는 9·11 이후 조성된 분위기를 틈타 미사일방어체제(MD) 구축에 박차를 가하고 있는 한편, 공격용 신무기 개발을 서두르고 있 어 미국의 공격력과 방어력이 배가되고 있다. 이것은 부시 대통령이 2002년을 "전쟁의 해"로 선포하면서, 북한, 이란, 이라크를 "악의 축" 으로 규정하고 테러와의 전쟁을 확전시킬 조짐이 보이고 있는 가운데 나오고 있는 신군사전략이라는 점에서, 확전 대상 목록에 올라 있는 국가들에게 큰 위협이 되고 있기도 하다.

부시 행정부는 이에 따라 2003년 국방예산안을 20년 만에 최대치인 480억 달러 증액시키는 것을 비롯해 향후 5년간 1200억 달러를 늘릴 계획이다. 이에 따라 미국의 군사비는 2003년에는 4000억 달러를, 2006년에는 5000억 달러에 육박할 것으로 보여 전 세계 군비지출에서 미국이 차지하는 비중이 40%에 달할 것으로 전망되고 있다. 또한 2003년 미국의 군사비는 러시아, 일본, 중국 등 2~16위까지의 군비지출 국가의 군사비를 합한 것보다 많으며, 부시 행정부가 '악의 축'으로 규정한 북한, 이란, 이라크의 군사비 합계의 약 50배에 달하는 어마어마한 수준이다. 이렇게 증액된 국방비는 군인의 임금 인상과 함께, 레이저·위성 유도 정밀 타격 무기와 지하시설 파괴무기, 그리고 MD 구축 등에 반영할 계획이다. 부시 행정부는 이미 9·11 이후 2002년 국방예산을 레이건 행정부이후 최대치인 329억 달러를 늘려 3,430억 달러로 책정한 바 있다. 여기에는 아프가니스탄 전쟁 비용과 에너지부의 핵무기 관리비용이 포함되지 않은 것으로, 이것을 포함할 경우 2002년 미국의 군사비는 3,700억 달러에 육박한다. 이와 관련해 『뉴욕타임스』는 감세 정책으로 예산이 갈수록 압박받고 있음에도 불구하고 국방예산은 지속적으로 증가할 것이라고 보도하기도 했다.[138]

대폭적으로 증액될 국방예산을 바탕으로 미국이 개발하고 있는 무기체계는 가히 타의 추종을 불허한다. 우선 부시 행정부는 MD 조기 구축 방침을 명확히 하면서, 2003년 MD 예산으로 MD 전담기구인 미

---

138) James Dao, Pentagon Seeking a Large Increase in Its Next Budget, *The New York Times*, January 7, 2002.

사일방어국(MDA)에 78억 달러를 배정한 것을 비롯해 총 86억 달러를 책정했다. 미국의 차세대 전투기 사업의 하나인 F-22 생산 및 획득은 2003년 예산안에 52억 달러를 책정한 것을 비롯해 수년에 걸쳐 총 689억 달러를 투입해 305기를 보유할 예정이다. 이 사업은 냉전의 해체와 함께 취소·축소될 가능성이 높았으나, 부시 행정부 출범이후 되살아나고 있는 사업 가운데 하나이다. F-22와 함께 미군의 주력기종이 될 F-35 합동공격전투기(JSF)는 2003년에 35억 달러를 배정한 것을 비롯해 총 2500억 달러를 투입해 3128기를 보유할 예정이다. 또한 미 해군 주력 전투기인 F/A-18E/F '슈퍼 호넷'에는 33억 달러, C-17 수송기에는 40억 달러, 해병대 수송기인 V-22 Osprey에는 20억 달러를 투입해 항공 능력을 배가할 방침이다. 해군력에 있어서도 이지스 함인 알레이버크(DDG-51)에 27억 달러, 공격 잠수함인 '버지니아'에 25억 달러, 항공모함 개조에 6억 달러 등을 책정하고 있다. 육군의 전력증강 사업으로는 경무장 공격헬기인 코만치 헬기에 9억 달러, 96시간 안에 세계 어디에도 배치가 가능한 차세대 자주포인 십자군포(Crusader artillery)에 4억8천만 달러, 차세대 장갑차에 9억4천만 달러 등을 책정해 놓고 있다.[139]

최근 미국의 신무기 가운데 가장 주목을 끌고 있는 것은 위성유도탄 JDAM(joint direct-attack munition)이다. JDAM은 다양한 크기의 일반 폭탄의 꼬리부분에 스마트 기능을 더해주는 장치를 결합한 것으로, 이 장치에 내장된 소형 컴퓨터는 폭격기나 지구위치시스템(GPS)을 통해 파악한 목표물의 위치를 정확히 찾아갈 수 있도록 해준다. 이러한

---

139) 미국이 개발 중인 무기체계 및 재원, 그리고 예산과 관련해서 유용한 정보가 있는 곳으로는 <http://www.clw.org>, <http://www.fas.org>, <http://www.cdi.org> 등이 있다.

방식을 통해 JDAM은 50% 이상 목표물의 13m 이내를 맞추도록 설계
됐지만 아프가니스탄에서 실제 운용해본 결과 거의 100%로 목표물의
3m 이내를 명중시킨 것으로 나타났다. 또한 JDAM은 적군의 전파방
해에도 거의 지장을 받지 않으며 고공, 원거리에서 발사가 가능해 폭
격기 조종사를 보호해주는 한편 장착에 걸리는 시간도 크루스 미사일
의 1시간에 비해 훨씬 짧은 10분에 불과하다. 이러한 장점과 함께,
JDAM은 크루스 미사일이 개당 100만 달러에 이르는 데 비해 2만7천
달러에 지나지 않아 미군으로부터 가장 각광받는 무기로 평가되고 있
다. 이에 따라 미국 국방부는 JDAM의 재고량을 대폭 늘리기로 하고
제조업체인 보잉에게 대량 주문을 해놓은 상태이다.

이렇듯 JDAM을 비롯한 정밀유도 무기의 파괴력과 정확도가 급속
도로 향상됨으로써 미국의 전쟁 수행 능력 역시 획기적으로 배가되고
있다. 전시에 미국의 정밀유도 사용 비율을 보면 91년 걸프전 때 7%,
99년 코소보 폭격 때 30%, 2001년 아프가니스탄 폭격 때 60% 등으로
나타나 기하급수적으로 늘고 있다는 것을 알 수 있고, 대이라크 전쟁
때는 정밀유도무기 사용 비율을 거의 100%로 늘릴 계획을 갖고 있다.
이에 따라 미군이 하나의 목표물을 파괴하는 데 걸프전 때는 10기의
전폭기가 필요했던 반면에, 현재는 1기의 전폭기로 2개의 목표물을
파괴할 수 있는 수준으로 정확도와 파괴력이 향상되고 있다.[140)

이러한 재래식 군사력의 최첨단화 및 공격 능력의 배가는 지하시
설 파괴무기 개발에서 더욱 구체적으로 나타난다. 이는 특히 MD와 함
께 미국의 대확산 전략에 있어서 핵심적인 부분이라는 점에서 자세한

---

140) Mark Thompson, The Tools of War, *Time*, October 14, 2002.

설명이 필요한 부분이다. 부시 행정부는 그 동안 MD가 핵무기가 아닐 뿐만 아니라 '방어용' 무기이기 때문에 다른 국가들에게 위협이 되지 않는다고 강조해 왔다. 그러나 세계에서 가장 강력한 공격력을 갖춘 미국이 '방패'까지 보유할 경우, 사실상 미국만이 선제공격할 수 있는 능력을 보유하는 것과 다름 아니다. 미국과 적대적인 국가는 물론이고 많은 국가들이 MD에 우려를 나타내는 이유가 바로 여기 있다. 기존의 막강한 공격력에 더해 MD 구축은 미국과 적대적인 관계에 놓여 있으면서도 미국의 공격을 억지할 수 있는 힘이 부족한 국가들에게 심각한 안보딜레마를 안겨주고 있는 것이다. 여기에 덧붙여 북한, 이라크 등의 지하시설에 있는 무기와 인명까지 파괴·살상할 수 있는 신무기의 개발은, 미국에 저항할 수 있는 잠재력까지 괴멸시키겠다는 의미를 담고 있어 향후 미국의 군사작전과 관련해 주목을 끌고 있다.

미 국방부와 에너지부는 2001년 10월 미 의회에『지하목표물 파괴 보고서 Report to Congress on the Defeat of Hard and Deeply Buried Targets』(이하 HDBT 보고서)이라는 보고서를 제출한 바 있다. 이 보고서에서는 "우리의 잠재적인 적이 대량살상무기, 미사일, 현대적 방공망, 정교한 지휘통제시설, 정부 지도자 등을 강하고 깊은 지하 요새에 은폐·보호하는 것이 갈수록 늘어나고 있다"며, "미국이 이러한 시설을 파괴할 수 있는 수단을 갖지 못할 경우, 적들은 미국과 미국의 동맹국들을 이전보다 훨씬 강력한 위협으로 협박하고 공격할 수 있는 '은신처'를 갖고 있다고 믿게 될 것이다"고 강조하면서, 지하요새를 파괴할 수 있는 신무기 개발 필요성을 역설하고 있다.

비밀로 묶여 있다가 2001년 12월 19일 미국의 핵무기 감시단체인 <뉴멕시코>가 입수해 인터넷(http://www.nukewatch.org)을 통해 공개한 HDBT 보고서에서는 미국이 지하시설을 파괴할 수 있는 능력을 보유하기 위해서는 △지하시설 발견 및 위치 확인 △지하시설의 성격 파악 △지하시설을 무력화시킬 수 있는 공격 △공격 결과에 대한 신속한 평가 능력 보유 등이 필요하다고 권고하고 있다.

특히 이 보고서에서 주목할 부분은 재래식 탄두로는 북한, 이라크 등의 지하시설을 파괴하는 데 한계가 있다고 보고, 핵탄두의 장착까지도 고려하고 있다고 밝힌 점이다. 이 보고서에서는 "지하시설 파괴용 핵무기에 대해 현재 구체적인 프로그램이 없다"고 주장하면서도, "국방부와 에너지부는 적절한 선택을 결정할 핵계획그룹(Nuclear Planning Group)를 만들었다"고 밝혔다. 이에 대해 이 보고서를 입수·공개한 <뉴멕시코>는 국방부와 에너지부는 1997년부터 지하시설 파괴용 저강도(low-yield) 핵무기 개발을 추진해 왔다고 폭로하고, "저강도 핵무기는 사용에 덜 신중하기 때문에 더욱 위험한 핵무기"라고 강조하고 있다.

미국이 지하시설 파괴무기에 소형핵탄두를 장착하는 정책을 채택했는지의 여부는 베일에 쌓여 있다가 NPR 보고서의 '비밀' 부분이 유출되면서 공식 확인되었다. 미국 정부가 북한, 이라크 등의 지하시설을 재래식 무기로 '완전히' 파괴하는 데 한계가 있다는 이유로 핵무기 장착 지하시설 파괴무기 새로 개발하기 위해서는 새로운 핵무기의 개발을 금지시킨 1993년 국방관계법 조항을 폐기해야 한다. 이에 따라 미국 정부는 우선적으로 '이미 개발된' 'B61 벙커 버스터'의 사용 승인을 검토하고 있다. B61은 소형핵탄두가 장착된 지하시설 파괴무기로 미 정부의 부인에도 불구하고, 걸프전 때 열화우라늄탄과 함께 미군의 사용 의혹을 받고 있다.[141] 미국은 이처럼 냉전시대 대량보복전략에 기초한 핵전략을 테러집단이나 반미성향의 국가들과의 전쟁에서 실전 사용 가능한 소형 핵탄두 개발 및 배치로 전략을 변화시키고 있는 것이다. 이는 물론 새로운 핵무기의 개발을 금지한 NPT의 근본 정신을 훼손하는 것이다.

지하시설 파괴용 '핵무기' 못지 않게 주목해야할 부분은 '비핵' 지하시설 파괴무기이다. 지하시설 파괴 '핵무기'는 도덕적, 법적인 반발을 일으켜 추진이 쉽지 않은 반면에, '비핵' 무기는 이로부터 상대적으로 자유로울 수 있다. 이에 따라 미국은 상상을 초월할 정도로 막강한 지하시설 파괴용 '비핵' 무기 개발 및 보유에 박차를 가하고 있다.

아프간 전쟁에서 잘 알 수 있듯이 미국은 개전 초기에 '승기'를 잡는 것은 어렵지 않으나, 적성 국가의 지도부를 파괴·살상하는 것을 비롯해 전쟁을 종결시키는 데는 적지 않은 난관이 있다고 보고 있다. 이에 따라 지하에 숨겨진 무기 및 정권 지도자까지 제거하는 것이 필요하다고 강하게 인식하고 있는 것이다.

앞서 언급한 것처럼 지하시설 파괴용 무기 개발에 대폭적인 예산 편성을 하고 있고, 국방부와 에너지부를 주부서로 삼아 신무기 및 공격 개념 개발에 몰두하고 있다. 이 두 부서가 주도하는 지하시설 파괴 전략에는 공격 작전을 담당하는 육·해·공군은 물론 핵무기 운용 주부서인 전략사령부(USSTRATCOM), 국방정보국(DIA)을 비롯한 정보기관, 국가영상지도국(NIMA) 등 군, 정보 관련 기관들이 대대적으로 참여하고 있다. 미국은 강력한 공격 무기와 정보제공 및 공유, 그리고 신속한 지휘통제 체계가 갖춰질 때, 비로소 효과적인 지하시설 파괴전략

141) 이와 관련해서 자세한 내용은 국제행동센터 홈페이지(http://www.iacenter.org) 참조.

이 세워질 수 있다고 판단하고 있는 것이다.

이러한 계획 아래 미국의 지하시설 파괴 전략은 대단히 공격적인 성격으로 나타나고 있다. HDBT 보고서에서는 "위기에 훨씬 앞서 다양한 선택을 제공할 수 있는 사전 공격 계획이 잡혀 있을 때 대단히 큰 이익을 얻을 수 있다"며, "사전에 경고 없이 지하시설에 대한 공격이 필요하다"고 제시하고 있다. 특히 미국의 적성 국가들의 지하시설에 대량살상무기에 있다고 판단될 경우, 선제공격 계획의 필요성이 더욱 강조되고 있는 실정이다. 핵과 미사일에 이어 생화학무기까지 미국의 최대 위협 국가로 거론되고 있는 북한에게는 대단히 우려할 만한 계획인 것이다.

이러한 분석은 지하시설 파괴무기 개발을 주한미군이 주도하고 있다는 사실을 통해 강력히 뒷받침된다. 99년 4월 존 틸러리 당시 주한미군 사령관은 빌 클린턴 대통령과 윌리엄 코언 국방장관 등이 참여한 주요 지휘관회의에서 북한의 미사일에 대응한 미사일방어망의 조기 구축을 강조하는 것과 함께, "북한이 무차별로 쏘아대는 야포 등 위협적인 무기로부터 보호할 수 있는 광범위한 체계 개발에 주력하고 있다"고 말한 바 있다. 이러한 틸러리의 발언은 주한미군이 대포병 전력 및 앞서 소개한 HDBT 보고서에 강하게 반영되게 된다. 대포병 전력은 북한의 야포 초탄 발사시 레이더로 이를 역추적해 파괴함으로써 추가적인 야포 발사를 막겠다는 전략으로, 94년 위기 당시에 미군이 보유하지 못한 새로운 무기체계이다.

이러한 미국의 지하시설 파괴전략을 상징적으로 보여주는 것이 바로 최첨단 신형 열화기화탄두(thermobaric warheads)인 'BLU-118B'이다. BLU-118B는 지하시설 파괴 무기의 일종으로 지표를 뚫고 들어가 엄청난 압력을 내뿜어 지하요새에 있는 인명과 무기를 완전히 파괴하는 무기이다. 이 최신 지하시설 파괴무기는 F-15, F-16, F/A-18 등 미군이 운용중인 전투기와 폭격기 대분분에 탑재가 가능하다. 주한미군 측은 "북한은 수많은 견고한 군사용 지하시설을 갖고 있기 때문에, 주한미군은 어떠한 적도 은신하는 것을 거부할 수 있는 정밀 무기의 능력을 확보하는 것이 필요하다"고 강조하고, 이 무기를 주한미군에 배치할 것임을 분명히 했다.[142] 이를 위해 주한미군은 2001년 12월 14일 미국 네바다주에서 실시된 BLU-118B의 최초 실험을 후원한 바 있고, 이 무기가 생산되면 가장 먼저 배치할 예정이다.

이러한 주한미군의 신무기체계 개발 주도는 북한의 지하요새화 전략과 밀접한 관계를 갖고 있다. 한국전쟁 당시 전쟁 역사상 유례 없는 공습을 경험한 북한은 주요 군시설 및 무기, 그리고 지도부를 지하에 배치하는 전략을 채택해왔다. 이에 따라 전방부대에 배치된 1만여 문의 야포를 비롯해, 미사일, 생화학무기, 주요 군 지휘통제시설 등을 지하시설에 은폐시켜놓은 것으로 한·미 당국은 보고 있다. 주요 무기를 생산하고 연구하는 북한의 연구기관과 생산거점도 상당수 지하 시설 안에 건설된 것으로 추정하고 있고, 거미줄처럼 연결된 지하통로는 병력 및 무기 이동로로 이용되고 있다고 보고 있다.

이러한 북한의 지하화 전략은 한국은 물론 미국에게도 큰 위협으로 인식돼 왔다. 이미 한·미 연합전력이 북한을 압도하고 있는 것은 사실이지만, 지하화된 북한의 군사력 파괴가 마지막으로 풀어야 할 숙제로 인식돼 온 것이다. 특히 휴전선 인근에 배치된 1만여 문의 야

---

142) Wayne Specht, USFK: Cave-busting thermobaric bombs could prove useful against N. Korea, Stars and Stripes, March 28, 2002.

포는 개전 초기에 한국 및 주한미군에 막대한 피해를 입힐 수 있는 공포의 무기로 인식돼 왔다. 1994년 당시 미국이 북한의 핵시설을 폭격에 주저한 가장 큰 이유도 북한의 미사일과 함께 지하시설에 숨겨진 북한의 장사정포를 무력화시킬 수 있는 마땅한 수단이 없었기 때문으로 알려지고 있다. 부시 행정부가 2001년 6월 6일 북한과의 대화 재개를 선언하면서, 새롭게 북한의 재래식 군사력을 문제삼은 이유도 이 때문이다.

이에 따라 미국은 MD와 함께 새로운 공격력의 개발을 대북 군사 전략의 주된 목표로 삼아왔다. 미국은 북한 미사일 경우 MD를 통해 상당 부분 무력화시킬 수 있고, 장사정포의 경우에도 기존의 막강한 공격력에 더해, 대포병 전력 및 지하시설 파괴무기를 통해 상당 부분 파괴시킬 수 있다고 보고 있는 것이다.

BLU-118B 외에 미국이 현재 보유·개발하고 있는 주요 지하시설 파괴무기는 다음과 같다.

● GBU-28(일명 벙커 버스터) : 1991년 걸프전 때 개발된 무기로 아프가니스탄 전쟁 때도 집중적으로 사용됐다. B-2, B-52 등 폭격기를 통해 투하되는 레이저 유도 폭탄으로 지하 30m까지 파고 들어가 모든 물체와 생명체를 파괴시키는 성능을 보유하고 있다. 미 공군은 이 폭탄의 개량형인 EGBU-28과 BLU-113도 개발하고 있으며, 2004년까지 531개로 보유 수를 늘릴 예정이다.

● AGM-86D : 보잉사가 2001년 11월 개발 완료한 것으로 B-52 폭격기 등에 장착되는 공대지(air-to-surface) 지하시설 파괴 미사일이다. 미 공군은 이미 보잉사에 주문해 놓은 50개의 미사일 중 일부를 납품받은

상태로, 이 미사일에는 핵탄두 대신 땅속에서 폭발하는 무거운 재래식 탄두가 부착돼 있다. 이 미사일의 목표물은 주로 지하시설에 은폐된 것으로 추정되는 이라크의 생화학무기와 북한의 미사일, 생화학무기 등 이른바 대량살상무기로 알려져 있다.

● CALCMs : 2002년 들어 워싱턴 소재 굴착 전문업체인 어드밴스드 파워 테크놀로지스사가 개발하고 있는 최신형 지하시설 파괴용 크루즈 미사일로, GBU-28보다 훨씬 파괴력이 강한 '딥 디거'(Deep Digger)를 탄두로 장착하고 있다. 연속 폭발을 일으켜 암반이나 강화콘크리트에 구멍을 뚫고 들어가 지하터널 안에서 터지면 고열과 엄청난 압력으로 터널 안의 모든 인명과 시설을 파괴하고 태워버린다. 미 공군은 이 미사일을 2002년까지 50기를 보유한데 이어, 계속 보유량을 늘려나갈 예정이다.

● JASSM : 미 공군과 해군이 동시에 보유할 이 미사일은 목표 상공에 진입하지 않고도 원거리에서 지하시설을 공격할 수 있는 신형 지하시설파괴용 공대지 미사일이다. 이 미사일은 적국에 인접하지 않고도 임무를 수행할 수 있다는 점이 높이 평가돼, 미국은 2003년까지 무려 2400기를 보유할 예정이다.

● 이밖에도 대륙간탄도미사일(ICBM)급에 해당하는 TACMS 지하시설 파괴 미사일 6기(2004년까지), 이미 개발된 BLU-109을 획기적으로 향상시킨 GBU-24 폭탄 450개(2003년까지), 영국의 BROACH 기술을 적용한 JSOW 미사일 3000기(2004년까지) 등의 개발에 박차를 가하고 있다. 또한 토마호크 미사일을 지하시설 파괴용으로 용도 변경하는 것과 초음속 크루즈 미사일 연구 등을 실시하고 있다.

이러한 미국의 지하시설 파괴 전략은 전례가 없는 것으로 MD 구축 전략과 함께 주목해야 할 부분이다. 특히 북한의 경우 미국이 북한의 미사일 위협에 대처한다는 명분으로 MD 구축을 강행하고 있는 데이어, 북한의 야포 및 지하시설을 겨냥한 무기 및 전략 개발에 박차를 가함으로써 한층 더 강한 위협을 느끼지 않을 수 없는 상황에 몰리게 됐다. 북한으로서는 신뢰할 만한 두 가지 전쟁 억지력, 즉 미사일과 휴전선 지하벙커에 배치한 장사정포가 각각 MD와 대포병 전력, 그리고 지하시설 파괴무기를 통해 상당 부분 무력화될 처지에 몰리고 있는 것이다.

미국이 MD와 함께 막강한 지하시설 파괴 군사력까지 갖출 경우, 한반도의 군사력 불균형은 더욱 심화될 수밖에 없다. 특히 부시 행정부가 북한과의 주요 현안을 풀기 위한 대화와 협상에 부정적인 태도를 보이면서, 북한의 군사력을 무력화시킬 수 있는 신무기 및 전략 개발에 몰두하고 있는 모습은 큰 우려를 자아내게 한다. 막강한 공격력과 방어력을 갖춘 부시 행정부가 북한과의 갈등시 군사력 사용에 신중할 것이라고 볼 수 있는 근거가 많지 않기 때문이다.

V

한반도의 위기를 예방하기 위하여

1. 위기 예방의 첫걸음: 해법의 공론화

'위기'라는 것을 다양한 관점에서 해석할 수 있지만, 부시 행정부 출범 이후 불거지기 시작한 북·미 간의 긴장구조는 향후 위기의 성격이 외교적인 마찰을 넘어 군사적인 충돌 가능성까지 이어질 수 있다는 점에서 그 심각성이 있다. 이런 위기는 기본적으로 남북정상회담을 비롯한 일련의 남북 관계 개선에도 불구하고 한반도 평화구조의 취약성이 해소되지 않은 상태에서, 전통적으로 일방주의 및 군사주의적 성향을 보여온 공화당 정부가 출범하면서부터 내재된 것이라고 할 수 있다. 그리고 부시 행정부가 9·11 테러를 신속하게 활용하면서, 지속적인 군사력 강화 및 일방주의적 행동 양식의 정당성을 확보하는 데 '북한'을 걸고 넘어감으로써 북·미 간의 내재된 갈등 요인들이 한꺼번에 분출되고 있다. 2002년 10월 북한 핵 파문, 12월 미사일 수출 나포 사건은 이러한 점에서 2003년 위기의 전주곡이라고 할 수 있다.

안타까운 점은 한반도 정세가 예측 불허로 흐르고 있는 상황에서 정치권은 물론, 시민사회조차도 소중한 힘과 지혜를 남남갈등으로 소진하고 있다는 점이다. 북한 핵 문제와 미국의 대북 강경책 및 종속적이고 불평등한 한·미 관계를 어떻게 해소할 것인지에 대한 논의는 실종되고, '친북/반북' '친미/반미'의 이분법적 대결구조 속에서 합리적인 공론화와 문제 해법을 위한 진지한 모색이 보이지 않고 있는 것이다. 보수적인 언론과 정당은 한·미 간의 대북관의 차이를 극단적으로 부각시키면서 남북 관계보다 한·미 관계가 중요하다며 한·미 간의 이견을 'DJ 때리기'로 활용해 왔다. 진보진영에서도 부시 행정부와 한국 내에 친미 세력에 대해 '비판 세력'으로서의 위력을 보여주는 데는 성공했지만, 문제의 본질을 짚고 '대안'을 제시하는 데는 한계를 보여왔다. 이렇듯 남한 내부에서 미국관 및 대북관을 놓고 소중한 힘과 지혜를 소진하고 있을 때, 부시 행정부의 대북 강경책 및 이에 따른 한반도의 위기는 더욱 구체적인 형태로 나타나고 있다.

부시 행정부가 북한을 '악의 축'으로 규정한 가장 큰 이유는, 그것이 정당하든 그렇지 않든, 실재하든 그렇지 않든 북한의 대량살상무기 위협 때문이다. 즉, 부시 행정부의 북한 위협론 제기의 타당성과 정당성을 비판하는 것 못지 않게, 그 '현실성'에도 주목할 필요가 있다는 것이다. 북한이 대량살상무기를 보유·개발하고 있다고 해서, 부시 행정부가 이를 근거로 강경책을 합리화하고 정치적, 군사적, 경제적 이익 추구에 활용하는 것이 정당화될 수 없다. 마찬가지로 부시 행정부의 북한 위협론이 타당성이 결여되어 있다고 해서, 북한의 대량살상무기가 큰 문제가 아니라는 근거가 될 수는 없는 것이다. 더욱 중요하게는 대량살상무기 문제를 놓고 북·미 간에 첨예하게 맞서 있는 현실이고, 이로 인해 군사적 충돌 가능성도 배제할 수 없는 상황이 오고 있다는 점이다. 따라서 예상되는 위기를 막기 위한 가장 바람직한 방법은 북한의 대량살상무기 문제를 평화적으로 풀 수 있는 비전과 대안을 마련하는 것이라고 할 수 있다.

향후 한반도의 위기는 대단히 복잡하고 실질적인 차원에서 전개될 가능성이 높다. 앞서 설명한 것처럼 북한의 핵, 미사일, 생화학무기 등 대량살상무기 문제 자체가 대단히 복잡한 정치적, 기술적 문제를 안고 있을 뿐만 아니라, 시간이 흐를수록 '미국도 잘못하지만 북한도 잘못하고 있다'는 식의 양비론적인 성격으로 나타날 가능성이 높기 때문이다. '악의 축' 발언이 보여주듯이 지금까지는 대체로 부시의 부당하고 강경한 대북 접근이 비판의 대상이 되고 있지만, 핵, 미사일 문제 등 구체적인 문제로 점점 들어가고 이에 따라 갈등이 고조될 경우, '북한이 빨리 핵 사찰을 받으면 될 텐데…' '미사일 수출과 개발을 포기하면 될 텐데…' '생물무기금지협약(BWC) 가입 국가로서 생물무기를 개발하지 않고 있다는 점을 보여주면 될 텐데…' 식의 의문을 갖게 될 가능성이 높기 때문이다. 이는 특히 미국이 북한과 비교하기 힘들 정도로 막강한 언론 파워를 갖고 있고, 또한 남한의 대다수 언론이 문제의 실체와 본질을 짚기보다는 미국 정부와 언론의 내용을 전하는 데 급급한 모습을 보이고 있다는 현실을 감안할 때, 이것은 설득력을 가질 수 있는 전망이라고 할 수 있다.

또한 한반도의 위기 상황을 미국의 일방주의에서만 찾는 경향도 비판적으로 성찰할 필요가 있다. 물론 부시 행정부가 전임 정부의 대북협상 성과를 무시하고 북한 체제에 대한 비난과 군사주의적 노선을 강화하고 있는 상황에서 부시 행정부에 대한 비판적인 입장을 갖는 것은 타당하면서도 필요한 일이다. 그러나 위에서 설명한 것처럼 위기의 성격은 시간이 지날수록 복잡한 양태로 전개될 것이고, 이에 따라 그 책임 소재가 불명확하게 드러날 가능성이 높다. 이러한 상황에서 한반도의 위기 예방을 '반미'적 관점에서 접근할 경우, 우리 사회의 관성상 '친미/반미'식의 남남갈등으로 우리의 소중한 힘과 지혜가 소진될 위험성을 안게 된다. 또한 향후 한반도의 위기 구조가 북·미를 중심축으로 하되 남북, 한·미 사이의 '상호작용'으로 나타날 것이라는 점에서 북한에게 구체적으로 무엇을 요구할지, 남한이 할 일이 무엇인지 찾기가 더욱 어려워진다는 점 역시 간과해서는 안 될 것이다.

한반도 위기 상황과 관련해서 또 한 가지 주목해야 할 점은 4부에서 자세히 설명한 것처럼 미국이 군사전략(의도)과 무기체계(능력)의 측면에서 대북 군사행동의 '문턱'을 넘어서고 있다는 것이다. 비확산 (외교) 전략보다 대확산(군사력) 전략에 주안점을 두는 추세, 북한의 대량살상무기 문제를 '테러와의 전쟁'의 관점에서 다루겠다는 강경한 입장, 핵무기 사용 제한의 완화, 북한의 미사일을 무력화시킬 수 있는 MD 체계의 개발 및 배치, 북한의 야포 및 지하요새를 파괴하는 무기체계의 대대적인 증강, 지휘통제통신컴퓨터 및 정보(C4I) 능력의 획기적인 향상 및 정밀타격능력의 향상 등 미국의 군사전략 및 무기체계는 94년 위기 당시보다 훨씬 강력해지고 있다. 또한 한·미, 미·일 동맹도 94년 위기 때와는 판이하게 달라져 있다는 것도 주목해야 할 것이다. 한미연합사의 대북군사전략인 『작전계획 5027』은 98년 개정을 통해 이미 선제공격을 채택한데 이어, 2002년 개정판에서는 유사시 김정일 국방위원장의 제거 계획까지 포함하고 있는 현실이다. 또한 일본 역시 94년 위기 때는 미국을 후방에서 지원할 수 있는 법적 근거가 없었던 반면에, 미·일 신가이드라인 제정, 주변사태법 통과 등을 통해 후방 지원할 수 있는 법적 근거를 마련했을 뿐만 아니라, 자국의 안보에 심각한 위협을 준다고 판단할 경우 한반도 전쟁에 개입할 수 있는 근거까지 마련해 놓은 상태이다. 이러한 미국 자체는 물론이고 미국 주도로 추진되어온 한·미, 미·일 동맹체제의 성격 변화는 선제공격을 공식화한 이른바 '부시 독트린'의 핵심인 '예방 전쟁'의 개념이 북한에게도 적용되고 있다는 것을 의미한다.

이것은 부시 행정부가 필요하다고 판단할 경우 대북 군사행동에 자신감을 갖게 할 수 있는 물리적인 메커니즘이자, '북한은 이라크나 아프가니스탄 등과는 다르다'는 식의 판단으로 '설마 미국이 북한을 공격하겠느냐'는 생각이 대단히 위험할 수 있다는 물리적인 근거이기도 하다. 따라서 연구자와 언론은 표면적으로 드러나는 문제 못지 않게, 북·미를 중심으로 한 한반도의 군사력 균형 및 군사 전략의 변화도 유심히 관찰해 그 위험성을 국민들에게 알려야 할 것이다.

두말할 나위 없이 위기에는 '예방'이 최선이다. 즉, 부시 행정부의 '예방 전쟁'에 대응한 '예방 외교'를 적극적으로 추진할 필요가 있는 것이다. 미국의 입장에서는 '전쟁을 통해 미국의 안보를 위협할 수 있는 위협을 제거한다'는 것이 '정치의 수단'이 될 수 있을 지 모르지만, 우리에게는 '정치의 실패'이자 '민족공동체의 소멸'을 의미하는 것이기 때문이다.

이렇듯 '예방 외교'에 기반을 둔 위기 예방을 위해서는 다양한 수준의 노력들이 필요하겠지만, 일차적이면서도 가장 바람직한 방법은 '해법과 대안'을 공론화하는 것이라고 할 수 있다. 이러한 접근 방식은 우선 '문제를 풀자'는 관점에 있기 때문에, 위기를 해소하는 데 반드시 필요한 절차이다. 즉, 핵, 미사일 등 핵심적인 문제들에 대해 객관적인 평가를 바탕으로 북한과 미국을 중심으로 한 당사국들의 요구 및 우려를 해소할 수 있는 방안을 찾고, 이를 관련 당사국 정부 및 국내외 시민사회에 널리 알림으로써, 대화와 협상을 통해 문제를 풀 수 있는 환경을 만드는 것이 무엇보다도 중요하다.

두 번째로 '대안의 공론화'는 부시 행정부의 대북 강경책에 일정 정도 제동을 거는 효과가 있다. 이것은 부시 행정부의 진의, 즉 대화와 협상을 통해 북한의 대량살상무기를 풀려고 하는 의지가 있는지 확인하는 데 반드시 필요한 절차이다. 그 동안 부시 측에서는 북한의 대량살상무기 위협을 한껏 강조하면서도, 이 문제를 어떻게 풀 것인지에 대한 얘기는 거의 없었다. 이는 부시 행정부의 기본적인 대북 전략이 위협 '해소' 정책이라기보다는 위협 '관리' 정책, 즉 북한의 위협이 커지는 것도, 없어지는 것도 바라지 않는다는 비판의 근거가 되어왔다. 부시 행정부가 북한을 '악의 축'이라고 규정한 근거를 "북한은 주민들을 굶기면서 대량살상무기를 만들고 팔아왔다"는 것으로 내세워온 만큼, 북한의 대량살상무기 포기에 대한 반대급부로 식량과 에너지 등의 지원과 경제제재 해제를 비롯한 정치적, 경제적 관계정상화, 그리고 체제안전 보장을 해줘야 한다는 것은 논리적으로 연결된 부분이다. 부시 행정부에서 강조하는 북한의 대량살상무기 위협을 완화·해소하는 동시에 부시 행정부가 문제삼고 있는 북한의 인도주의적 참사를 극복할 수 있는 유력하면서도 유일한 방안이기 때문이다. 이러한 해결 방안에 대해 부시 행정부가 거부한다면, 미국 안팎의 비판의 목소리는 더욱 커질 수밖에 없고, 이에 따라 부시 행정부가 북한에 대해 강경 일변도로 나가는 것에 적지 않은 부담을 안게 될 것이다. '문제를 풀 수 있는 방안이 있는데, 왜 부시 행정부는 외면하고 있는가'라는 의문을 갖게 될 것이기 때문이다.

세 번째로 '대안의 공론화'는 우리 사회가 위기 상황에서 극심한 이념 갈등으로 분열되는 것을 제어할 수 있는 효과가 있다. 북한에 대한 생각, 미국에 대한 생각은 다를 수 있지만, 위기를 예방하자는 부분에서는 암묵적인 합의 내지는 대다수 국민의 지지 가능성이 존재한다고 할 수 있다. 따라서 '미국이 악이다' '북한이 악이다' '퍼주기다, 아니다' 식의 소모적인 논쟁보다는 예상되는 위기를 어떻게 예방할 것인가를 놓고 대안을 모색하는 것이 남남갈등을 최소화할 수 있는 하나의 방안이 될 것이다. 물론 구체적인 대안을 놓고서도 남한 내부의 의견은 갈릴 수 있지만, 이념적 접근보다는 갈등이 첨예하지 않을 것이며, 정책대안 경쟁이라는 점에서 생산적인 논쟁의 실마리를 제공할 수 있을 것이다.

2. 한반도 전쟁 위기 예방 및 관리를 위한 '세 층위'의 접근 방향

2002년 6월 29일 발생한 서해교전 사태를 통해 다시 한번 확인할 수 있었던 것은 한반도 위기 관리 능력의 취약성이다. 이는 한국을 정점으로 한 한반도 위기 관리의 세 층위, 즉 남북 관계, 남한 내부, 미국을 중심으로 한 국제 관계에서 각각 드러난 바 있고, 세 층위의 위기 관리 능력의 취약성은 상호간의 상승작용을 일으키면서 한편으로는 서해교전 사태의 합리적 해결을 어렵게 하고, 다른 한편으로는 예상되는 한반도의 위기가 단순히 기우가 아니라는 것을 새삼스럽게 깨닫게 하는 계기가 되었다. 동시에 서해교전 사태를 일으킨 일차적인 책임자인 북한이 이례적으로 유감을 표명하고 장관급 회담 재개를 제안하면서, 남한 내부의 갈등이 일정 정도 수습되고, 남북, 북·미, 북·일 대화 등이 재개되는 것에서 알 수 있듯이, 세 층위에서 한 행위자의 적극적인 역할이 한반도 위기 구조 전반에도 긍정적인 파급 효과를 나타낼 수 있다는 위기 관리 메커니즘의 또다른 측면을 보여주기도 했다.

따라서 2003~4년 한반도 위기 상황을 예방·관리하는 데, 서해교전 사태는 두 가지의 교훈을 우리에게 주고 있다. 하나는 위기의 구조적 성격이 단순히 북·미 관계에 한정된 것이 아니라, 남한 내부, 남북 관계, 북·미 및 한·미 관계를 중심으로 한 국제 관계가 복잡하게 얽혀 있다는 점이다. 다른 하나는 이러한 구조적 성격이 위기 예방 및 관리 차원에서도, 세 층위 가운데 한 층위에서의 적극적이고 긍정적인 역할이 다른 층위에서의 전향적 발전을 견인할 수 있다는 측면을 담고 있다는 것이다. 이러한 한반도 위기 구조의 복잡성 및 위기 예방 및 관리 차원의 파급성에 대한 이해는, 위기의 원인 진단 및 그 해결책에 있어서 구체적인 과제를 도출할 수 있다는 점에서도 의미가 있다.

물론 세 층위 가운데 한 층위에서 위기가 발생한다고 해서, 이것이 바로 다른 층위로의 위기로 이어진다든지, 한 층위에서의 발전이 다른 층위의 발전을 곧바로 견인한다는 것을 의미하는 것은 아니다. 악순환과 선순환의 가능성을 동시에 내포하고 있는 한반도 정세의 구조적 특성을 면밀하게 이해해, 악순환을 차단하고 선순환을 극대화할 수 있는 전략적 사고와 행위가 뒷받침되어야 한다는 현실적 필요성이 충족될 때, 그 의미가 있는 것이다. 이것은 구체적으로 북·미 관계가 위기로 치달을 때, 이것이 무력충돌이나 전쟁으로 비화되는 것을 막을 수 있는 남한 내부, 남북 관계, 그리고 한·미 관계를 중심으로 한 국제 관계라는 다른 층위의 위기 흡수 및 관리 능력이 확보되어야 한다는 것을 의미한다. 동시에 위기 관리 및 예방 차원에서도 남북 관계나 남한 내부의 평화 역량 강화가 북·미 관계를 중심으로 한 국제 관계의 발전으로 이어질 수 있는 치밀한 전략이 필요하다는 것을 의미하기도 한다. 예를 들어 남북한 사이에 상대적으로 성과가 미흡한 군사 문제에 있어서 일정 정도의 진전을 이룬다면, 이것은 비군사 분야의 진전보다 미국을 비롯한 국제사회에 더 큰 영향을 미칠 수 있다는 것이다.

향후 예상되는 위기를 막고, 이를 효과적으로 관리하기 위한 세 층위의 과제를 정리하면 다음과 같다. 여기에서는 한반도 문제를 전반적으로 제시하기보다는 위기 예방 및 관리 차원의 과제 및 역할에만 한정한다는 점을 미리 밝혀둔다. 또한 이 5부는 실천적 관점을 중심으로 작성되었기 때문에, 한국을 중심으로 서술되고 있으며, 상세한 논의보다는 기본적인 원칙과 방향에 초점을 두고 있다.

(1) 남한 내부 차원의 과제

위기 상황이 우려되는 상황에서 가장 중요하고도 근본적인 남한 내부의 과제는 '평화 리더십의 창출'이다. 한반도 문제의 다른 행위자, 특히 북한과 미국의 의도와 목표, 그리고 행위의 결과를 예측하고 통제하기 힘든 상황에서, 한반도 위기 예방 및 관리의 선순환적 출발점은 남한 내부에 있을 수밖에 없기 때문이다. 이것은 또한 우리의 양보할 수 없는 '국익'이 전쟁을 막고 한반도의 평화정착 및 통일실현에 있다는 점에서, 평화 리더십 창출의 중요성은 아무리 강조해도 지나치지 않을 것이다.

그러나 이러한 절박하고도 당위적인 필요성에 비해, 우리의 정치적 현실이 이것을 충족시키기 어렵다는 점 역시 부인하기 힘들다. 경험적으로 볼 때, 대북 관계 및 한반도 문제를 국가안보나 민족안보,

그리고 평화정착과 통일실현이라는 국가적, 민족적 관점보다는 정권의 기득권을 유지·강화하는 데 활용해온 정치구조에서 우리는 안타깝게도 '평화 리더십'을 갖춘 정치지도자를 경험해보지 못했다. '평화 리더십을 갖춘 지도자 부재'라는 경험적인 사례는, 대중적으로 평화 리더십이 대통령을 선출하는 데 큰 기준이 되지 못했다는 점과, 평화 리더십 자체를 '우려와 불안'의 관점에서 바라보게 하는 '눈에 보이지 않는 관성'을 잉태시키기도 했다. 이것은 한반도에 있어서 평화 리더십이라는 것이 단순히 수사적인 차원에서 이뤄지는 것이 아니라, 남한 내부의 남북대결형 냉전적 잔재의 청산, 대북 관계에 있어서의 발상의 전환, 탈냉전 및 한반도 평화프로세스에 걸맞은 한·미 관계의 개선 등 정치적으로 대단히 민감한 과제를 수행하는 과정 속에서 만들어진다는 점에서 더욱 그러하다고 할 수 있다.

이러한 관점에서 과거 정권과는 사뭇 다른 대북정책을 추진한 김대중 정부는 성과와 한계를 동시에 갖고 있다. 즉, 무력도발 불용, 흡수통일 배제, 남북간 화해·협력 등 대북 3원칙하에 추진된 포용정책을 통해, 남북정상회담 실현, 이산가족 상봉, 금강산 관광, 경의선·동해선 철도와 도로 연결 등 교류협력 사업의 확대, 남북한의 상호비방 감소 및 긴장완화 등 적지 않은 성과를 남긴 것이 사실이다. 그러나 동시에 남북 관계 개선에 걸맞은 남한 내부의 냉전형 법적, 제도적 장치의 정비, 한반도 냉전구조 해체 전략에 걸맞은 한·미 관계의 개선 등을 이루지 못함으로써 그 한계를 보이기도 했다. 이러한 한계는 김대중 정부의 대북 포용정책이 비군사 분야에 비해 한반도 문제의 핵심이라고 할 수 있는 군사 문제에 있어서 큰 성과를 거두지 못한 근본적인 요인 가운데 하나라고 할 수 있다.

그렇다면 예상되는 한반도의 위기를 예방·관리하고 항구적인 평화정착과 통일실현의 기반을 닦을 수 있는 평화 리더십을 어떻게 창출할 수 있을까? 우선 평화 리더십을 갖춘 정치지도자 창출은 자연스럽게 이뤄지는 것이 아닐 뿐더러 대북정책 및 한·미 관계가 가장 첨예한 정쟁 이슈가 되어왔다는 점에서, 시민사회의 적극적인 역할이 담보되어야 한다는 점을 유념할 필요가 있다. 이러한 점에서 북핵 문제와 한·미 관계가 첨예한 이슈로 부각된 2002년 대선에서 '대북 포용정책의 계승·발전 및 미국의 대북 무력 사용 반대, 그리고 수평적인 한·미 관계'를 들고 나온 노무현 민주당 후보가 당선된 것은 커다란 의미가 있다. 이것은 2003년 위기설의 가장 큰 변수 가운데 하나를 새로운 정치를 희구한 국민의 힘으로 극복했다는 것을 의미하기도 한다. 그러나 한국의 대선은 2003년의 중요한 변수이지, 결정적인 변수가 될 수 없으며, 북·미 간의 갈등을 풀기가 대단히 어렵다는 점에서 안심하기에는 아직 이르다. 평화 리더십 창출을 위한 구체적인 과제를 다음과 같이 정리할 수 있다.

대북정책에 대한 초당적인 협력과 국민적인 합의를 위한 노력: 가장 당위적인 주문이지만, 동시에 가장 절실한 과제이기도 하다. 또한 정당 간에는 물론 시민사회 내부적으로도 대북관, 대미관 등을 놓고 첨예한 갈등을 겪고 있는 상태에서 초당적인 협력과 국민적인 합의를 도출한다는 것은 쉽지 않은 일이다. 그러나 대북정책이 정쟁의 도구로 전락하는 현실을 방치할 경우, 이것은 위기 예방 및 관리 역량의 가장 중요한 기초가 유실된다는 것을 의미한다. 이러한 현실을 극복하기 위해서는 대다수 국민들이 동의할 수 있는 대북정책의 가이드라인을 만들어, 적어도 이러한 가이드라인에 대해서는 정쟁을 하지 않겠다는 정당 간의 합의를 받아낼 필요가 있다. 이 가이드라인에는 북한 핵 문제와 관련해 '반전·반핵·평화실현'이라는 원칙하에, '대화와 협상을 통한 평화적 해결'을 비롯해, 남북한의 기존 합의 사항의 이행, 인도주의적 대북 지원, 이산가족 등 인도주의적 문제 해결 등이 포함될 수 있을 것이다.

대북정책에 있어서 '군사안보' 문제의 적극적 반영 노력: 앞서 언급한 것처럼 김대중 정부의 대북정책이 많은 성과에도 불구하고 근본적인 한계를 낳은 이유는, 한반도 냉전구조 해체를 전략적 목표로 삼으면서도 군사안보 전략은 '냉전주의적 접근틀'에서 벗어나지 못한 데 있다. 즉, 포용정책으로 상징되는 '외교' 전략은 한반도의 탈냉전을 지향하면서도, '튼튼한 안보' 및 '강력한 한·미 군사동맹'으로 상징되는 '안보' 전략은 과거 정권과 차별성이 거의 없었다는 것이다. 이에 따라 한반도 냉전구조의 핵심이라고 할 수 있는 군사 문제에 이렇다할 진전을 이루지 못함으로써, "북한은 군사적으로 변한 게 없는데 퍼다주기만 한다"는 국내외 보수파의 공세에 쉽게 노출되기도 했다. 따라서 차기 정권이 김대중 정부의 대북정책의 성과를 살리고 한계를 극복하기 위해서는 군사안보 전략에 있어서도 남북화해협력 시대에 걸맞은 새로운 방향을 모색해야 할 것이다. 이는 한나라당 등 보수파들이 대북정책에 있어서 군사안보 문제를 중요하게 다뤄야 한다는 요구를 반영한 것이기도 하기 때문에, 초당적인 협력을 이끌어내는 데도 의미가 있을 수 있다. 다만 보수파들의 접근방식이 북한의 '일방적인' 위협 감소 및 군축에 있기 때문에, 이를 '군사적 상호주의' 차원에서 '상호간의' 위협 감소 및 군축으로 승화시키는 노력이 병행되어야 한다.

'반전·평화'라는 국민적 의지 형성 및 결집 : 실제로 전쟁 위기가 고조되고
한반도 정세가 통제불능의 상태로 치달을 경우, '어떠한 명분과 목적
으로도 전쟁은 안 된다'는 국민적 의지의 표출은, 우리가 기대하고 만
들어야 할 있는 '최후의 보루'라고 할 수 있다. 2002년 한·일 월드컵
기간 내내, 수백·수천만의 시민들이 거리로 나와 '오 필승 코리아'를
외쳤듯이, 전쟁 위기가 고조될 경우 전 국민적인 의지를 모아 '오 피
스 코리아'를 외칠 수 있을 때 전쟁 위기를 극복할 수 있는 '평화의
힘'이 생기는 것이다. 이를 위해서는 '전쟁의 비극과 평화의 소중함'
을 일깨워 줄 수 있는 반전·평화 교육, 한반도 전쟁 발발시 재앙적 결
과에 대한 대중 홍보, '평화는 가능하다'(Peace is possible)는 확고한 평
화적 해결 원칙의 확산, 일반 시민 및 학생들이 부담 없이 참여할 수
있는 새로운 집회 문화의 창출 등을 강구해야 할 것이다.

(2) 남북 관계 차원의 과제

북·미 간의 현안이 협상을 통해 풀릴 조짐이 보이지 않고, 이에 따라
양측의 군사적 충돌 가능성이 현실로 나타날 때, 이러한 위기 확대 및
고조의 완충지대로써 남북 관계의 개선은 대단히 중요한 의미를 갖는
다. 즉, 부시 행정부가 '테러와의 전쟁'을 북한으로까지 확대하려고
할 때, 남북 관계가 '어떤 상태'에 있는지도 큰 변수가 될 수 있다는
것이다. 가령 94년 위기 때와 같이 김영삼 정부가 미국과 일본보다도
대북강경 입장을 보이고 북한이 이에 대해 '서울 불바다' 발언과 같이
강경하게 맞설 때, 남북 관계는 오히려 '위기의 촉매제' 역할을 했다.

반면에 98~99년 초 금창리 핵의혹 시설 논란과 북한의 대포동(광명성 1호) 시험 발사로 고조된 북·미 간의 위기 상황에서, 대북화해협력 기조를 살려나간 김대중 정부 때의 남북 관계는 '위기의 완화제' 역할을 했다. 클린턴 행정부 때 발생한 두 차례의 한반도 위기 상황에서 남한 정부 및 남북 관계의 현실에 따라 위기가 고조되기고 하고 전화위복의 기회가 되기도 한 것이다.

이러한 사례가 주는 교훈은 간단하면서도 중요하다. 즉, 남북한의 화해협력 기조가 위기 예방 및 관리에 큰 기여를 하고, 이를 위해서는 일차적으로 남한 정부의 대북정책이 '화해협력 및 평화공존'의 원칙 하에 일관성을 가져야 한다는 것이다. 물론 박수도 부딪쳐야 소리가 나듯 북한의 반응도 대단히 중요하다. 따라서 남북 관계의 '최선'은 남한이 일관성이 있는 대북정책을 추진하고 북한이 이에 호응함으로써 위기도 막고 이익도 추구하면서 평화정착과 통일환경을 창출하는 것이다. 그러나 북한의 호응이 시원치 않거나 핵 파문 등 새로운 변수가 생긴다고 해서 대북정책을 강경 기조로 바꾸는 것은 최악의 결과를 낳을 수 있다는 점도 유념해야 한다. 그나마 김대중 정부 때 북·미 관계가 파국으로 치닫지 않은 중요한 배경에는, 김대중 정부의 일관성 있는 대북정책이 있었다. 부시 행정부의 대북 강경책으로 북한이 흔들리고 이에 덩달아 남한까지 흔들렸다면, 현재보다 훨씬 심각한 위기 상황이 왔을 가능성이 높다. 따라서 기본적으로 북한에게 요구할 것은 요구하고, 때에 따라 전술적 차원에서 대북정책의 부분적인 변화를 줄 수 있겠지만, 전략적이면서 일관된 방향과 원칙은 화해협력 기조를 살려나가는 것이라고 할 수 있다.

이러한 원칙과 방향 속에서 북한에게 지적하고 또 요구해야 할 근본적인 문제는, 북한 역시 외부적인 변수, 특히 미국 변수에 크게 구애받지 말고 남북 관계 개선을 일관되게 추진하라는 것이다. 물론 체제생존 전략의 핵심을 북·미 관계의 정상화로 잡고 있고, 또 그것이 타당한 현실에서 북한이 남북 관계를 북·미 관계의 종속 변수로 삼아온 것을 이해할 수도 있다. 그러나 이러한 전략은 부시 행정부 출범이후 '실패한 정책'임이 드러난 바 있다. 또한 만족할 만한 수준은 아니지만, 부시 행정부가 때때로 북·미 대화 재개를 추진한 이유도 부시 행정부의 이해관계보다는 남북 관계 개선을 지렛대로 삼은 김대중 정부의 대미 외교에 있었다는 점 역시 북한으로서는 명심해야 할 부분이다. 또한 북한 스스로 부시 행정부의 '악의 축' 발언 이후 한반도 정세를 "민족 앞에 닥친 엄중한 사태"로 규정하면서 '민족공조'를 강조하고 있는 만큼, 남북한의 합의 사항 이행 및 지속적인 남북 관계 개선에 더욱 적극적으로 나올 필요가 있다.

남북 관계 개선의 필요성 및 그 목표는 여러 가지가 있겠지만, 예상되는 한반도 위기 상황을 막기 위해서는 다음과 같은 과제와 역할이 필요하다.

북한이 미국에게 군사행동의 빌미를 줄 수 있는 행동 자제 요구 : 남한 정부 및 시민사회는 북한이 제네바 합의의 파기나 미사일 수출의 확대, 혹은 중장거리 미사일 실험 등 무리수를 두지 않도록 설득해야 한다. 이것은 파국을 막기 위한 가장 기본적인 조치라고 할 수 있다. 앞서 강조했듯이, 부시 행정부는 북한의 '도발'을 전통적인 의미보다는 대량 살상무기를 중심으로 한 '테러와의 전쟁'의 관점에서 바라보고 있고, 필요하다면 군사행동에 나설 것임을 천명해 왔기 때문이다. 동시에 부시 행정부에게도 '한반도에서 전쟁은 어떤 명분으로도 안 된다'는 한국민의 집합 의지(collective will)를 전달하는 것과 함께 북한의 대량살상무기를 평화적으로 해결할 것을 촉구해야 한다. 여기서 한 가지 조심해야 할 것은 북한에게 무리한 요구, 즉 일방적인 대량살상무기 포기를 요구해서는 안 된다는 점이다. 이것은 북한으로 하여금 남한의 의도에 대해 극히 부정적인 인식을 갖게 할 수 있다는 점에서 주의할 대목이다. 즉, 북한의 대량살상무기 문제는 북한에 대한 체제안전보장 및 적절한 보상이 함께 이뤄지는 차원에서 접근해야 한다.

인도주의적 대북지원의 지속 : 한반도의 정치적 환경의 변화 여부와 관계없이 일관되게 추진되어야 할 과제 가운데 하나는 인도주의적 차원의 대북 지원이다. '인도주의 원칙'이 정치적 환경에 휘둘릴 때, 본래의 취지가 상실될 뿐만 아니라, 상호간의 불신이 더욱 커질 위험을 안게 된다. 또한 남한이 대북 지원을 중단하거나 축소할 경우, 대미 협상력도 떨어진다는 점이 중요하다. 부시 행정부가 대북 강경책을 구사하면서도 일관되게 강조하는 것은 "미국이 최대 대북 지원 국가"라는 점이다. 미국조차도 인도주의와 정치를 분리해서 접근하는데, 남한이 정치 논리에 인도주의를 가둬버린다면 미국에게 떳떳한 모습을 보이기 힘들어지는 것이다.

남북한 군사적 신뢰구축과 긴장완화를 위한 대결형 법적·제도적 장치 정비 : 김대중 정부 때 가장 미흡하면서도, 그 필요성은 더욱 커지고 있는 과제가 바로 남북한의 군사적 신뢰구축 및 긴장완화이다. 이 부분에 있어서 진전을 이루지 못하면, 대북 화해협력 정책의 정책적 효과에 대한 정치적 논란은 끊이지 않을 뿐더러, 소규모 우발적인 군사적 충돌이 확전으로 치닫는 것을 방지할 마땅한 수단도 확보하기 힘들다. 또한 남북한 사이에 군사 문제에 있어서 진전을 이룰 경우, 예상되는 한반도의 위기 상황 해소에도 큰 도움이 될 것이다. 문제는 어떻게 추진할 것인가에 있다. 기실 김대중 정부 역시 대북 지원을 지렛대 삼아 북한에게 군사적 신뢰구축 및 긴장완화 조치를 요구해 왔다고 볼 수 있다. 그러나 앞에서도 강조했듯이 군사 문제의 논리로 푸는 것이 중요하다. 즉, 지원의 대가로 북한에게 군사적 변화를 요구할 것이 아니라, 남한 역시 군사적으로 변할 준비를 하면서 함께 변할 것을 요구해야 한다는 것이다. 남한이 남북한의 군사적 변화를 추동할 수 있는 환경을 만들기 위해서는 국가보안법의 개폐, 북한 주적 표현 삭제, 대규모 공격적 성격의 군비증강 자제 등이 필요하다. 이는 남북 관계 차원뿐만 아니라 우리 사회의 합리성 제고와 인권향상을 위해서도 필요한 조치들이라고 할 수 있다.

이 밖에도 남북한 철도연결, 이산가족 면회소 설치, 금강산 관광특구 설정, 개성공단 건설을 비롯한 경제협력 등 남북한 합의 사항의 이행도 서둘러야 할 것들이다. 또한 지속적인 남북한 민간교류 확대 및 당국자 회담의 정례화도 빼놓을 수 없는 과제이며, 김대중 정부 때 두 차례 발생한 서해교전 사태의 예방적 차원에서 북방한계선(NLL)의 평화적 관리 방안도 하루 속히 마련되어야 할 것이다. 이 가운데 경의선 철도 연결은 한반도 위기 예방 차원에서도 중요한 의미를 갖는다. 군사적으로 민감한 비무장지대를 철도가 관통해 남북한 인력 및 물자 수송의 동맥으로 자리잡을 경우 그 파장은 대단히 크다. 특히 경의선이 시베리아 횡단철도와 연결돼 한반도-시베리아-유럽을 잇는 철의 실크로드가 될 경우, 주변 국가들이 한반도의 평화와 안정을 지지할 이유와 동기는 더욱 커지게 된다. 다른 합의 사항에 비해 경의선 연결 사업의 필요성과 절박성이 큰 이유가 바로 여기 있다.

(3) 미국을 중심으로 한 국제 관계 차원의 과제

한반도 '전쟁과 평화'의 자기결정권 확보: 예상되는 한반도의 위기를 예방하기 위해서는 다각도의 노력이 필요하겠지만, 한·미 동맹 차원에서 제기되는 문제도 해결하지 않으면 안 된다. 지금까지 유지되어온 한·미 동맹체제는 대단히 중요한 문제를 야기할 수 있기 때문이다. 즉 북한의 남침에 대비하는 데는 일정 정도 적실성이 있다고 볼 수 있으나, 미국의 북한 공격을 제어할 수 있는 방법과 수단이 결여되어 있는 것이다. 미국이 단독으로 대북 군사행동을 추진할 경우, 이 중대한 문제에 대한 한·미 간의 의사결정 '구조'가 사실상 부재하기 때문이다. 이것은 미국이 한반도에서 평화유지의 역할을 하고자 할 때는 별 문제가 없지만, 미국이 북한과 군사적 충돌도 불사하겠다는 입장을 갖게 될 경우 근본적인 문제점을 야기할 수 있다는 점에서 주목해야 할 문제이다. 특히 부시 행정부가 북한을 '악의 축'으로 규정하고, 북한의 대량살상무기 위협에 대해 '예방적' 차원에서 선제공격을 할 수도 있다는 가능성을 내비치고 있는 상황에서, 한반도에서 전쟁과 평화의 결정자로서의 미국과 이에 종속적인 한·미 군사동맹 체제에 대한 문제제기는 절실하다고 할 수 있다. 정부 관계자들을 비롯해 많은 사람들은 "설마 미국이 한국과 협의도 없이 북한을 공격하겠냐?"고 반문한다. 그러나 한반도 운명에 엄청난 영향을 미칠 수 있는 사안들에 대해 한·미 정부가 법적, 제도적으로 협의 및 합의할 수 있는 시스템이 부재한 상황에서 이러한 반문은 정치적 상황에 따라 극히 유동적인 우리의 '희망 사항'에 불과하다는 점을 명심해야 한다. 즉, 미국의 대북 군사행동과 같은 중대한 사안에 대해 '미국이 우리와 협의할 것'이라는 안일한 기대보다는 하루 빨리 이것을 법적, 제도적으로 만들어내는 노력이 필요한 것이다.

MD를 비롯한 한반도 긴장 고조를 유발하는 군사력 증강 배치 반대 : 한국전쟁 이후 대규모의 군사적 충돌이 발생하지 않은 여러 가지 이유가 있지만, 가장 큰 요인 가운데 하나는 어느 일방이 무력을 통해 자신의 목적을 달성할 만큼 상대방이 약하지 않았다는 데 있다. 이를 '한반도판 상호확증파괴전략(MAD)'이라고 부를 수 있을 것이다. 한·미 동맹이 북한의 선제공격에 대해 핵 보복을 포함한 대량 보복전략을 유지해온 것이나, '서울 불바다' 발언이 상징적으로 보여주듯 북한이 휴전선 인근에 장사장포를 대거 배치해 놓고 있는 것이 이것을 잘 보여준다. 이러한 '아슬아슬한 평화'는 마땅히 극복되어야 하겠지만, 이것은 기본적으로 상호간의 위험 감소 및 군축 차원에서 풀어야 할 문제이다. 그런데 최근에 한국군 및 주한미군의 전력증강은 우려할 만한 수준으로 치닫고 있다. 북한 전역을 사정거리에 둔 에이탬크스 지대지 미사일의 도입, 대포병 전력의 강화, 북한의 지하요새 파괴 무기 강화, MD 무기체계 배치 계획 등이 여기에 포함된다. 이러한 전력증강과 함께 선제공격을 명시하는 새로운 국가안보 전략이 미국에서 수립되고 있는 것도 주목해야 한다. 남북한 및 북·미 간의 군사적 대결이 전혀 해소되지 않은 상태에서, 한·미 동맹의 급격한 군비증강은 한반도 군사문제 해결을 더욱 어렵게 할 뿐만 아니라, 북한의 반작용을 불러와 긴장을 고조시킬 수 있기 때문이다. 따라서 정부는 한반도의 군사력 균형을 더욱 불안하게 만드는 한·미 동맹의 군사력 증강을 최소화하고 미국의 선제공격 채택이 한·미 동맹에 적용되지 않는 방안을 모색해야 할 것이다.

'위기 예방 및 관리 차원'의 한·미 공조 추진: 정부는 동맹 관계를 비롯한 한·미 간에 정책 조율이 잘 되고 있다고 주장하지만, 부시 행정부 출범 이후 몇 가지 사례는 핵심적인 문제와 관련해 미국의 한국 정부 '무시'가 계속되고 있다는 것을 보여주고 있다. 2002년 2월 한·미 정상회담을 앞두고 한반도 정세에 엄청난 파장을 몰고 올 수 있는 '악의 축' 발언을 한 것이나, 핵태세검토보고서(NPR)에 북한을 핵 선제공격 대상에 포함시킨 것이나, 또 대량살상무기 위협을 제거한다는 명분으로 북한 등 이른바 깡패국가들 및 테러집단에게 선제 공격을 가하는 새로운 국가안보전략을 채택하는 과정에서 한국 정부와 진지한 협의를 했다는 증거는 어디에도 없기 때문이다. 이러한 부시 행정부의 일방적인 행태를 완화시키기 위해서는 무엇보다도 부시 행정부가 일차적으로 한반도 문제에 관심을 갖고 있는 북한의 핵, 미사일, 등 이른바 대량살상무기 문제를 한국도 적극적으로 껴안을 필요가 있다. 한·미 공조가 잘 안 되는 이유가 여럿 있지만, 부시 행정부가 암암리에 내세우는 가장 큰 이유는 한국 정부가 북한의 대량살상무기 해결에 적극적으로 노력하지 않는다는 것에 있다. 따라서 우리 정부가 북한의 대량살상무기 해결에 적극적으로 관심을 보이고 접근한다면 부시 행정부의 불만을 달래면서 새로운 차원의 한·미 공조를 추진할 수 있는 근거를 마련할 수 있다.

물론 한국의 접근 방식은 미국과 달라야 한다. 부시 행정부처럼 북한의 대량살상무기 위협을 외교적 해법을 무시하고 대북한 봉쇄나 군사적 해법을 강구하는 방안과는 반대로 접근해야 한다는 것이다. 이를 위해 우리가 절대로 양보해서는 안 될 원칙은 북한의 대량살상무기를 풀기 위해 노력은 하되, '대화와 협상을 통한 평화적 해결'에 있다고 할 수 있다. 이를 위해서는 우선 정부와 시민사회에서 부시 행정부가 클린턴 행정부 때 북한과 협상된 내용에 대해 어떤 입장을 갖고 있는지 명확히 할 것을 요구해야 한다. 부시 행정부가 받아들일 수 있는 내용이 있는지, 있다면 무엇이고, 없다면 그 대안은 무엇인지를 알아야 구체적인 대응책을 마련할 수 있기 때문이다. 이것은 곧 부시 행정부의 의도와 진의를 파악하기 위해서도 반드시 필요한 절차라고 할 수 있다. 이것을 바탕으로 미국의 해결안에 한국이 따라가는 방식이 아니라, 한국이 치밀한 대안을 만들어 미국을 견인할 수 있는 식의 한·미 공조를 모색해야 한다.

한반도의 평화와 안정에 대한 국제사회의 이해관계 제고: 흔히 미국이 쉽게 북한을 공격할 수 없는 한반도의 지정학적 요인으로 중국과 러시아가 결코 좌시하지 않을 점을 든다. 실제로 94년 위기 당시에도 중국과 러시아는 북한 핵 문제의 평화적인 해결 원칙을 갖고 있었다. 그러나 동시에 미국이 한국, 일본과 함께 유엔 대북제재 결의안 채택을 주도하고, 특히 미국이 군사행동을 준비하고 있을 때, 중국이나 러시아 변수가 크게 작용하지 않은 것도 사실이다. 이것은 기본적으로 김영삼 정부의 대중, 대러 외교가 위기 관리 차원이 아닌 대북 강경책을 뒷받침하고자 하는 사고에서 전개되었기 때문이다. 또한 중국과 러시아가 한반도의 안정을 중요한 국익이라고 생각하면서도 한반도 위기 고조시 미국과의 충돌까지 불사한다는 생각으로 적극적으로 개입할 만한 사활적 이해관계가 걸려있다고 보지 않았기 때문이기도 하다. 즉 득과 실을 따질 때, 한반도의 안정을 선호하면서도 미국과의 정치군사적 충돌까지 불러올 수 있는 적극적 개입의 동기가 크지 않았다는 것이다.[143]

따라서 한반도 위기 관리 차원에서 중국과 러시아가 한반도의 평화와 안정을 지지하고 긴장 고조시 적극적으로 개입할 수 있는 환경을 만드는 것이 중요하다. 즉, 한반도 위기 고조시 중국과 러시아의 역할을 '기대'하고 있을 것이 아니라, 치밀하고도 전략적인 외교를 통

---

143) 이와 관련해, 러시아의 한반도 문제 전문가인 알렉산드로 만소로프의 주장에 주목할 필요가 있다. 그는 북한이 핵 개발을 포기할 가능성이 낮고, 미국이 이에 대한 군사행동에 나설 가능성이 높다며, 러시아와 중국도 미국의 대북한 군사행동을 막지 못할 것이라고 주장했다. 러시아는 이미 나토의 확장, 중앙아시아에 미군 주둔, 탄도미사일방어(ABM) 조약 탈퇴 등 자신의 사활적인 이해가 걸린 문제에 대해 미국에 굴복한 사례가 있기 때문에, 러시아가 대미 관계의 악화를 불사하고 미국의 호전적인 대북 강경책을 막을 것으로 기대할 수 있는 근거는 없다는 것이다. 중국 역시 불확실성이 있지만, 최근 중국의 행태와 이해관계, 전략적 입장 등을 종합적으로 고려할 때, 중국 정부가 유사시 북한을 지원할 가능성은 낮다고 분석했다. 만소로프는 그 근거로 무역 관계에서 남한이 북한보다 70배나 비중이 높은 점, 중국이 북한과의 갈등에도 불구하고 양빈 신의주 특구 장관을 구속시킨 점, 한반도와 일본의 비핵화를 전적으로 지지하고 있다는 점 등을 제시했다. 또한 중국에서 북한 지도부와 어떠한 혈맹 관계도, 이데올로기적인 동질성도 없는 4세대 지도부가 등장한 것도 전통적인 관점에서 북·중 관계를 볼 수 없게 하는 요인이라고 지적했다. 실제로 부시 행정부 역시 대북한 공격시 중국이 개입할 가능성을 낮게 보고 있는 것으로 알려지고 있다. 미 국무부의 정책기획국 국장인 리처드 하스는 2002년 12월 5일 미·중 관계 국가위원회에서 행한 연설에서 "북한의 위협을 종결시키기 위해" 중국을 설득하는 것은 가능하고, 북한에 대한 미국의 행동에 결국 동의하게 될 것이라고 주장한 바 있다. Alexandre Mansourov, North Korea Goes Nuclear, Washington Readies for War, South Korea Holds Key, PFO 02-23A: December 9, 2002, <http://nautilus.org/fora/security/0223A_Mansourov.html>.

해 이를 '확보'해 놓는 것이 필요하다. 반드시 군사적 개입을 의미하는 것이 아니다. 중국과 러시아는 유엔 안보리 상임이사국이기 때문에, 대북제재나 군사행동의 국제법적 승인의 열쇠를 쥐고 있다. 중국과 러시아가 북한에 대한 비군사적·군사적 제재에 반대하는 것이 결정적 변수가 될 수는 없더라도 '중요한' 변수가 될 수 있는 것은 분명하다. 중국과 러시아 외에도 한반도에서의 전쟁이 국제정치 및 경제에 얼마나 부정적인 영향을 미치는지에 대해서도 국제사회에 알려 나감으로써, 한반도의 안정과 평화가 국제사회의 안정과 번영에도 대단히 중요하다는 점을 설득해 나가야 할 것이다.

'반전·평화' 차원의 국제연대 강화: 근본적으로 미국의 안보 우산에 의존하고 있고, 군사안보 문제에 있어서 미국의 범위를 넘어서기 힘든 한국 정부의 한계를 고려할 때, 이를 극복할 수 있는 힘은 한국의 시민 사회로부터 나올 수밖에 없다. 여전히 국제정치의 핵심적인 행위자는 정부이지만, 정부가 '국익' 혹은 국익이라는 외피를 쓴 편협한 정권이익 차원의 외교 활동에 머무르면서, 인류 사회가 직면한 공동체적 숙제를 푸는 데 많은 한계를 보여왔다. 이에 따라 NGO를 비롯한 비국가 행위자(non-state actor)의 역할은 갈수록 커지고 있고 그 영향력 역시 무시할 수 없는 수준으로 높아지고 있다. 많은 사람들이 21세기의 새로운 희망을 NGO들의 신외교(new diplomacy)에서 찾는 것도 이 때문이다.

이런 흐름을 반영하고, 또 적극적으로 발전시키기 위해서 한반도 평화운동의 국제화는 대단히 중요한 의미를 갖고 있다. 한반도 문제의 국제적 성격을 감안할 때, 국제 시민사회와의 활발한 의사소통과

연대는 가장 중요한 과제로 부각되어 왔다. 특히 한반도의 전쟁과 평화 문제에 있어서 국제사회의 여론이 대단히 중요한 역할을 하고, 또 평화적으로 문제를 푸는 데도 국제사회의 경험과 지지는 중요한 자산이 될 수 있다. 이러한 요청에도 불구하고 한국의 시민사회의 국제연대 활동은 미흡한 수준에 있다. 여기에는 여러 가지 이유가 있지만, 우리가 반성해야 할 부분은 내적으로도 반전·평화·군축 활동이 활발하지 못했을 뿐더러, 국제사회의 평화 문제에도 대체로 무관심했다는 것이다. 우리가 국제사회의 평화 문제에 이렇다할 관심과 참여를 하지 않는 상태에서 국제사회에 우리의 문제에 관심을 가져달라는 것은 그 자체로도 한계를 가질 수밖에 없는 것이다.

따라서 한국의 시민사회는 한편으로는 한반도 문제를 국제사회에 적극적으로 알려나가고 연대할 수 있는 길을 적극적으로 모색해야 하고, 다른 한편으로는 중동 등 세계 각 지역의 분쟁 문제 등을 비롯해 국제사회의 평화 문제에도 관심을 갖고 기여를 해야 하는 이중적인 과제를 안고 있다. 그러나 이 둘은 분리된 것이 아니다. 당장 현안이 되고 있는 핵, 미사일 등 대량살상무기 문제는 국제 평화운동의 가장 큰 화두가 된 지 이미 오래된 일이고, '테러와의 전쟁'의 확전 대상에 북한과 이라크 등이 올라 있는 것도 중요한 공통의 문제라고 할 수 있다. 또한 근본적으로는 국제사회가 직면한 문제가 부시 행정부의 일방주의와 군사패권주의에 어떻게 대응할 것인가에 모아지고 있고, 한반도가 그 중심에 있다는 점에서 국제연대의 '상황적인 기초'는 마련되었다고 볼 도 있다. 따라서 이러한 안팎의 정세를 면밀히 검토해 국제연대의 양과 질을 높이는 전략적 사고와 활동이 한국 시민사회의 중요한 과제로 부각되고 있다.

3. 북한의 대량살상무기 문제의 해법

북한의 대량살상무기 문제를 풀기 위해서는 사안 자체가 대단히 복잡하다는 것을 우선적으로 이해해야 한다. 북한의 대량살상무기 개발 및 보유 동기가 근본적으로는 '고슴도치 전략'이 의미하는 것처럼 억제력의 성격, 즉 안보상의 절박함에서 비롯되었으면서도, 거의 유일한 경쟁력 있는 수출 상품이라는 외화벌이용(미사일의 경우), 그리고 미국을 중심으로 한국 및 일본과의 협상용 카드라는 중첩된 의미를 갖고 있는 것이다. 이에 따라 탈냉전 이후 대량살상무기 비확산 전략을 전면에 내세워온 미국은 물론, 노동 및 대포동 미사일 사정거리에 있는 일본, 스커드 미사일 사정거리에 있는 한국, 수출이 될 경우 명시적, 잠재적 적국의 손에 들어갈 것을 우려해온 이스라엘과 인도, 그리고 유럽의 일부 국가들도 북한 미사일 및 대량살상무기 문제에 이해관계를 갖고 있다. 특히 90년대 후반 이후에는 미국의 MD 구상 및 부시 행정부의 테러와의 전쟁과도 직접적으로 연관됨으로써 북한의 대량살상무기 문제는 대단히 풀기 힘든 '고차 방정식'이 되고 있기도 하다.

일부에서 주장하는 것처럼 북한이 굴복하면 해결될 문제일 수도 있지만, 이러한 사고 방식 자체가 문제를 풀기 힘들게 만드는 가장 큰 요인이기도 하다. 북한을 벼랑끝으로 내몰면서 북한이 벼랑끝 전술을 쓴다고 비난하는 것 자체가 이미 언어도단인 것이다. 이는 또한 94년 위기가 주는 교훈, 즉 일방적이고 무리한 요구가 위기를 부추길 뿐, 위기 해소에 전혀 도움이 되지 않는다는 점을 간과한 것이라고 할 수 있다.

결국 이 시점에서 필요한 것은 북한의 대량살상무기 문제 해결을 위한 '마스터플랜'을 세우는 것이다. 이는 두 가지 관점에서 접근해야 한다. 하나는 모든 문제를 한꺼번에 풀려고 하기보다는 시급한 사안 부터 하나씩 해결하면서도 '포괄적인' 해결을 시도해야 한다는 것이다. 다른 하나는 북·미 간의 양자 협상을 중심에 두되, 사안의 성격에 따라 남북한, 북·일 등 별도의 양자 협상과, 관련 국가들이 참여하는 다자간 협상을 병행하는 방법이다.

단계적인 접근법에서 협상의 목표를 우선 순위에 따라 분류할 필요가 있다. 제네바 합의의 이행 문제 및 북한의 미사일 수출 문제가 가장 큰 현안이 된 만큼, 제네바 합의 이행을 둘러싼 북·미 간의 입장 조율 및 북한의 미사일 수출 문제 해결을 북한의 대량살상무기 문제 해결을 '첫 단계'로 상정해야 한다. 제네바 합의 이행의 가장 큰 문제가 북한의 검증가능한 핵 포기와 미국의 대북 체제안전 보장인 만큼, 이 둘 사이의 일괄타결을 모색하는 것이 근본적인 해법이라고 할 수 있다. 미사일 수출 문제 역시 북한의 미사일 수출 포기에 따른 손실분을 보상하는 방향으로 해결책을 모색해야 할 것이다.

두 번째 단계로는 북한의 장거리 미사일 개발 포기의 유도이다. 이에 대한 보상으로는 관련 국가들이 인공위성 대리 발사를 비롯한 북한의 우주개발 산업을 지원하는 방안이 강구되어야 한다. 세 번째 단계로는 일본을 사정거리에 둔 노동 미사일의 생산 중단 및 폐기 문제이다. 이것은 기본적으로 북·미 간의 양자협상을 중심에 두되, 한국과 일본이 분위기 조성을 통해 간접적으로 지원하는 방식을 강구할 수 있을 것이다. 네 번째 단계로는 한국을 사정거리에 둔 단거리 탄도 미사일 문제이다. 이는 앞에서 여러 차례 강조했듯이 북한의 체제안전 보장 및 남북한, 북·미 관계의 발전 수준에 따라 좌우될 수밖에 없는 문제라는 점에서 검증 문제와 함께 가장 마지막에 다루어야 할 사안이다. 이 과정에서는 남북한 및 미국이 당사자로 참여하는 3자 협의틀을 통해 상호간의 군사적 신뢰구축 및 군축의 진척 과정에 맞게 북한의 단거리 탄도미사일 폐기 문제 및 검증 방안이 마련될 수 있을 것이다.

북한의 생화학무기 문제는 가장 나중에 접근하는 것이 바람직하다. 북한이 생화학무기 보유 및 개발 자체를 부인하고 있는 데다가 이를 검증하기가 대단히 어렵다는 점에서 관련 당사국의 신뢰구축이 이뤄진 다음에 접근할 수 있는 사안이기 때문이다.

이런 단계적이지만 완전한 해결 과정은 양자간, 다자간 협상을 적절하게 병행하면서 추진될 수 있다. 위에서 언급한 협상틀 외에 두 가지를 추가적으로 고려해볼 수 있을 것이다. 하나는 직·간접적인 관련 당사국들이 참여해 포괄적인 문제해결을 협의하는 '협의틀'을 만드는 것이다. 여기에는 남북한, 미국, 일본, 중국, 러시아 등 동북아 6개국과 유럽연합 등이 참여할 수 있을 것이다. 이 협의틀에서 너무 많은 문제를 다룰 경우 협의틀 자체가 위태로워질 수 있으므로, 북한의 미사일 문제와 제네바 합의의 원활한 이행 등 북한 핵, 미사일 문제에 한정할 필요가 있다. 또 하나는 북한의 미사일 포기에 따른 정치적, 경제적, 안보적 보상을 논의할 수 있는 '보상틀'을 만드는 것이다. 이 방식은 한반도에너지개발기구(KEDO)와 유사한 것으로서, 여기에는 한·미·일을 중심으로 하되, 이스라엘과 유럽연합의 참여가 이루어져야 한다. 여기에도 기존의 한·미·일 대북정책조정그룹(TCOG)에 이스라엘과 유럽연합을 옵저버 자격으로 참여시키는 방안과 새로운 국제컨소시

엄을 만드는 두 가지 방안이 있을 것이다. 북한이 중동 국가에 미사일 수출하는 것에 큰 위협을 느껴온 이스라엘은 1990년대 초 북한이 중동 지역에 미사일 수출을 중단할 경우 경제적 보상을 할 의사가 있다는 것을 전달한 바 있기 때문에, 이스라엘은 대북 보상 국제컨소시엄 구성에 강한 동기를 갖고 있다고 볼 수 있다.[144] 유럽연합 역시 KEDO 회원국이자 북한 미사일 문제의 평화적 해결에 큰 관심을 갖고 있고, 북한의 중동 지역 미사일 수출에 우려를 나타내왔기 때문에 이 기구에 참여할 가능성은 높다고 할 수 있다. 또한 중국과 러시아의 역할도 모색해볼 필요가 있다.

가장 중요한 문제는 역시 협상안의 부재가 아니라 관련 당사국, 특히 부시 행정부의 정치적 의지의 부족과 북한의 대미 불신이라고 할 수 있다. 북한이 일방적으로 굴복할 가능성도 없고, 부시 행정부가 전향적으로 협상에 나설 가능성도 극히 낮은 상황에서, 결국 한국의 중재 및 사안에 따른 주도적 역할 외에는 사실상 현실적인 대안이 없다. 이것은 곧 경직된 한·미 공조체계에서 벗어나 중국, 러시아, 일본, 유럽연합, 그리고 유엔 등으로 외교 무대를 적극적으로 확대해야 한다는 것을 의미한다. 동시에 정부 차원은 물론 시민사회에서도 이 문제에 대해 적극적인 관심을 갖고 국제사회에 문제해결의 비전을 제시하고 현실적인 힘을 가질 수 있도록 다방면의 노력이 필요하다는 것을 의미한다. 3부에서 북한 핵 문제에 대한 해법을 언급한 만큼, 아래에서는 미사일 문제에 대한 해법을 주로 논의하기로 한다.

---

144) 당시 이스라엘의 대북 협상안은 북한 핵 문제가 불거지면서 미국의 압력으로 중단된 바 있다. 박종철, 52~53쪽.

(1) 북한의 미사일 수출 문제

부시 행정부는 북한이 미국의 식량지원과 김대중 정부의 햇볕정책에
도 불구하고 북한이 계속 중동, 북아프리카, 남아시아 등에 미사일 수
출을 해오고 있다고 주장하고 있다. 특히 부시 행정부는 북한이 9·11
이후에도 이러한 미사일 수출을 늘려왔고, 수출로 벌어들인 돈으로
다시 대량살상무기를 만들고, 이 가운데 일부를 또 수출하는 악행을
반복하고 있다며, 이것이 북한을 '악의 축'으로 규정한 가장 큰 이유
라고 설명하고 있다.

이것은 부시 행정부의 이 같은 주장의 진위 여부를 떠나, 우선 부
시 행정부가 가장 우려하는 북한의 미사일 수출 문제부터 풀어야 하
는 현실적인 과제에 직면하고 있다는 것을 의미한다. 문제의 '해법'에
서 주목할 부분은 북한이 '적절한' 보상만 이뤄질 경우 미사일 수출을
기꺼이 포기할 의사가 있다고 거듭 밝혀오고 있다는 점이다. 북한의
미사일 수출은 기본적으로 극심한 경제난을 완화하기 위한 '외화벌이
용'으로서, 북한으로서는 가장 경쟁력 있는 상품을 파는 것이다. 이것
은 CIA 보고서를 비롯한 미국 정부측의 문건에서도 자주 등장하는 북
한의 미사일 수출의 배경이다. 또한 북한은 미사일 기술통제체제
(MTCR)에 가입하지 않았기 때문에, 북한의 미사일 수출을 법적으로
막을 수 있는 근거는 없다. 이것은 북한의 '주권 사항'인 것이다. 따라
서 미국이 자국과 국제사회의 안보를 위한다는 이유로 북한의 미사일
수출을 중단시키기 위해서는 북한에 적절한 보상을 하는 것은 당연하
다고 할 수 있다. 이는 북한의 경제적 손실 및 주권의 제한에 대한 당
연한 보상인 것이다.

북한의 미사일 수출을 중단시키는 조건으로 경제적 보상을 하는

것은 문제 해결의 첫 단추를 끼는 데 대단히 중요한 의미를 갖는다. 남북한으로서는 미국의 우려를 씻으면서 한반도 평화프로세스를 지속시킬 수 있는 기회이고, 미국의 입장에서도 북한의 미사일 수출이 테러용으로 이용될 수 있다는 우려가 '진심'이라면, 이를 해소할 수 있는 길이기도 하다.

북한은 클린턴 행정부와의 미사일 협상에서 초기에는 수출 포기 조건으로 '현금'을 요구했다가, 이후에는 식량 및 에너지 등 '현물' 보상이 가능하다는 입장을 보여왔다. 이러한 북한의 협상안은 '현금'이 아니라 '현물'이라는 점에서, 한편으로는 미국이 우려하는 미사일 확산 및 북한의 대량살상무기 재원 확보를 효과적으로 막을 수 있고, 다른 한편으로는 미국을 비롯한 국제사회에서 제기해온 북한의 인도주의적 위기를 완화할 수 있는 유력한 방안이라고 할 수 있다.

(2) 북한의 미사일 개발 문제

북한은 이미 북·미 미사일 협상이 진행되는 동안에 2003년까지 미사일 시험발사를 하지 않겠다고 약속했고, 또한 그 약속을 계속 지켜오고 있다. 이러한 미사일 실험발사 유예 약속은 1999년 9월 북·미 베를린 합의, 올브라이트 전 미 국무장관의 평양 방문 및 조명록 차수의 워싱턴 방문, 그리고 2001년 5월 유럽 대표단의 평양 방문 등을 통해 거듭 확인되고 있는 내용이다. 또한 북한은 클린턴 행정부 막바지 때 협상 내용에 기초해 부시 행정부가 협상에 임할 경우 중단거리 미사일을 포기할 의사를 거듭 밝히고 있다. 반면에 북한은 미국측이 계속 MD 구축을 위해 미사일 협상에 나서지 않을 경우 미사일 개발을 비롯한 자위적인 조치에 나설 것임을 경고하고 있다. 미국이 계속 미사일 협상을 거부할 경우, 대단히 위험한 상황이 초래될 수도 있다는 것을 암시하는 대목이다.

실제로 부시 행정부는 북한의 탄도미사일이 미국 및 동맹국의 가장 큰 안보 위협이라고 강조하면서도, MD 구축을 비롯한 군사력 강화 이외의 해결 방안을 내놓지 않고 있다. 부시 행정부가 MD 구축의 명분을 잃지 않기 위해 북한 미사일 문제 해결에 미온적이라는 비판도 이 때문이다.

부시 행정부가 이러한 의혹을 해소하기 위해서는 클린턴 행정부 때 북·미 간의 미사일 협상, 특히 북한의 협상안에 대한 입장을 밝혀야 한다. 잘 알려진 것처럼 클린턴 행정부 말기 때 북·미 간에는, 콜린 파월 미 국무장관도 2001년 3월 한·미 정상회담에 앞서 밝힌 것처럼 협상 타결의 '유망한 요소'가 있었다. 만약 전임 정부 때의 협상안이 마음에 들지 않는다면, 부시 행정부는 마땅히 그 대안을 내놓아야 할 것이다.

(3) 그 밖의 문제들

부시 행정부는 위에서 언급한 문제 외에도 생화학무기 및 재래식 군사력 등 사실상 북한의 모든 군사력을 문제삼고 있다. 그러나 이러한 문제접근 방식은 현실적이지도 않을 뿐 아니라 타당하지도 않다. 군사적으로 열세에 있는 북한이 이를 수용할 가능성도 낮지만, 부시 행정부 스스로가 이러한 문제를 풀 준비가 되어 있지도 않기 때문이다.

우선 북한의 화학무기는 북한의 미사일 문제를 일정 정도 해소할 경우, 그 위협이 현격하게 줄어든다는 점을 인식하는 것에서부터 시작해야 한다. 한·미·일 정부가 강조하는 것처럼 북한의 화학무기가 위협적인 가장 큰 이유는 이를 운반할 수 있는 탄도미사일이 있기 때문이다. 따라서 북한의 미사일 문제에 있어서 진전이 있을 경우 화학무기 위협 역시 감소할 수 있다는 점을 인식해야 할 것이다. 또한 현실적으로 북한은 화학무기금지협약(CWC)에 가입하지 않고 있기 때문에, '상호간의' 위협 감소의 과정에서 북한을 CWC에 가입시키는 전략을 세우는 것이 가장 합리적이다.

생물무기의 경우에는 미국 정부도 인정하고 있듯이 북한이 아직 '연구개발 단계'에서 본격적인 '제조 및 생산 단계'로 이행하지 않고 있다는 점에서 출발해야 한다. 또한 북한이 생물무기금지조약(BWC) 회원국인 만큼 다자주의적 접근 원칙을 갖고 접근해야 할 것이다. 이를 위해서는 부시 행정부가 BWC 검증의정서 채택을 비롯해 다자간 문제해결 방식에 성의를 보여야 할 것이다.

북한의 재래식 군사력 문제는 중장기적으로 풀어야 할 문제이다. 북한의 재래식 군사력은 한·미 연합전력은 물론 남한의 군사력에도 미치지 못한다는 것은 더 이상 부인할 수 없는 사실이다. 또한 북한의 재래식 군사력은 남한의 군사력 및 준비태세, 그리고 가장 중요하게는 주한미군의 성격 변화 및 감축(혹은 철수)과 함께 논의할 사안이다. 따라서 한국과 미국이 이러한 문제, 특히 북한의 안보 불안을 어떻게 해소할지에 대한 정책적인 비전이 없이 북한의 재래식 군사력을 문제 삼는 것은 시기상조라고 할 수 있다.

부시의 예방 전쟁과 노무현의 예방 외교

한국 국민은 물론 전 세계의 이목을 집중시켰던 16대 대선이 민주당의 노무현 후보의 승리로 끝났다. 대선을 앞둔 시점에, 북한의 비밀 핵 개발 파문, 여중생 사망 사건 무죄 평결, 미국의 북한 미사일 수출 선박 나포, 북한의 동결 핵시설 해제 선언 등이 잇따라 터지면서, 한국의 대선은 사상 유례 없는 국제적 관심을 촉발시켰다. 주요 외신들이 이번 대선을 "대북 관계와 대미 관계에 대한 한국 국민들의 국민투표"라고 의미를 부여했던 것도 이 때문이다.

이에 따라 국내적으로 '새로운 정치' 대 '낡은 정치'로 상징되었던 16대 대선은 한국 시민사회와 세계 시민사회와의 대화이기도 했다. 대선을 앞두고 불거진 북한의 핵과 미사일 문제는 단순히 한반도만의 문제가 아니다. 이 문제들이 어떻게 전개되느냐에 따라 한반도는 물론 동북아 전체의 질서와 전 세계의 비확산체제는 적지 않은 변화가 불가피하다. 동시에 화해와 협력, 평화와 통일의 대상인 북한이, 우리의 동맹이자 우방인 미국의 군사 패권주의에 맞서 벌이고 있는 '생존 게임'에서 야기되는 딜레마는 향후 한반도의 운명을 좌우한다고 해도 과언이 아니다.

이런 점에서 한반도에서의 전쟁은 '정치의 수단'이 아닌, '공동체의 소멸'이라는 관점을 지닌 정치 리더십이 재창출된 것은 너무나도 중대한 역사적 의미를 갖는다. 한반도의 현실에서 그 무게가 결코 작지 않은 북한 핵 개발이라는 미국발(發) 북풍(北風)이 새로운 정치를 갈망하는 한국 유권자들의 선택을 바꾸지 못했던 것도, 한반도에서 전쟁과 평화 문제를 새롭게 바라보는 인식상의 변화와 무관한 것이 아니다. '북한=위협, 미국=우방'이라는 강요된 상식이 설자리가 갈수록 좁아지고 있을 뿐더러, 이제 한반도에서 전쟁을 일으킬 당사자는 북한이 아닌 미국이 될 수도 있다는 인식이 자라나고 있는 것이다.

부시 행정부 출범 이후 점차 고조되어 오다가, 여중생 사건 무죄 평결로 들불처럼 번지고 있는 미국에 대한 비판적인 인식과 이것이 이번 선거에 적지 않은 영향을 미친 것도 결코 '한국적인' 현상만은 아니라는 것도 주목할 필요가 있다. 이미 독일 총선에서 사민당 연정이 '이라크 전쟁 반대'를 전면화하면서 정권 재창출에 성공한 바 있다. 그리고 2002년 12월 초에는 미국의 미사일방어체제(MD)에 사용되는 레이더 기지에 대해 '건설 반대'를 공약으로 들고 나온 덴마크의 진보정당들이 그린란드 선거에서 승리한 것도 눈여겨볼 대목이다. 마치 세계 시민사회에서 선거 출마자들이 '부시 행정부에 대해 어떤 입장을 취하느냐'가 유권자들의 중요한 선택 기준이 되고 있는 듯하다.

이처럼 부시의 오만한 일방주의와 위험한 군사주의를 막아야 한다는 세계 시민사회의 염원과 결의가 점차 커지고 있는 상황에서, '수평적인 한·미 관계'와 '대북 포용정책'의 계승을 들고 나온 노무현 후보의 당선이 국제사회에 전하는 메시지는 결코 작지 않다. 새로운 세대의 주도로, 인터넷을 비롯한 새로운 수단을 통해, 새로운 정치 리더십을 탄생시킨 한국 시민사회의 역동성은 보수 정부의 집권을 기다려

온 부시 행정부의 바람마저 뛰어넘었기 때문이다. 이러한 점에서 노무현 후보의 당선은 새로운 정치의 승리라는 국내 정치적 의미 못지않게, '탈냉전 세력'의 승리라는 세계사적 의의도 크다고 할 수 있다.

그러나 이러한 의의는 동시에 노무현 당선자에게 결코 쉽지 않은 과제들을 던져주고 있다. 부시 행정부의 강경책에 맞서 핵 카드를 다시 꺼내든 북한은 물론이고, 북한 위협론에 기대어 군사 패권주의를 강화해온 부시 행정부를 설득하기란 쉽지 않다. 더욱 근본적으로는 부시 행정부 출범 이후 지연된 '한반도의 냉전구조 해체와 통일기반 조성'을 달성하기 위해서는 남한 내부의 갈등 해소와 미국을 비롯한 국제사회와의 이해관계 재조정이라는 근본적인 과제를 해결해야 한다. 또한 불평등한 한·미 관계를 바로잡고, 새로운 동맹 관계의 모델을 창출하는 것 역시 중대한 과제이다. 노무현 후보의 당선에 대해, 한국의 전통적인 우방인 미국은 '불안감'을 애써 감추려 하고 일본은 '안도'와 '불안'을 동시에 표출하고 있는 반면에, 냉전시대의 적대 국가들이었던 중국과 러시아가 가장 적극적으로 환영하고 있는 것은, 현재 한반도가 동북아 국제질서의 중심에 서 있다는 것과, 도전과 기회를 동시에 맞고 있다는 것을 상징적으로 보여주고 있다.

흔히 국제정치학계에서는 "국가안보는 다른 가치를 실현하기 위한 전제조건"이라고 강조한다. 한국적 현실에서 '국가'안보를 '정권'안보를 위해 악용된 사례들이 많아 국가안보라는 단어 자체가 다소 부정적으로 받아들여지는 것은 사실이지만, 국가안보가 공동체 및 개개인의 삶의 전제조건인 것만은 틀림없다. 그러나 노무현 당선자도 대선 유세과정에서 강조한 것처럼, 지금 한반도는 "전쟁이냐, 평화냐"

는 중대한 갈림길에 서 있다. 이것은 이 문제부터 해결하지 않으면, 노무현 당선자의 공약과 정치적 비전을 실현할 수 있는 가장 기본적인 환경조차 만들어지기 힘들다는 것을 의미한다. 즉, 노무현 정부의 5년은 물론이고, 한국의 미래 역시 북핵 문제를 비롯한 북·미 간의 대결구조를 어떻게 푸느냐에 달려 있다고 해도 과언이 아닌 것이다.

이런 점에서 노무현 당선자가 들고 나온 "전쟁이냐, 평화냐"는 슬로건은 단순히 대선에서의 대립구조에 한정되는 것이 아니라는 것을 이해할 필요가 있다. 기실 2003년 한반도 위기설과 관련해 '누가 한국의 대통령이 되느냐'는 전쟁 위기의 '여부'가 아닌 '가능성의 차이'를 반영하는 것이다. 즉, 남한의 대선 결과는 2003년 위기설의 '결정적인' 변수가 아니라, '중요한' 변수 가운데 하나라는 관점에서 바라볼 필요가 있다는 것이고, 이에 따라 노무현 후보가 당선되었다고 해서 한반도의 위기가 '기우'로 끝날 것이라고 판단하는 것은 또 다른 위험성을 내포할 수 있다는 것이다. 이 책에서 일관되게 강조한 것처럼, 한반도 위기의 핵심은 부시 행정부의 군사주의적 일방주의와 이에 대한 북한의 '핵 카드'의 부활을 통한 생존게임에서 비롯되는 것이며, 이에 따라 한국은 한반도의 전쟁과 평화의 '결정자'로서의 지위를 갖지 못한다. 안타까운 현실이지만 이를 인정하고 반성할 때, 한국은 '조연'의 위치에서 '주연'이 될 수 있는 것이다.

한국이 한반도의 전쟁과 평화의 문제에 있어서 당당한 주인이 되기 위해서는 16대 대선을 포함한 한반도 근저에 깔려 있는 '긴장 구조'를 이해해야 한다. 짧게는 2003~4년, 부시 대통령이 재선에 선거하면 자칫 2008년까지도 지속될 수 있는 핵심적인 긴장 관계는 '미국의 예방 전쟁'과 '남한의 예방 외교'에 있다고 할 수 있다. 노무현 당선자가 대선 하루 전날 유세 때, "북한과 미국이 싸우려고 하면, 말리겠다"고 말한 것도 이것을 반영한다. 즉, 부시 행정부가 '새로운 국가안보 전략 보고서'에서도 공식화한 것처럼, 북한의 대량살상무기 위협 제거를 명분으로 선제공격을 하려 할 경우, 한국은 이에 동조하지 않을 뿐더러, 예방 외교를 통해 사전에 전쟁 위기를 예방·관리하겠다는 입장을 갖고 있는 정치 리더십이 재창출됨으로써, 이른바 '부시 독트린'과 적지 않은 긴장 관계를 가질 수밖에 없다는 것이다. 이런 점에서 노무현 정부의 핵심적인 외교안보 전략은 '예방 외교'가 될 수밖에 없고, 또 치밀한 전략하에 이를 실천해야 하는 과제를 안게 되었다.

노무현 정부가 부시의 예방 전쟁 개념에 맞서 예방 외교를 제대로 수립하고 실천하기 위해서는 다음과 같은 몇 가지 점을 유념해야 할 것이다. 첫째, 어떠한 일이 있어도 한반도에서의 전면전을 야기할 수 있는 미국의 북폭을 비롯한 군사행동에 반대한다는 점을 분명히 해야 한다. 이 점을 부시 행정부에게 각인시킬 때, 미국이 북한에 군사행동을 하고자 하는 유혹은 적지 않게 줄어들 수 있다. 둘째, 북한의 핵 개발을 비롯한 대량살상무기 문제를 풀 수 있는 가장 현실적이고도 합리적인 방법은 '대화와 협상을 통한 평화적 해결'이라는 점을 분명히 해야 한다. 셋째, 경수로 사업 중단과 같은 대북 보복조치 및 경제 제재 강화는 상황을 파국으로 몰고 갈 뿐, 북한의 핵 개발 저지라는 목표를 달성할 수 없다는 점에서 한국은 추가적인 대북 보복 및 경제 제재 강화에 반대한다는 점을 주지시켜야 한다. 넷째, 북한에게도 상황 자체를 파국으로 몰고 갈 수 있는 위험한 행동을 하지 말아야 한다는 점을 주지시켜야 한다. 여기에는 사용후 연료봉의 재처리나 장거리 미사일의 시험발사 등이 해당된다. 다섯째, 김대중 정부 때 남북한이 합의하고 추진하고 있는 교류협력 사업을 지속해, 한편으로는 북핵 문제의 평화적인 해결을 추구할 수 있는 환경을 만들고, 다른 한편으로는 위기 고조시 위기의 완충 기능을 할 수 있도록 해야 한다. 여섯째, 일본, 중국, 러시아 등 대 주변국 외교를 강화해 한편으로는 미국의 일방적인 행동을 제어할 수 있고, 다른 한편으로는 북한의 핵 개발 가속화 및 미사일 시험 발사 등 모험주의적 행동을 자제시킬 수 있는 국제적 환경을 만들어야 한다.

일단 노무현 후보의 당선이 북한과 미국을 비롯한 국제사회에 전하는 메시지는 '기회'를 내포한 대단히 복잡한 성격을 갖고 있다. 부시 행정부가 출범 직후부터 "북한과 협상하라"는 김대중 정부의 요구를 계속 묵살하면서 대북 강경책으로 일관할 수 있었던 중요한 배경 가운데 하나는 한국에서의 정권 '교체' 가능성이 높다고 봤기 때문이다. 그러나 기대와는 달리 김대중 정부의 햇볕정책을 계승하겠다는 노무현 후보가 당선됨으로써, 부시 행정부로서도 중대한 선택의 기로를 맞을 수밖에 없을 것으로 보인다. 즉, 노무현 정부를 김대중 정부와 마찬가지로 계속 '무시'하면서 대북 강경책으로 일관할 것인지, 아니면 대북 강경 기조를 누그러뜨리고 한반도의 평화와 통일에 소극적으로나마 협력할 것인지 주목하지 않을 수 없는 것이다.

북한에게 던져진 메시지도 대단히 복잡하다. 북한이 미국을 위시한 국제사회의 강한 반발과 고립을 야기할 것을 뻔히 알면서도, 핵 카드를 다시 꺼내든 것은 부시 행정부가 이라크 다음에 자신을 공격할 것이라는 불안감에서 비롯된 것이다. 이러한 불안감에는 한국에서 정권 교체가 이뤄질 경우, 강경 기조의 '한·미·일 대북 압박구조'가 탄생할 수 있다는 생각도 깔려 있었다고 봐야 할 것이다. 이런 점에서 노무현 후보의 당선은 북한의 대외정책의 변화를 가져올 수 있는 '기회적 요소'를 갖고 있음에 틀림없다. 즉, '미국의 북한 공격이라는 최악의 시나리오를 피할 수 있게 됐다'는 판단을 김정일 정권이 내릴 경우, 핵 문제에 있어서도 과감한 양보를 기대해 볼 수 있다는 것이다.

일본 역시 '난감한 기회'를 맞이하게 됐다. 고이즈미 정부가 미국의 그늘에서 벗어나 과감한 대북 독자외교를 펼칠 수 있었던 중요한 배경이 김대중 정부의 역할에 있었던 만큼, 한국의 차기 정부가 어떤 대북정책 및 대미 관계를 추진하느냐에 따라 일본의 대북 독자외교도 심각한 기로에 설 수밖에 없다. 이런 와중에서 노무현 후보가 당선됨으로써, 일본은 '미국의 그늘로 다시 복귀하느냐' 아니면 '한국과의 공조를 바탕으로 대북 독자외교를 지속적으로 추진하느냐'는 딜레마에 직면할 수밖에 없을 것으로 보인다.

그러나 노무현 정부가 직면하게 될 도전의 무게는 일반적인 상상을 뛰어넘는 수준이 될 것이다. 당장 이라크 전쟁을 준비하고 있는 부시 행정부로부터 참전 압력을 받게 될 것이다. 또한 국제사회의 강한 반발과 기술적인 결함에도 불구하고 2004년까지 대륙간탄도미사일을 요격할 수 있는 지상 MD를 배치하기로 결정하고, 유럽과 동아시아 동맹국들에게 참여 압력을 노골적으로 행사해온 부시 행정부의 시야에서 노무현 정부도 예외일 수 없다. 무엇보다도 북한 핵 문제 해결의 가장 현실적이면서도 유력한 방안인 '대북 협상'을 부시 행정부가 수용할 가능성도 극히 낮다고 할 수 있다. 국민들의 가장 큰 염원이자, 노무현 당선자 스스로도 약속한 한미행정협정(SOFA)을 개정하는 것 역시 만만치 않을 것이다. 오히려 "한국 내에 점증하는 반미감정을 해결하고 주한미군의 안정적인 주둔 환경을 마련해달라"는 부시 행정부의 '뒤바뀐 요구'에 직면하게 될 것이다.

북핵 문제는 노무현 정부의 정치력과 외교력을 가늠할 첫 시험대가 될 것이다. 문제는 시간이 별로 없다는 점이다. 미국이 계속해서 북한과의 협상을 거부하고 이라크 전쟁 강행 등 예정된 수순을 밟는다면, 북한 역시 IAEA 사찰단 추방, NPT 탈퇴 등에 이어 원자로 재가동, 사용후 연료봉의 재처리, 장거리 미사일 시험발사 등 강수를 둘 가능성이 높다. 상황이 여기까지 악화되면, 노무현 정부는 출범과 동시에 '위기의 한반도'를 만날 수밖에 없다. 따라서 노무현 당선자는 이제 곧 떠날 김대중 정부와 긴밀한 협력을 통해, 일차적으로 파국을 막는 것을 목표로 삼아야 한다. 이를 위해서는 북한, 미국, 일본, 중국, 러시아 등에 특사 파견을 적극적으로 추진해야 할 것이다.

대북 특사를 통해, 북한이 우려하는 미국의 북한 공격은 '앞으로도' 없을 것이며, 이를 위해 한국 정부가 최선을 다할 것임을 주지시키고, 최소한 북한이 봉인된 사용후 핵연료를 재처리하는 수순을 밟지 말 것을 강력히 요청해야 할 것이다. 또한 대미 특사를 통해서는 중유 제공 중단에 이어 경수로 사업 마저 중단하면, 상황은 파국에 직면할 것이므로, 이러한 조치에 한국 정부는 절대 동의하지 않을 것임을 분명히 밝혀야 할 것이다. 특히 북한의 핵 무장을 막을 수 있는 가장 현실적이고도 바람직한 방법은 '협상'에 있다는 점을 강조하고, 일본 등 국제사회와의 공조를 통해 부시 행정부를 설득하는 데 총력을 기울여야 할 것이다.

이렇듯 노무현 당선자가 김대중 정부와의 협력을 통해 북핵 문제 해결에 적극적으로 나서기 위해서는 무엇보다도 초당적인 협력과 국민적인 지지가 필요하다. 대북 관계는 물론, 대미 관계 역시 과도기적 전환점에 있다는 점에서 국민들의 기대 못지 않게 불만 역시 커질 수 있다. 따라서 노무현 당선자는 북핵 문제 해결에 대한 초당적인 협력과 국민적인 지지를 확보하는 데 성실한 노력을 기울여야 할 것이다. 또한 비록 과반수에 미치지 못했지만, 노무현 후보가 국민들의 지지를 받고 대통령에 당선된 만큼, 더욱 중요하게는 한반도 위기의 최대 피해자는 한민족이 될 수밖에 없는 만큼, 야당과 언론은 노무현 당선자의 발목을 잡는 어리석은 우를 또 다시 범해서는 안 될 것이다. 우리에게 있어서 '시간은 약이 아닌 독'이며, 소중한 힘과 지혜를 또 다시 남남갈등으로 유실할 경우 한반도의 위기는 피할 수 없는 현실이 될 것이기 때문이다.

적지 않은 사람들은 노무현 당선자가 외교 경험이 일천하고 통일·외교안보팀의 인적 자원이 부족해, 과연 한반도의 위기를 슬기롭게 풀어갈 수 있을 것인가에 대해 우려를 갖고 있다. 이러한 우려는 상당 부분 근거 있는 것이지만, 노무현이라는 새로운 정치 리더십은 그 동안 '전통적인' 관점에서의 평가를 무색하게 만들어왔다. 돈과 조직, 계보의 관점에서 볼 때, 그는 분명 '준비된' 대통령이 아니었다. 그러나 그는 원칙과 소신을 갖고 정치과정을 밟아옴으로써, 기존 정치인이나 보수 언론이 아닌 국민들의 지지와 참여를 통해 대통령에 당선되었다. 그의 당선을 일컬어 국민의 승리라고 말하는 것도 이 때문이지 않은가?

마찬가지로 노무현 정부가 펼쳐나가야 할 '예방 외교'는 준비된 것도, 주어진 것도 아닐 수 있다. 이제 '대통령 만들기'에서 '평화 만들기'로 국민들의 시야가 넓어져야 하는 것이다. 국내에서 위력을 발휘한 소신과 원칙이 국제사회에서도 지지와 협력을 얻을 수 있도록, '참여'의 정신에 기반을 둔, 지지와 협력, 비판과 감시를 국민들이 펼쳐 나갈 때, 한반도에서의 평화를 지키고, 냉전의 섬에서 동북아 평화의 허브(hub)로 자라날 수 있는 '신외교'(new diplomacy)는 비로소 빛을 발할 수 있는 것이다.